游牧人生

Nomadland

Surviving America in the Twenty-First Century

潔西卡・布魯德——著

高子梅——譯

Jessica Bruder

目次

第三部

序言

當我寫這本書的時候，他們正散居在全美各地。

在北達科他州的德雷頓（Drayton, North Dakota），一名曾在舊金山開過計程車的六十七歲老翁正在甜菜田裡收割幹活。氣溫低於零度以下，他從日出做到日落時分，幫忙把從田裡採收的數噸甜菜從卡車裡倒出來。晚上他就睡在旅行車裡，自從他被Uber擠出計程車產業，再也付不出房租之後，便一直睡在旅行車裡。

在肯塔基州的康伯斯威爾（Campbellsville, Kentucky），一名當過總承包商的六十六歲老婦人正在亞馬遜（Amazon）的倉庫裡值夜班整理貨品，推著一台有輪子的手推車在水泥地上走了好幾英里。這是一份乏味的工作。她吃力地精準掃瞄每項商品，深怕被炒魷魚。到了早上，她會回到她那迷你的拖車式活動房屋，它就停在有跟亞馬遜簽約的其中一處流動式房屋停放場裡，像她這樣的游牧打工客（nomadic workers）都是在這種停放場裡住宿過夜。

在北卡羅萊納州的新伯恩（New Bern, North Carolina），一名婦人的全部家當就是一台淚滴型的活動房屋——它迷你到靠摩托車就能拖行。目前她跟她的一位朋友一邊當沙發客，一邊找工作。這位三十八歲的內布拉斯加州（Nebraska）原住民雖然頂著碩士學位，但過去一個月來填了幾百份的工作申請表，還是找不到工作。她知道正值採收的甜菜田急需人手，但得繞過半個美國才能到達那裡，她負擔不起旅費。她住進活動房屋的原因之一是，幾年前她失去了非營利機構裡的工作。那份工作的資助經費都用罄之後，她除了付學生貸款之外，就再也租不起房子了。

在加州的聖馬可斯（San Marcos），一對三十幾歲的夫婦開著一輛一九七五年分GMC自走式露營車停在路邊擺攤賣南瓜，另外也設置了兒童遊樂場和可愛動物園區。那是他們花了五天時間在閒置的沙地上從無到有搭建起來的。再過幾個禮拜，他們就會改賣聖誕樹。

在科羅拉多州的科羅拉多泉市（Colorado Springs, Colorado），一名七十二歲的車居族在從事營地裡的維修工作時，不慎斷了三根肋骨，如今趁探訪家人之際順道休養身體。

＊＊＊

一直以來，流動工人、異鄉漂泊客、臨時工，騷動不安的靈魂始終存在。但如今，就在第二個千禧年的時候，出現了一幫新的流浪族。他們已經上路，從沒想過有朝一日竟然得去流浪。他們放棄了傳統的屋舍和公寓，改住進所謂的「帶輪的地產」裡——箱形旅行車、二手露營車、校車、皮卡野營車、旅行拖車，和普通的老式四門轎車。他們開車遠離曾是中產階級必須面對的棘手選擇，譬如：你想要食物還是補牙？付房貸還是付電費？付車貸還是付藥費？繳房租還是繳學貸？買衣服禦寒還是買油料通勤？

對很多人來說，這答案一開始似乎都很極端。

> 既然不能幫自己加薪，那何不乾脆砍掉最大筆的支出算了？用四輪生活來取代磚造的住所？

有人稱他們是「無家可歸的遊民」（homeless）。但新的游牧族（nomads）拒絕這個標籤。既有地方遮風避雨又有交通工具的他們，搬出一個全然不同的字眼——自稱「無屋可歸的人」（houseless）。這夠簡單俐落了吧！

遠望之下，很多人會被誤認是開著露營車到處逍遙的退休人士。當他們偶爾犒賞自己去看場電影或上餐廳吃晚餐時，便完全融入人群。他們在心態上和外表上，有很大程度是很中產階級的。他們的衣服是在自助洗衣店裡洗，他們加入健身房純粹是看上它們的淋浴設備。其中有很多人是因為多年的儲蓄被經濟大蕭條（Great Recession）洗劫一空才動身上路。為了加滿油箱和填飽肚子，他們超時工作，辛苦付出勞力。在薪資固定和居住成本上揚的年代，為了活下去，他們索性將租金和房貸的枷鎖從身上解開。他們代表的是正在頑強求生的美國。

只是對他們來說——或者對任何人來說——光是活下來還不夠。於是乎，原本的最後一搏，反倒變得像是對某種什麼更宏偉的東西發出的吶喊。生而為人的意思是，你嚮往的不能只是生計的勉強維持而已。我們除了需要溫飽和遮風避雨的地方之外，也需要懷抱希望。只要上路就有希望。這是前進的動能所衍生的副產品。充滿機會的一種感覺，就像這個國家一樣地遠天闊。也是鏤心刻骨的一種信念，堅信某種更美好的東西必將降臨。它就在前方，就在下一座小鎮、下一份工作、下一次有機會碰上陌生人的時候。

而好巧不巧，在遇到的陌生人裡頭也有游牧客。當他們在網路上、工作上或野外宿營遇見彼此的時候，族群便儼然成形。他們之間有某種共識，有某種相濡以沫的情誼。若誰的旅行車拋錨了，他們會義不容辭地幫忙籌錢。這裡有一種很容易感染的情緒：就像有某件大事正在發生。這個國家正在快速改變，老舊的結構正在瓦解，他們就處在新舊交替的震央所在。尤其是半夜，圍坐著營火，感覺就像在驚鴻一瞥中望見了烏托邦。

我寫這本書的時候，正值秋天。冬天就快到了。例行性裁員向來是找季節性的臨時工來開刀。於是游牧族收拾營地，回到他們真正的家——公路上——像血液裡的細胞穿透這個國家的血管，繼續移動。他們出發去找親友，或者只是找個暖和一點的地方，也有人會遊遍整座大陸，但全都數算著里程，就像拉出一長串的美國幻燈捲片一樣——速食連鎖店和大型購物中心、在嚴寒下沉睡的大地、汽車經銷商、超級教會、通宵營業的餐館、單調的平野、牲畜飼養場、死氣沉沉的工廠、建築工地、超級商場、白雪覆頂的山峰。這些公路景色宛若倒帶似地一幕幕往後飛掠，穿越白日，進入黑夜，直到疲倦襲來，睡眼惺忪地在路邊找個地方休息。可能停在渥爾瑪商場（Walmart）的停車場，也可能停在安靜的郊區街道，又或者就停在卡車休息站，然後在怠速引擎的搖籃曲中沉沉睡去。第二天一大清早，趕在別人發現之前，又開回公路。他們繼續行駛，心安理得，因為他們知道：

在美國，唯一剩下的免費空間就是你停車的位置。

第一部

第一章　塞塞屋

在山腳高速公路（Foothill Freeway）上，大約是洛杉磯往內陸一個小時的車程左右，會看見北向車流的前方有座山脈陰森逼近，原本綿亙不絕的郊區也就此嘎然止住。這幅奇景位在聖貝納迪諾山脈（San Bernardino Mountains）的南緣，套句美國地質調查局的話，這裡是「一處高聳險峻的陡崖」，是地形結構的一部分，早在一千一百萬年前便沿著聖安第列斯斷層（San Andreas Fault）開始增長，直到今天都還在上升當中，隨著太平洋板塊和北美洲板塊的彼此擠壓，每年增長數毫米。不過當你朝它們筆直駛去時，那幾座山峰的增長速度會看起來更快，快到你會被嚇得當場挺直身子，覺得胸口發漲，彷彿肋骨裡頭被注滿氦氣，滿到搞不好你待會兒被升空了。

琳達．梅依（Linda May）緊抓住方向盤，隔著玫瑰色鏡框裡的雙焦鏡片望著進逼中的山脈，一頭過肩的銀白色長髮用塑膠髮夾扎在腦後。她從山腳高速公路開了下來，駛進又名城溪路（City Creek Road）的三三〇號公路。路面只寬敞了幾英里，便又突然縮減成來回雙向各剩一條單線車道的蜿蜒道路，還一路上坡，最後進入聖貝納迪諾國家森林公園（San Bernardino

National Forest）。

這位六十四歲的阿嬤正開著一輛Jeep Grand Cherokee Laredo的大型吉普車，它本來已經嚴重受損、送去回收，但被她從拖吊場裡搶救回來。它的「發動機」的警示燈一直怪怪的，就算沒啥問題也老亮著。引擎蓋以前是扭成一團的，現在已經被換過，但若仔細打量，還是會發現它的白漆比車體其他部位暗了一點。不過經過幾個月的修修補補之後，這輛車已經可以在道路上順暢行駛。修車工人幫車子裝了新的凸輪軸和氣門挺杆。琳達也盡全力整理它的門面，拿一件舊T恤和一罐驅蟲劑擦拭霧茫茫的頭燈——這是自己動手做的一種獨門祕訣。這輛吉普車算是第一次拖行琳達的住所：一棟很迷你的淺黃色活動房屋，她稱它為「塞塞屋」（the Squeeze Inn，要是訪客在她第一次提到這字眼時沒聽懂，她就改用一句話來形容：「啊就有空間就塞啊！（Yeah, there's room, squeeze in!）」然後笑了笑，露出很深的笑紋）。這棟活動房屋是鑄模式的玻璃纖維產物，型號是Hunter Compact二代，產自於一九七四年，最初的廣告宣傳詞是「旅遊玩樂的登峰造極之作」，「在公路上像隻小貓一樣乖乖跟在後面，但遇到崎嶇路面時就便如猛虎似地緊追不捨」。四十多年來，這種迷你塞塞屋給人的感覺就像一座迷人又復古的維生太空艙：形似盒子，稜角圓弧、邊緣帶有斜度，幾何學上會令人懷想起漢堡連鎖店曾經用過的那種保麗龍掀蓋式容器。室內空間頭尾總長十英尺，大概跟一百多年前載著琳達的曾曾曾祖母橫越美國的那台大篷馬車的內部空間一樣。它有鮮明的一九七〇年代風格：牆面和天花板是奶油色的人造皮革，裡頭填著柔軟的襯芯，地板上的油毯是芥末黃和鱷梨綠的花色。屋

琳達．梅依和她的愛犬摳摳（Coco）

頂高度剛好夠琳達站直。她以一千四百美元買到這棟被拍賣的活動房屋後，就在臉書上這樣形容道：「屋裡的高度是五尺三寸，我身高五尺兩寸，簡直是天生一對。」

琳達正拖著她的塞塞屋前往漢娜窪地（Hanna Flat），那是一座野營地，就位在大熊湖（Big Bear Lake）西北側的松樹林裡。現在是五月，她打算待到九月底。只是琳達跟每年成千上萬名趁天氣暖和時前來聖貝納迪諾國家森林公園（這片荒野的面積甚至比羅德島〔Rhode Island〕還大）旅遊的訪客不一樣，她來這裡的目的是為了工作。這是她第三次趁夏季時到這裡擔任營地管理員：這是露營旺季才會釋出的工作，角色相當於工友、收費員、園丁和歡迎委員會。她很興奮地接下這份工作，也很滿意他們對回鍋員工的年度調薪幅度。她的時薪被調高到九塊三毛五，比去年多了兩毛（當時加州的基本工資是每小時九塊美元）。雖然根據該公司的書面工作契約，她和其他營地管理員都屬於「任意」雇用的員工——意思是「無論公司有無理由或有無公告，都可以隨時」解雇他們——但是她已被事先告知每個禮拜至少要做滿四十個小時。

有些菜鳥級的營地管理員以為自己是在樂園裡打工度假，但也不能怪他們會這樣想。因為這類工作常會在徵人廣告噴出多張美景照，不是波光粼粼的溪流，就是滿山遍野的野花。琳達的雇主加州土地管理公司（California Land Management）是私營的特許經營商，它在宣傳手冊上秀出了幾名銀髮婦人在陽光斑駁的湖岸上笑容滿面地手挽著手，活像夏令營裡交到的好朋友。同樣也在召募營地管理員的美國土地休閒公司（American Land & Leisure）則是在徵人的橫幅廣告上登出「露營兼賺錢！」這類標題來誘人上門，標題底下還有言之鑿鑿的證詞：「我們的員工都說：『退休生活從來沒有這麼好玩過！』『我們建立起終生不渝的友誼。』『我們現在反而變得比以前更健康了。』」

眾所皆知，新手在碰到工作上有些地方不如你想像那般「風景如畫」時，就會挫折到蒙生退意。譬如得臨時照顧喝醉酒、吵鬧不休的露營客，鏟除營火堆裡的灰燼和碎玻璃（一些愛鬧事的遊客就是喜歡往火堆裡砸瓶子，等它爆開來），還有每天三次行禮如儀地清掃茅房。雖然清掃廁所是多數營地管理員最討厭做的差事，但琳達還是甘之如飴，甚至有點自豪自己掃得很乾淨。「我想要它們乾乾淨淨的，因為使用它們的是我的露營客，」她說道，「我其實不是個有潔癖的人……但你只要啪地戴上橡皮手套，動手做就是了。」

琳達開進了聖貝納迪諾山脈，壯麗的山谷景色很容易害人分心。這裡的路面窄到幾乎無路肩可言。有些路段狹窄到就傍著陡坡，放眼望去什麼也沒有，只有空蕩蕩的蒼穹。這裡不時有警示牌警告駕駛：「小心落石」、「為避免引擎過熱，接下來的十四英里，請關閉車內空調」。但這些警語似乎都不會害琳達緊張。畢竟二十年前的她曾當過長途卡車司機，所以再難開的公路對她來說都不足為奇。

我在琳達的前面開著一台露營旅行車。身為記者的我已經花了一年半的時間斷斷續續地採訪她。除了幾次貼身採訪之外，我們也多次透過電話口頭交談，每次通電話的時候，她都還沒接起電話，我就開始期待她那特有的招呼聲，它是有旋律的「哈～囉～哦」，調子就像跟小嬰兒玩躲貓貓時會說「我找到你了」一模一樣。

我是在做某雜誌的一個專題報導時，初識琳達的。那個專題是正在成長中的美國游牧族次文化，也就是二十四小時逐公路而居的一群人。*在那群漂泊的靈魂裡，有很多人跟琳達一樣是在試著逃脫經濟上的自相矛盾：不斷上漲的房租和固定不變的薪資，兩者不停衝撞，一個永遠勢不可擋，一個總是紋風不動。而這群人自覺像被老虎鉗掐住，所有時間都花在那些累死人和榨乾靈魂的工作上，拿到的薪水卻只勉強夠付房租或房貸，又找不到方法讓自己擁有更美好的未來，也看不到退休的可能。

這些感受都有鐵一般的事實做為佐證：薪資和居住成本這兩者已經嚴重分歧到有愈來愈多

的美國人將原本懷抱的中產階級生活美夢，從很難達成的目標歸類成根本不可能達成。在我寫這本書的同時，美國只有十幾個郡和一座都會區裡的法定基本工資全職勞工，能夠以公平市場的租金負擔得起只有一間臥房的公寓。換言之，你的時薪必須至少是十六塊三毛五美元——比聯邦政府規定的基本工資多出兩倍多——在住房支出不會超過收入百分之三十的情況下，才租得起這種公寓。這後果是很嚴重的，因為每六戶美國家庭就有一戶得把一半以上的收入花在可用來遮風避雨的住所上，所以對這戶人家來說，下場會尤其悽慘。而對眾多低收入戶來說，這意謂他們可用來買食物、看病吃藥，和其他基本生活所需的錢根本寥寥無幾或甚至沒有。

在我遇到的人當中，有很多都覺得自己已經在這場骯髒的遊戲裡輸了太久，於是找到一個方法去反擊。他們放棄過去的傳統住家，打破租金和房貸的枷鎖，搬進旅行車、露營車和拖車式活動房屋，追逐美好的天氣，四處旅行，靠旺季時的臨時打工來確保油箱的滿載。琳達就是這個族群裡的一分子。她在西部到處遷移時，我就一直跟著她。

遠望聖貝納迪諾山脈上的那些山峰，不禁令我頭暈眼花，可是等我開始沿著陡峭的公路在山裡爬升時，竟就不再暈了，只是突然之間，我變得焦慮了起來，一想到自己竟得開著笨重的旅行車行駛在之字形的山路上，就令我有點害怕。然後又看到琳達開著她那台破吉普車在山路

---

*作者註：我第一次著手那篇報導時，從沒想到它會愈搞愈大，最後竟成了一個更大的專案計畫，花了三年時間匯報，並做了數百次的訪談。

上拖行著塞塞屋，更是令我膽顫心驚。稍早前，她交代我開在她前面。她要跟在我後面。為什麼？難道她擔心她的活動房屋可能從鉤子上鬆脫？倒退嚕？這答案我永遠不知道。

等到經過聖貝納迪諾國家森林公園的第一個指示牌之後，一台發亮的油罐車竟森然出現在塞塞屋的後方。那名駕駛看起來不太有耐心，跟車跟得很緊，結果在他們駛入連續S形彎道時，我從後照鏡裡就看不太到琳達的車蹤了。我不斷查看她的吉普車。一直到路又變直了，她的車卻沒有出現，反倒是那台油罐車再度現身在筆直的上坡路上，卻完全不見琳達的蹤影。

我先把車子開進一條岔道，然後打她手機，希望能再聽到那聲熟悉的「哈～囉～哦」。可是手機鈴聲響了又響，最後就被轉到語音信箱。我停好旅行車，跳出車外，在駕駛座這頭緊張地走來走去，又試撥了一次，她還是沒接。到目前為止，已經有更多輛車——搞不好有六、七輛了——從連續彎道裡開出來，駛上筆直的道路，再從岔道旁邊呼嘯而去。我試著按壓下不安的情緒。時間分分秒秒過去，我的腎上腺素開始激增。塞塞屋消失不見了。

＊＊＊

幾個月來，琳達一直渴望回到公路上，再重拾營地管理員的工作。她被困在洛杉磯東南側五十英里外的米申維耶霍（Mission Viejo），跟她的三個外孫住在她女兒奧黛拉（Audra）和女婿柯林（Collin）租的屋子裡，而那三個外孫都已經十幾歲了。屋裡的臥房不夠，於是她的外孫朱利安（Julian）睡在廚房外面一處缺了門的用餐空間裡（不過這樣的安排還是比這家人上次住的那間公寓好太多了，上次那地方只能把那座大到可以走進去的衣櫥充當臥室使用，讓她其中一個外孫女睡在裡頭）。

至於剩下來的空間就歸琳達所有，但那只是靠門口的一張沙發而已，像座孤島似的。不管她再怎麼喜歡自己的家人，還是覺得自己被困住了，尤其她的吉普車仍卡在修車廠裡。而且不管什麼時候，只要有家人計畫外出，但又沒把她算進去的話，就一定會打琳達的沙發旁邊經過才能走到門口，而這就有點尷尬了，害得琳達不免擔心：他們會因為沒找她出去而覺得有罪惡感嗎？再說她也有點懷念以前獨立自主的生活。「我寧願當自己屋裡的女王，也不想在別人家的屋簷底下當女王，哪怕那人是我女兒。」她告訴我。

另一方面，健康問題也使得這一家人更捉襟見肘——包括情緒上和財務上——也因此琳達更不願意麻煩他們。她的外孫女佳比（Gabbi）身體一直不太好，因患有某種難解的神經系統失調問題而斷斷續續臥病在床三年多，後來被檢測出陽性的薛格連氏症候群（Sjogren's syndrome），屬於一種自體免疫性疾病。至於她的外孫朱利安一直在對付第一型糖尿病。而她的女兒奧黛拉則有關節炎。更雪上加霜的是，負責賺錢養家的柯林最近竟患有嚴重的偏頭痛和眩暈毛病，害他工作不保。

琳達一度考慮透過露營車勞動力（CamperForce），這個由線上零售商為雇用流動工人所量身打造的打工專案來申請亞馬遜的倉庫工作。但問題是她一年前也做過同樣工作，最後卻因過度使用手持性條碼掃瞄槍而造成反覆性運動傷害，右手腕上留下肉眼可見的紀念品，一顆如葡萄大小的腫塊。但更慘的是肉眼看不到的傷害：她的整條右手臂從姆指到手腕，再穿過手肘一直到肩膀，甚至到她的頸脖都痠痛不已。光是舉起一個只有八盎斯的咖啡杯或蒸煮鍋，都足以引發一陣劇痛。她知道這是很嚴重的肌腱炎，但就算知道，也無助於擺脫病痛。所以在沒有完全痊癒之前，她不敢再回去。

既身無分文又被困在沙發孤島上的琳達，只能試著把注意力放在自己的未來上，她即將成為塞塞屋的女屋主，也是唯一的居住者。事實上，在她這次和她家人同住之前，她一直都開著一台二十八英尺長、一九九四年分的El Dorado自走式露營車，過著逐工作而居的生活。只是那台車吃油吃得很兇，再加上車體開始四分五裂。因此現在縮減到改住進體積小很多的活動房屋裡，似乎也挺合理的，哪怕它還需要一番整理才能入住。塞塞屋的前任屋主當初把它棄置在奧勒岡岸邊的海風裡，結果害它的金屬零件開始腐蝕，玻璃纖維外殼上也布滿橘色鏽痕。琳達於是把自己的休養時間都挪來進行活動房屋的改良工程。她的第一個任務是調配出有磨蝕作用的去污劑，祕密配方是用食物攪拌機攪碎過的蛋殼，利用它來去除鏽斑。另一個任務是打造一張舒適的床。在活動房屋裡頭靠後牆那裡有一個小餐室，琳達拆了那兒的餐桌，再用厚紙板裁出一個模板固定在那幾張長椅的上面。有一天，鄰居的垃圾堆裡出現一張看似全新的高級大床墊，她把它撿了回來，再拆開它，像魚販剖開魚肚去骨似地移除所有彈簧。接下來再把一層層的襯墊掏出來，用一支三福麥克筆（Sharpie）按模板的尺寸在上頭標出記號，再用地毯刀割掉多餘的部分。等到她按尺寸修剪掉外層的布料之後，就再把罩子縫回去——縫得非常平整——然後重新填塞，最後製作出一張看起來完美的七十二乘三十六平方英寸迷你床墊。「我想要是再窄一點恐怕就不夠我跟我的床伴睡了，」她告訴我，同時用手勢示意她的查理王小獵犬摳摳。「所以我才幫我們兩個設計出三十六寸的寬度。」

在琳達前往漢娜窪地的前一天，我問她會不會很興奮。她瞪著我看，活像在告訴我，這答案還不夠明顯嗎？「那還用說，」她說道，「我本來沒有車子，沒有錢，還被困在那張沙發上。」她按月領的社安退休金五百二十四美元，足夠她撐到新工作的第一個發餉日。*自從琳達的世界被縮小到只剩一張沙發之後，她就做好準備隨時要走出去，重新探索即將在她眼前展開的另一個世界。她早已習慣了自由自在的生活，而她已經很久沒有享受過這種生活了——在開闊的公路上才會有新奇的感受以及無窮的機會。所以該是時候出發上路了。

五月六日那天早上，天空多雲，溫度宜人。琳達跟她的家人互擁道別。「等我到了那裡，再打電話給你們。」她承諾道，然後把摳摳放進吉普車就離開了，前往汽車廠幫那幾個不太相稱的輪胎打氣。它們看上去都有點裂痕，而且快磨平了。吉普車裡並沒有備用輪胎。接下來是去殼牌加油站（Shell station）。她把油箱加滿，再進去拿收據，順便買兩包紅萬寶路。她還

* 作者註：再過幾個禮拜，琳達就滿六十五歲，扣掉醫療保險金之後，她那原本就很微薄的福利金便只剩下四百二十四美元。

在店員面前追憶她十幾歲時買過四分之一加侖的汽油，那時的油價跟現在的三塊七毛九美元簡直天差地別，店員敷衍地點點頭。「那時候你只要付一塊美元就能加滿油箱，開車跑上一整天。」她面帶笑容地告訴他，邊說還邊搖頭。

看來任何事情都無法打壞琳達的心情，哪怕她回到吉普車那裡時，發現車門上了鎖，車鑰匙在裡面。摳摳用後腿站著，前爪抬高搭在駕駛門上，不停搖著尾巴。琳達猜想八成是小狗踩到鎖扣，但還好窗玻璃仍留有幾英寸的縫。於是我從旅行車裡找出一把長柄的點火器，把手塞進縫裡，用點火器彈開鎖扣，這才繼續上路。

那天塞塞屋正等在佩里斯（Perris）市郊處的保管場裡，佩里斯是一座小鎮，就位在聖安娜山脈（Santa Ana Mountains）另一頭。加州是靠半島狀的山脈將沿海地帶與荒蕪的沙漠內陸予以隔開，聖安娜山脈是其中一支半島狀山脈。想開車去佩里斯就等於得取道奧特加公路（Ortega Highway）。但這條公路堪稱是加州境內最危險的路段之一。套句《洛杉磯時報》（*Los Angeles Times*）一位記者說過的話：「那兒是雜亂擴張的城市、不良駕駛和過時的築路方法這三者正面衝撞下的地方。」在橘郡（Orange County）和內陸帝國（Inland Empire）[1]之間來往通勤的車子經常塞在曲折的山路裡。不過還好中午車輛不多。沒多久，琳達便抵達山脈的另一頭，這兒有六、七座活動房屋停放場宛若群居的小甲殼動物緊挨著埃爾西諾湖（Lake Elsinore）的西側，琳達的吉普車呼嘯經過其中幾座。三年前，她也曾住在那裡的湖濱地移動式房屋停放場裡，在公路和濱湖區中間一條裂開的柏油路上租了一棟月租六百美元的活動房屋。

琳達在塔吉特（Target）平價商場買了食物，再過一個禮拜，她的社安退休金支票就可以兌現，而這些食物的分量足夠她吃到那時候了。她買了一大罐厚紙筒裝的桂格燕麥片、一打半雞蛋、牛絞肉、大肉腸、漢堡包、金魚牌餅乾（Goldfish crackers）、奶油餅乾（Nutter Butters）、番茄、芥末醬、還有半加侖的牛奶。雖然還有幾天才正式上工，她還是從停車場打了通電話給那位即將成為她老闆的雇主。她想讓他知道她是個值得信賴的員工，很重視這份工作。她告訴他，她正在路上，會在天黑以前抵達漢娜窪地。

在經過一道有帶刺鐵絲網的防風柵欄和日晒到有些褪色的美國國旗之後，終於看見被停放在七十四號公路北側保管場裡的塞塞屋。琳達開車穿過大門。值班工人是一個留著范戴克鬍鬚[2]、名叫魯迪（Rudy）的瘦皮猴。他走過來招呼她。琳達邊跟他開玩笑，邊整理活動房屋，同時試著回想待辦事項清單上還列了哪些該清點的地方。魯迪在一旁打趣：「我腦袋很厲害，交代過的事，我一定滴水不漏地做好。」他們還在聊的時候，琳達從活動房屋的門走下來，結果動作太快，屋子突然重心不穩地顛了一下。塞塞屋在單軸輪上搖來晃去，後緣撞上地面，發出聲響。「早上吃太多肉桂捲了，對吧？」魯迪取笑道。琳達站穩身子。「不，是吃太快了。」

1 內陸帝國是南加州的一個都會區，位於洛杉磯以東，面積約兩萬七千平方英里。

2 Van Dyke-style beard，同時留著上唇鬚與山羊鬚。

她說道。但還好沒有任何東西受損，包括她自己和塞塞屋。

琳達將活動房屋前面托放著兩個二十磅丙烷桶的架子拴緊，那是她冰箱、爐台，和一只小火爐的燃料來源。最後魯迪還幫忙她把塞塞屋鉤在吉普車後面。她發動引擎往前開，一開始的時候很是小心翼翼。她揮手道別，穿過大門駛離保管場。那棟活動房屋就像舊廣告手冊上承諾的：「像小貓一樣乖乖跟在後面」。

＊＊＊

琳達沒從聖貝納迪諾山脈裡的連續彎道裡開出來的那個當下，我的腦袋閃過各種不幸的可能。也許她的引擎拋錨了，也許她的輪胎沒氣了（慘的是她又沒備胎），或者更慘的是爆胎了。我的擔憂一發不可收拾。那萬一是塞塞屋脫鉤了，一路滾下山怎麼辦？還是一個大轉彎，吉普車就失控滾出路邊，掉進峽谷，宛如電影《末路狂花》（*Thelma & Louise*）那場高潮戲的翻版？

我發動旅行車，決定回頭找她，這時手機響了。「我就快到了。」琳達說道。她終於出現在岔道上，我鬆了一口氣，不過這只是短暫的。琳達才停好車，就指著活動房屋異常的地方：裝丙烷桶的架子空了，兩個桶子都在急轉彎時飛了出去。其中一個仍連著軟管，在塞塞屋後方一路彈跳，把屋子的玻璃纖維外殼撞出一個四寸的凹洞。另一個則完全分家，像可燃的風滾草一樣橫滾過公路。當時仍緊跟在後的油灌車趕緊轉向躲開，加速從琳達旁邊超車而過。還好琳達幸運地及時找到一處可以停車的路段，而早已滾開的丙烷桶那時就躺在公路對面。琳達盤算了一下自身處境——她身處在一個根本看不見公路兩頭的彎道外緣，迎面過來的車子也完全看不到她——於是她強忍住想衝過路面去把丙烷桶撿回來的衝動。「那個丙烷桶花了我二十塊美金，但是我的這條命是無價的！」她這樣想道，然後她把另一個丙烷桶的螺絲鬆開，解開軟管，把它搬進活動房屋裡。

阻止了這場差點釀禍的事故之後，琳達繼續開車爬坡。她駕著吉普車穿過箭熊湖（Arrowbear Lake）和奔泉市（Running Springs）的社區，這裡的高山坡地在冬季時常有滑雪客和單板滑雪愛好者來訪。不過現在這個季節吸引到的都是登山車手和登山客。她也行經了大熊湖（Big Bear Lake），那裡一座有百年歷史的水壩，是一座靠融雪補充水源的蓄水庫。她沿著水壩的北岸前行，穿過白頭鷹的棲息地。然後她來到灰漿湖（Grout Bay）和福恩斯金（Fawnskin）小鎮。二十世紀初的時候，開發商在為這裡命名時，可從沒想過一個叫「灰漿」的地方也能吸引到度假客。那邊的雜貨店備齊了荒野冒險家可能需要的一切用品，包括漁具、啤酒托、長雪橇、輪胎雪鏈、睡袋、太陽傘，以及可做為紀念品的獵槍形酒瓶（收銀員還特別解釋：「是龍舌蘭酒。」）。至於附近的市鎮公園則矗立著各種身穿制服的玻璃纖維人物雕像，有棒球員、印第安酋長、牛仔、消防員、戰機飛行員、海盜和高速公路巡警。他們看起來就像是隨時可能開口大合唱〈Y·M·C·A〉這首歌一樣。琳達後來有一次來訪福恩斯金，曾大聲抗議：「為什麼這些雕像都沒有女的？」結果她注意到一對被閹過的公牛跟一輛大篷馬車拴在一起的雕像。琳達猜想這兩頭牛可能是母的，因為牠們沒有可供辨別的生殖器官，而且只有牠們什麼工作都肯做。從那時起，只要她經過那座公園，便會對著牠們大喊：「嘿～姑娘們！」

正開在世界邊緣公路上的琳達從一座私人莊園駛過，深鎖的莊園大門後面是看起來跟公路背景不太搭的整齊草地，門上還有「不准進入」的警告牌。她放慢吉普車的車速，龜速轉進科克西卡車路。這裡不再是柏油路，取而代之的是凹凸不平的泥巴路，路的兩旁有很多黃色桂竹香從岩縫裡冒出來，石南灌木上開滿甕狀的粉色花朵。這裡仍看得到二〇〇七年名為 Butler II 的森林野火殘留的痕跡：燒焦的樹幹宛若大豪豬的剛毛聳立地表。那場大火吞蝕了包括漢娜窪地在內的一萬四千多英畝的森林。漢娜窪地因此關園整修，直到二〇〇九年才重新開放。琳達快開到營地了，她放慢車速，全神貫注在眼前崎嶇的路面上，盡量避開路上被深碾過的胎痕。塞塞屋在她後方不停彈跳碰撞。

那時已經大約下午六點，天光還有點亮，她已經抵達營地入口。位在海拔高度七千英尺的漢娜窪地比她今天早上的旅程起點──米申維耶霍──在地勢上高出一英里多。這裡的空氣比較冷也比較稀薄。她找到布告欄，於是下車去看。上面的公告提醒遊客小心有蛇出沒，記得熄滅營火（「不殘留任何一絲火星」），避免攜入可能挾帶入侵性偷渡客的木柴，像是金斑吉丁蟲或是會引發松樹潰瘍病和橡樹猝死病這類疾病的病原菌。一塊大地圖的上面標示出八十八座編過號的營位，由一條環狀的路串連起來。營位每晚租金是二十六塊美元。此外還有一塊沒有任何編號的空地，離營地入口很近，近到站在入口就看得到它。它有一些便利設施，包括一塊鋪得很平的停車位、用水裝置和電力連結裝置、附有桌椅和火圈的野餐區。前面還有一塊標示牌，就在一棵被火蟻入侵的腐爛樹墩旁邊，上頭寫著：「營地管理員」。

琳達終於抵達她未來四個月都要住的家。

* * *

除了工作即將開始之外，還有一件事也令琳達很期待：有個朋友要過來跟她一起工作。六十歲的希爾維安．戴爾瑪（Silvianne Delmars）從來沒當過營地管理員，很興奮終於有機會一試。「有琳達．梅依在，就算來一個軍隊，我也沒在怕！」她幾個月前曾這樣大聲說道。希爾維安住在一輛一九九〇年分的福特E350 Econoline Super Club Wagon箱形旅行車裡。在她從分類廣告網站Craigslist買下這部車之前，它曾被拿來充當客運車載送年長的老人，也曾充當作業運輸交通工具運送服勞役的囚犯。它的汽缸床會滲漏、剎車壞掉、動力轉向油管有裂縫、輪胎磨破，再加上啟動器會發出一種怪聲音。有時當陽光從某個角度射進副駕駛座時，就會看到很久以前漆上去的字所殘留的邊，大概可以拼湊得出來上頭原來寫的是霍爾布魯克資深公民協會這幾個字。

在瑪麗艾斯梅拉達皇后號上的希爾維安

希爾維安有兩個朋友建議幫車子取名：一個提議「瑪麗皇后號」，另一個提議「艾斯梅拉達號」。她不想從中取捨，索性將它命名為「瑪麗艾斯梅拉達皇后號」。她用珠寶色的絲巾、繡花抱枕、聖誕燈來裝飾車裡的內裝，並放了一座神壇，上面擺著瓜達露佩聖母（Virgin of Guadalupe）的許願蠟燭和一尊小小的賽克麥特雕像（Sekhmet），是獅頭人身的埃及女神。儘管希爾維安經歷了一連串的衰事，她的車子被偷、她的手腕骨折（沒有保險）、她在新墨西哥州的房子賣不出去，但還是開車上路了。「在市中心裡第一次睡在自己的車上，那種感覺很失敗，或者自覺很像流浪漢，」她解釋道，「但人最厲害的地方就在於我們會習以為常每件事情。」

希爾維安是在一年半前初遇琳達，當

時她們都在亞馬遜倉庫當晚班臨時工，琳達就是在那裡弄傷手腕。希爾維安是一位塔羅牌占卜師，除此之外，她也在企業醫療服務業待過，當過女服務生，做過零售業，幫人針灸過，更做過外燴。她認為促使她住進車子裡的這一連串事件，乃是一種神賜的感召力，是女神在召喚她踏上吉普賽式的流浪之旅（在她那叫「希爾維安漫遊記」的部落格裡，她把這層轉變描述成這樣：一個在嬰兒潮時期出生的人，還沒完全到退休的年紀，就放棄了傳統的屋子，放棄了三份兼差，也放棄了那仍被殘破的美國夢牽著鼻子走的受苦靈魂對保障的任何依戀，她的目標是以塔羅牌占卜師——薩滿教占星師——宇宙靈媒的角色，上路展開游牧族的冒險生活，這是她註定要走上的路）。

希爾維安寫了一首歌，她稱這首歌是「車居族的團歌」。她第一次唱給我聽的時候，瑪麗艾斯梅拉達皇后號就停在亞利桑納州的漢堡王停車場裡，當時我們正在做訪談，同時一邊剝雞塊上的麵皮餵她那隻綠眼貓雷拉（Layla），因為牠只肯吃麵皮。這首歌借用的是〈公路之王〉（*King of the Road*）的曲調。自從希爾維安在亞利桑納州荒涼的九十五號公路上開始作詞以來，已經精修多次，目前最新的版本是這樣：

又破又舊的高頂旅行車，
就像住在大罐頭裡。
沒有房租、沒有規定、沒有男人，

沒有土地綁住我。

我在沁涼的森林裡享受夏日樂趣，
我在沙漠的日光下過冬。
我是一個有全新目標的老吉普賽靈魂，
公路女王！

我的朋友認為我瘋了，
但對我而言，他們的生活太平淡。
就算我有時垂頭喪氣，
對我所選擇的生活來說也只是一個必然付出的小小代價。

我已經發現所有空間皆是聖地，
只要我們在新天地的神聖探索中
舉目四望。
公路女王！

我熟知西部五個州境內的每條便道。
就算是藍色公路[3]，我也毫不猶豫。
我熟記每座小鎮的奇怪歷史。
或許到得慢，但我到得了，靠的就是我那輛……

很會吃油的高頂福特車。
我有時害怕，但從不無聊，
因為我終於剪斷束縛
不像社會上那一群消費者。

我有一隻大貓讓我常保理智，
她的名字是可愛的雷拉。
不怎麼狂野，但也不太溫馴，

3 美國作家William Least Heat-Moon寫了一本自傳性遊記《藍色公路》（*Blue Highways*），他的公路旅行遍及全美，而且專走可以串連各鄉鎮的那種偏僻或久遭遺忘的小路，而這些小路在Rand McNally這家公司出版的老式公路地圖上都是繪成藍色，因此他創造出藍色公路這樣的字眼。

琳達抵達漢娜窪地時，希爾維安的瑪麗艾斯梅拉達皇后號還在南邊兩個小時車程外的地方，就停在艾斯康迪多市（Escondido）她朋友的獨棟公寓外面，總算有機會可以洗衣服和享受熱水澡（套句車居族的行話就是她正在當「車道客」〔driveway surfing〕）。只剩四十美元的她，正在等信用卡寄來，這是她十年來的第一張信用卡。

琳達在營地裡的頭幾天感覺很安靜。她親眼看見土狼，也耳聞山獅出沒的消息。雪已經下了兩、三英寸厚。她打開一台小型電熱器，好讓塞塞屋溫暖一點。她還買了一個備用的丙烷桶。她在冰箱上貼了一塊磁鐵當裝飾，上面寫著「認真過好每一天，就像有蜜蜂阿姨（Aunt Bee）在背後監督你一樣」，還附上《安迪．格里菲斯秀》（*The Andy Griffith Show*）裡那位叫蜜蜂阿姨的管家照片，再加上一篇名為「整套家當」的游牧生活頌，那是一位自稱是行動車居客的作家寫的，叫做藍迪．溫寧（Randy Vining）。這篇詩一開始就寫道：「我帶著整套家當全職旅行，不缺所需，綽綽有餘。」她也閱讀書籍。有位車居族朋友推薦她看《林間女子》（*Woodswoman: Living Alone in the Adirondack Wilderness*）這本書，琳達讀得津津有味，很是欽佩作者的獨立自主和儉樸作風，書的作者是生態學者安妮．拉巴絲蒂里（Anne LaBastille），她受到《湖濱散記》（*Walden*）的啟發，只用等值六百美元的原木就蓋出一棟專屬於她自己的小屋。接下來琳達要看的書是《想到就做》（*Making Ideas Happen: Overcoming*

在漢娜窪地被白雪覆蓋的塞塞屋

the Obstacles Between Vision and Reality），這是一本很具創業精神的勵志巨著，她希望能在書裡頭找到好的建言，教她打造出令自己滿意的未來。她多半時候都跟摳摳偎在一起，這隻狗狗跟她同睡一張床，總是窩在她身邊，有時候會靠過來不停舔她的臉。「親親哦，要親親哦！」她會這樣跟狗狗說話，「你舌頭不累嗎？再舔下去要壞掉了，我看你需要一根新舌頭哦，誰要幫你付錢買新舌頭呢？」

希爾維安預定抵達的那個星期天，琳達去了離她最近的淋浴間沖澡，大概有五英里遠，就在大熊湖岸塞拉諾營地上。淋浴間是用煤渣磚蓋的，很是冷颼颼。為了節省用水，蓮蓬頭的水被打開後一陣子就會自動關閉，所以如果要沖澡，便得不斷重按鉻合金的按鈕。琳達回到停放場後，便在太陽底下梳起長髮，還學洗髮精廣告那樣一邊撥弄頭髮一邊問：「我的長髮閃閃發亮了沒？」

希爾維安那天下午現身，她穿了一件芙烈達．卡蘿[4]的T恤，一條看起來很飄逸的拼布裙子，還有粉紅色的綁腿和一雙絨面的軟鞋。她抱住琳達，然後走過去窺看塞塞屋的屋內。「照片裡看起來比較大！」她說道。希爾維安個子高，身材修長，留著瀏海，一頭漸白的波浪棕髮用香蕉夾盤在腦後，幾綹髮絲垂在外面。她必須低下身子才能鑽進活動房屋。琳達告訴希爾維安她有多喜歡住在裡面，她唯一想念以前那輛舊露營車的地方就只有它的淋浴間和馬桶。因為在塞塞屋裡，她只能拿水桶來充數，不過到目前為止，還算合用。

營地管理員訓練營是在星期一早上八點開始，地點在大熊湖探索中心，為期兩天。這處教育設施是由美國林務局（U. S. Forest Service）經營。為了獎勵參與課程的學員，加州土地管理公司的指導員朝他們丟了很多包月餅（Moon Pies）。管理員們基本上都很期待這種免費午餐，可能一天是熱狗，另一天就是墨西哥瘋烤雞（El Pollo Loco）。除了有食物之外，他們也會收到一本栗色的三孔活頁夾，內附三百五十頁的加州土地管理公司作業手冊，再加上對未來工作的詳細口頭說明，同時鼓勵他們盡量翻找出營地上的「微垃圾」，比方說包裝用的玻璃紙和鋁箔紙碎屑，煙屁股，以及其他零碎雜物，還有要確保讓每個營位的「旅行風險」降到最低，譬如森林裡會有像葡萄柚那麼大的松果從高聳的傑弗里松上面砸下來。除此之外，他們也被告知一些案例，做為警告以防犯錯，譬如有一次一個倒楣的管理員在鏟掉營火火圈的灰燼時，忘了先檢查火圈裡還有沒有火星，結果害自己的高爾夫車著火。千萬別跟那個人一樣。另一次是有個營地管理員攀上大垃圾箱，想重新勾住防野熊翻找垃圾箱的鍊條，結果摔斷肋骨。「這不是我嗎？」琳達大聲喊道。台上的老闆這下尷尬了，完全不知道當事者就在現場（那次意外是發生在去年夏天，當時琳達在加州的猛獁湖〔Mammoth Lakes〕打工。她的傷害她有好一陣子胸口動不動就痛：呼吸會痛、打掃時會痛、開高爾夫車行駛在顛簸的路面上會痛、彎腰會痛，就連跟露營的遊客一起大笑也會痛。她的朋友和家人堅持要她去看醫生，最後醫生診斷出她的肋骨斷了，警告她在復原期間必須避免提舉任何十磅以上的重物）。

星期三早上八點，琳達和希爾維安穿上很搭的制服，開始第一天上工：棕色長褲配上卡其色風衣，左邊胸口縫有山頂標識，配色看上去很像聯邦政府的森林巡守員。他們被告知，在處置不守法的露營遊客時，這種制服配色上的雷同是很管用的保護色。其實希爾維安為了恪遵自己的早晨養生法，早在好幾個小時前就起床了。她在冥想和吃早餐之前，會先服用解毒的藥草，而且她的早餐就跟她其他時間的飲食一樣全都不含糖，也沒有肉類、奶製品或精製穀物，這是她一貫的自我療法，想要治癒她右眼下方的基底細胞癌。她們的高爾夫球車已經載滿工具：兩根耙子、兩根掃把、一根鏟子、一個用來盛裝灰燼的金屬桶、還有幾個塞滿清潔用品的塑膠桶。此外也放了很多傳單來宣傳昂貴的野外活動，譬如拖曳傘、直升機、賽格威[5]、溜索、越野四輪驅動車，以及被稱為自由小姐號的槳葉船。才剛學會如何駕駛高爾夫球車的希爾

4 芙烈達·卡蘿（Frida Kahlo, 1907-1954）是一位墨西哥女畫家，以自畫像著名。

維安興奮地握著方向盤，琳達坐在前座負責警戒。那天早上很冷，但天光明亮，陽光隔著松樹滲進來。烏鴉在枝椏間呱呱尖叫，北美山雀正吟唱著某種三個音節的調子，跟〈三隻瞎老鼠〉（*Three Blind Mice*）的旋律很搭。林地上有鮮紅色的雪地植物正從松葉鋪成的地毯裡頭探出頭來——莖梗形似蘆筍，春末開花，利用某種真菌吸取針葉林樹根的養分。西方強棱蜥機伶地穿過礫石地。地松鼠一看見高爾夫球車趨近，倏地鑽進洞裡。

你可以從琳達的一堆訣竅裡看出她以前一定做過類似工作。她在消毒茅房時，會刻意在捲筒衛生紙上鋪一張紙巾，以免被化學製品的噴霧染濕。她說她要弄點Pam噴噴油（一種噴霧式的食用油）或WD-40防鏽油來，不過Pam噴噴油比較便宜。因為在馬桶的溝槽覆上一層油，比較不會卡髒東西。清完垃圾桶後，她還示範了一招快速打結新塑膠袋的方法，才不會讓袋子從桶邊滑下去。她在野餐桌的四周把土耙鬆，每耙一次，就用手腕抖一下耙子。「這樣就看不出來哪邊沒被耙到，」她解釋道，「看上去比較自然。」

在某個一團亂的營位上，睡袋一坨堆在那裡，地上散落著一大捲衛生紙還有幾個空掉的杯麵盒，炊火也仍在燃燒。琳達和希爾維安輪流拿著水壺澆熄炊火，煙霧頓時瀰漫，她們被嗆得猛咳，餘燼嘶嘶作響。她們拿起鏟子，翻攪那坨滾燙的糊狀灰燼，確保裡頭不再有可能再燃的火星。那天稍晚，那群二十幾歲的遊客健行回來，回到了浸滿水的營火坑旁。他們很冷。儘管氣象預報會下雪，其中一個人竟然還穿短袖，而且沒帶外套，另一個人則只穿了自己帶來的唯一一雙鞋就來健行，而且還是一雙室內拖鞋。琳達在那裡找到他們，他們正無奈地忙著重新起火。「你們應該等到營火堆冷到手可以放進去才可以離開現場。」她耐著性子說道，「還好是被我們發現，不是森林巡守員。」要是被森林巡守員看到，一定會開他們罰單。那幾個傢伙不停地道歉。「阿姨，對不起啦，不好意思哦。」

一周有兩天，琳達和希爾維安得負責漢娜窪地的所有差事，至於其他三天，則和另一個很熟此地的營地管理員共同分攤管理工作（這位雇員老愛提去年的一個故事。當時她也在這裡工作，那時候有個暴露狂什麼都不穿，就裹著美國國旗到處亂跑暴露身體，直到警察把他抓走為止）。營地管理員的工作大多是在清理漢娜窪地的十八間茅房和八十八處營位。但除了清潔工作之外，也要幫剛到的遊客辦理登記和收費、置放營位預約的標牌、提供健行方面的意見、擺平一些小爭執、鏟熄營火坑，以及做些文書工作。遊客也會上門來買園方事先備好的那種一捆八美元的木柴，被鎖放在營地管理員住處旁邊的籠子裡。可是通常會空手而返，因為琳達和希爾維安會勸他們自己去林子裡撿木柴，但要遵守「三D」原則：只撿已經枯死的（dead）、已經掉在地上（down）、已經脫離樹幹的（detached）木柴。有時候做完一整個回合後，她都會累到喘不過氣來，得打個盹才行。

住在「營地管理員」這個牌子旁邊，不是件輕鬆的事。它意謂你整天都會被遊客的需求綁架，哪有什麼得空的時間？營地管理員若在附近，有事相求，他就一定得處理。有天晚上十一

5 Segway，電力驅動的個人用運輸載具。

點半左右，有兩台卡車的遊客出現在漢娜窪地，他們一下車就直接去瑪麗艾斯梅拉達皇后號，叫醒希爾維安幫他們辦理登記手續。此外，大家也都寄望營地管理員去強制執行遊客在夜間時段必須「保持安靜」的規定，處理噪音方面的投訴。琳達都是試著用與人為善的方法來預防問題。比方如果有一群遊客剛到，看起來就像是來開趴的，她會告訴他們：「我們希望你們玩得開心，不過晚上十點過後，希望你們很安靜地玩。」又譬如當她看見某營位滿地啤酒瓶時，她不會要求遊客立刻清掉，反而會好心提議：「我可以幫你們拿一些大的垃圾袋來。」

琳達和希爾維安當初被雇用時，園方要求每周工作四十小時，但無法保證一定給足四十小時。結果這工作才做了半個月，督導就突然告訴她們，營位預約的情況不如預期，園方需要縮減成本。於是乎，琳達和希爾維安接下來那兩個禮拜的工作時數就只剩下四分之三。這表示琳達的周薪不到兩百九十美元（希爾維安的周薪更低，她不像琳達有回鍋員工的優惠薪資可拿）。

琳達和希爾維安不曾抱怨過這類低薪工作的不可靠以及偶爾發生的「無底限性」（boundaryless nature）。不過其他露營打工客就沒那麼好說話了。以營地管理員來說，最常見的抱怨是園方指望他們做的工作時數比他們能拿到錢的固定時數來得多。有一名六十幾歲的臨時工在二〇一六年首度受雇於加州土地管理公司，當時還在工作崗位上的他就寫了封電子郵件給我談到這問題。「營地管理這種工作很奇怪，」他寫道，「『管理階層』常釋出很多模糊的訊息。我是在一個每周工作三十小時的營地裡打工，但有些時候一周的工作時數竟高達四十五小時以上。

於是我向他們抗議，他們就降低了時數。」可是他的主管竟然沒有付他先前多做的工時。

這跟一對六十五歲左右的夫妻檔營地管理員——葛雷．威萊路布斯和凱西．威萊路布斯（Greg and Cathy Villalobos）——曾在二〇一四年告訴某法律新聞網站的內容如出一轍。他們幫加州土地管理公司和另一家特許經營商千徑公司（Thousand Trails）擔任營地管理員時，就被要求工作時數得超過工時卡上所能容納的時數。「我只是想公開這件事，才好幫助其他銀髮打工族，遏止這種不公的待遇。這真的很讓人生氣，尤其這涉及到聯邦政府，是它和這些公司簽約的。」葛雷．威萊路布斯告訴記者。

另一位曾在二〇一五年受雇於加州土地管理公司的露營打工客，在Yelp商家評語網站上只給了該公司一顆星的評價，並聲稱她和她老公經常得一天工作十二小時甚或更長的時間，卻不准申報八個小時以上。「他們這樣對待這些需要收入的銀髮族夫妻，是很不對的，需要被好好調查。」她寫道。

至於雇用私人特許經營商來管理公有露營場地的美國林務局也曾收到投訴。基於資訊自由法（Freedom of Information Act），我向該局的太平洋西南區域辦公處提出申請，於是看到了一些投訴信。只是這些檔案被送來的時候，審查員已經先把員工的名字、年紀和合約資料塗黑蓋住。在其中一封投訴信裡，一名為加州土地管理公司做了十四年的臨時工指控，他們的同事在高溫下工作時，資方並未提供飲水。「哪怕是現場雇員都有可以遮陽的蔭涼處和可以飲用的冷水，為什麼對自己的工人卻置之不理？」信上如是寫道，並詳述某營地管理員的工作辛苦程度，那個人被指派到兩處營地單獨工作——內華達山山腳下的上咖啡營地和下咖啡營地——當時白天氣溫高達華氏一百零九度，結果「因中暑而被救護車載走兩次」。信上還補充，那位員工「已經多次超時工作，（卻）被主管告知，不得在工時卡上註記有加班。而我相信也有其他人曾被這樣對待。」

在另一封投訴信裡，一位曾幫加州土地管理公司在紅杉國家森林公園（Sequoia National Forest）擔任過營地管理員的人這樣寫道：

我得到很不堪的流動工人待遇……我時薪八美元，一周工作「四十小時」，但按慣例卻得工作五十到六十小時以上，實領四十個小時的薪水，沒有加班費也不按實際工時付薪。所以CLM（加州土地管理公司的英文簡稱）是沒有付法定最低工資的。至於我所謂的「工作」是不含待命時間整整八小時在休姆營地、公主營地和岩溪營地不停地耙地、清除垃圾和清掃，再加上十里營地和滑坡營地，數不清的旱廁，一天要清理好幾回，還要清理火坑和吹掃路面。然後再處理遊客的登記作業直到晚上快九點。我第一個禮拜就被他們連操了六天，每天十一到十二個小時……在經過幾次討論之後，我終於把我的疑問提出來，結果（我的主管）竟罵我是「廢物」，「閉上你那張廢物嘴」，「帶著你的廢物屁股滾回奧勒岡州去」。

我寫信給加州土地管理公司詢問這些申訴事件，結果收到該公司總裁艾瑞克・馬特（Eric Mart）的回覆。「我可以向你保證，我們的政策（所有員工都可取得這些政策的影本）、我們的訓練，和我們的標準作業程序都跟這些員工聲稱的完全相反。」他這樣回答我，並在信中繼續寫道，加州土地管理公司至少調查了其中三件申訴案，結果發現全都毫無根據（不過有名工人倒是因為索賠未付的工時而獲得補償）。然後他又補充道，至於最後那個案例——就是主管誆騙員工工作時數，還罵他是「廢物」的那個案例——則是由美國林務局啟動個別調查。

聯邦官員說法則相反。當我主動找上美國林務局詢問這些員工的申訴信時，我被告知林務局並不直接調查這類申訴案，反而是將申訴信轉交給該員工所抱怨的特許經營商——以這案例來說，就是加州土地管理公司。這是美國林務局的官方政策，即便該特許經營商的經營許可證是由美國林務局負責發給和更新，公有土地的管理方式也由林務局負責。

「林務局對於違反勞動法、歧視等這類申訴，或者其他任何針對私人雇主所做的申訴，都沒有權利採取任何行動，包括調查在內。」新聞發言人約翰・海爾三世（John C. Heil III）在電子郵件裡這樣解釋。

在一通後續追蹤的電話裡，我請教他是否真的要以這封電子郵件做為該局的完整答覆內容。「這實在很奇怪，因為他們都是你們的承包商，而且顯然是在你們的掌控下，但是你們卻表現得對他們一點掌控力也沒有。」我這樣追問道。

海爾解釋他已經看過林務局的規程，上面就是規定把所有申訴信轉交過去，所以他沒有什麼好再說的了。

＊＊＊

琳達漸漸習慣了漢娜窪地的作息，我則趁此機會觀察她頭兩周半的營地生活。晚上我們會在她的活動房屋裡一坐好幾個小時，聽她點滴說出自己的生平。在三個孩子裡排行老大的琳達向來崇拜自己的爸媽，哪怕他們缺點很多。她的父親很愛喝酒，在聖地牙哥造船廠斷斷續續地從事機工的工作，至於她母親則是長年對抗著憂鬱症。他們不停換公寓住，一年就搬了七次家。有一次還遠離加州，暫住在南達科他州黑丘（Black Hills）的親戚家裡。在往東行的一路上，琳達跟著她的父母和兩個弟弟擠在一台卡車上，再加上所有家當和一條叫做彼德．瓊斯．派瑞（Peter Jones Perry）的臘腸狗。琳達的母親大概是在那陣子有拔掉一些牙齒。「我父親沒有錢讓她裝假牙。」她回憶道，「所以我們坐在那台很大的平板拖車上，後面載著所有家當，車上有我那缺牙的母親、三個小孩和一條該死的狗。」

隨著時間過去，琳達父親的脾氣變得愈來愈壞。有時在晚餐桌上，他會拿分菜的杓子直接敲她弟弟的頭。他也會打琳達的母親，把她摔下樓梯，「像布娃娃一樣到處甩」。在其中一次家暴裡，只有七歲的琳達躲在臥房上鋪的角落，那時她就告訴自己：這種事絕對不會發生在我身上。

那時琳達也一直努力在克服自己的閱讀障礙，只是這件事沒有人知道。當她的考試成績單寄來時，上面寫的是「琳達有念大學的潛力，但不夠專心」。琳達只覺得自己像隻鴨子。在岸邊的外人眼裡，她看起來像是毫不費力地浮在水面上，但其實她的腳一直在水底下拚命划。

她從高中退學，不過最後還是拿到了普通高中同等學歷證書（GED），以及一張建築技術證書和專科學位。她做過的工作包括卡車司機、酒吧女招待、包商、地板材料店的老闆、保險經理、房屋驗收員、國稅局電話服務人員、某腦外傷機構的居家照護員，並在政府提供的銀髮族打工計畫裡做過狗狗的飼育員和狗舍清潔員——她的身上到現在都還留有西施犬咬過的疤——也在某家狩獵小屋做過鴨子、鵪鶉的拔毛員。琳達也茹苦含辛地將兩個女兒撫養長大，幾乎都是靠自己。

我聽得入神，盡可能想融會貫通這些內容，希望可以幫自己釐清一些想不太透的問題，包括一個工作這麼認真的六十四歲婦人，最後怎麼會落得沒有房子住或者沒有一個可以永久居住的地方？反而得靠不可預料的低薪工作來謀生計？住的是海拔一英里高、不時下雪，搞不好還有山獅的荒野山林裡，只能窩居在狹小的活動房屋裡，每天得看老闆的臉色清掃廁所，甚至可能在老闆的一時衝動下就被砍工時或炒魷魚。像琳達這樣的一號人物，他們的未來是什麼呢？

儘管我還沒找到答案，但我回家的時刻到了。於是我把剩下的雜貨留給她們：有冷盤、番茄、雞蛋、培根、起司、甘藍菜、湯、紅蘿蔔、墨西哥薄餅。但大部分都給了琳達，因為希爾維安在飲食上比較龜毛。

「這些東西可以幫我很大的忙。」琳達據實以告，「因為我只剩下十美元撐到下次的發餉日了。」

我整裝要離開時，琳達和希爾維安升了一個營火。她們拿出一疊用過的紙張當火種——那是DAR影本（daily arrival report的簡稱），全名是每日報到遊客報表紙，是用來告知哪些營位已經被預約。本來這些報表紙是要被燒毀或攪碎的。我問她們，如果DAR的裊裊煙霧可以帶話到天聽，那些話說的是什麼？「我們露營過了！我們玩得很開心！浴室都一塵不染！」琳達回答。

太陽漸漸西沉，冷冽的空氣悄悄入侵。已經穿上連帽衫和羊毛襯裡工作夾克的琳達和希爾維安忍不住發抖，嘴裡嚷著要去煮晚飯了。今晚不會再有遊客入住。她們已經在入口擺上「營地客滿」的牌子。

於是我開口道別，發動旅行車。兩位營地管理員站在那兒揮著手。「別讓遊客把森林燒了！」我喊道。琳達搖搖頭，喊了回來。

「那我就沒工作了！」

第二章　人生的尾聲

二〇一〇年的感恩節，琳達·梅依的游牧族人生還沒開始，她獨自坐在亞利桑納州新河區（New River）的一棟活動房屋裡。這位已滿頭白髮的六十歲阿嬤因為繳不起電費，沒有電也沒有自來水可用。她找不到工作，失業救濟金也已經用罄。她跟她大女兒一家人曾同住多年，接二連三地做了多份低薪工作，但如今那一家人窩居在一間更小的公寓裡，只有三個房間容納這一家六口，根本沒有足夠空間讓她搬進去住。在無處可去的情況下，她只能蝸居在一間黑漆漆的活動房屋裡。

「我要把酒喝光，再打開丙烷桶的開關，然後失去知覺，一了百了。」她這樣告訴自己。「要是又醒過來，我就點根香煙，把我們全炸進地獄裡。」

她的兩隻小狗摳摳和嘟嘟（Doodle）當時看著她（嘟嘟是一隻貴賓犬，後來在琳達搬進塞塞屋之前就死了），於是她猶豫了……她真的忍心把牠們兩個也炸死嗎？這不是她的選項。與其尋死，她索性接受邀約，前往一個朋友家吃感恩節大餐。

但那一刻——也就是她看見自己有尋死念頭的那一刻——卻成為她一輩子無法輕易抹滅的

記憶。琳達向來認為自己是個「很容易開心的人」，從來沒有過「想一了百了」的念頭。「我當時只是情緒低落到看不見出口。」她後來回想道。所以一定做出改變。

兩、三年過後，琳達發現自己又瀕臨崩潰。當時她在加州埃爾西諾湖的家得寶家飾建材零售連鎖店（Home Depot）當收銀員，時薪十點五美元。有過幾個禮拜她只能排到二十到二十五小時的班，勉強夠付活動房屋一個月六百美元的租金，是她在這座小鎮另一頭的湖濱地移動式房屋停放場裡租到的。雖然在她的履歷裡有兩個建築學位，在拉斯維加斯的家得寶也有過一年半的工作經驗，但她還是花了好幾個月才得到這份工作。以前她在拉斯維加斯的家得寶工作時，時薪是十五美元，職務是催料員，她很喜歡那份工作，因為可以一對一地為顧客解決問題。曾經風光的催料員如今淪為收銀員，感覺好像有點潦倒，儘管如此，她還是努力做好收銀員的分內工作。「我經驗這麼豐富，他們卻只要我當個收銀員，」她回想道，「於是我想：『好吧，既然這樣，我就在這裡做個最棒的收銀員好了。』」琳達會跟她的顧客聊天，問他們買這些建材做什麼用，再盡她所能提供專業建議。有一次有個屋主想蓋屋頂，但拿錯木料到櫃台結帳，她就建議他改用另一種叫「定向刨花板」的木料，效果會比較好（而且還能多省下五百美元）。為什麼家得寶不重視專業人才，只肯把她擺在收銀機後面呢？「在我看來，他們是對年紀有成見。」她這樣說道。

琳達已經不只一次好奇，怎麼會有人經得起變老這件事？她這輩子做過這麼多工作，但從來沒有一種可以在財務穩定上提供永久的保障。她說：「我始終沒辦法能讓自己存下一筆養老金。」

琳達知道自己就快要有資格領社安退休金了，不過以前她不太理會自己的年度財報，所以當她看到時，才驚覺自己的月退金怎麼只有五百美元左右，連付房租都不夠。

琳達是單親媽媽，獨自撫養兩個女兒長大。所以她知道勉強度日是什麼意思。她自己的母親就教會了她不少這方面的知識，比如說用一磅的漢堡包來撐一整個禮拜，餵飽琳達和她兩個弟弟。每當晚餐是義大利肉醬麵，但碗裡看不到一丁點肉屑時，孩子們就會取笑他們的母親，說她是把牛絞肉放進襪子裡對著長柄鍋灑一灑，把肉味灑進去而已。這家人三不五時也會收留其他孩子，有時候可能是因為那孩子的父母惹上麻煩，這時琳達就會開她母親玩笑說只要「在鍋子上面揮一揮裝有漢堡包的襪子」，就能再多餵飽一個新來的小孩。

也許是這層淵源，琳達對不幸落難的人特別有同情心。一九九〇年代初期，她在亞利桑納州布爾黑德市（Bullhead City）開了一家叫切羅基室內裝潢的地毯磁磚店。那時每次營業時間過後，都會有流浪漢齊聚在店後面的開放式水龍頭那裡梳洗和裝水。「沒關係，你們用，」她這樣告訴他們。「只是用完後，記得把水關掉，不要忘了哦。」這棟風格形似小木屋的建物有道門廊，屋簷下方還裝了幾根立樁。那時有人在那裡打地鋪過夜，她也大方接納。「好吧，如果你要睡在這裡，你的工作就是夜間警衛。」她說道，並提議他們可以這樣告訴前來驅趕的警察。

在這些人當中，有一位以前當過修樹工人。他告訴琳達他想擺脫街友的身分，他想過也許自己可以靠幫這座城市幹點活來賺錢，畢竟市政府常得調度包商去清理雜草叢生的地產。於是她幫他募資創業，買了幾根耙子、一台除草機，存了一點油錢。他們一起開車在城裡轉，搜找已經野草蔓生、市府準備招標除草的地點。琳達甚至利用自己的營業執照幫他爭取到一些案子。

後來發生了兩件倒楣事。她開的地板建材店倒了，原因是她的合夥人有兩本帳冊，暗槓了一些收益挪做私用。至於那位以前當過修樹工人的街友，則根本沒認真對待她幫忙找來的案子，一聽到有人要找他去拉斯維加斯油漆一棟屋子，他就丟了城裡的除草工作跑去拉斯維加斯了。

不過琳達還是覺得自己很幸運。「你知道嗎，還好我可以接手，」她回憶道，「我找不到地方賺錢，幸好這些案子的合約都還在。」於是沒多久，她就開始在乾旱的夏季推著除草機工作，那時氣溫有時高達華氏一百二十度，於是她對中暑的症狀變得很瞭若指掌：「如果你是在外面的大太陽底下，可是你開始發冷，那就趕快離開那鬼地方！」她拿到的合約可以讓她每個案子賺一百五十美元。通常她天一亮就工作，正午停工，等到晚一點再回去把地耙乾淨，最後再把雜草落葉全塞進袋子裡。

「第一次我還沒收到款項之前，根本沒錢把一袋袋的垃圾載到垃圾場，於是載到湖邊去丟，升了一個篝火，但風太大了，」她回想到那天去米德湖（Lake Mead）的情景。「強風捲起乾枯的野草，吹到對岸。結果森林巡守員跑來對我說：『你不能這樣燒。』我心裡想，『我知道啊，我已經鏟土把火熄滅啦。』」

「從那時起我就在想，『我不能在華氏一百二十度的高溫下待在戶外耙野草，這也不是我當初去念專科的目的。』」曾經修過建築技術學位的琳達這樣回憶道。而那時她的大女兒和女婿已經在繁華的賭場產業裡找到工作：她女兒在餐廳工作，她女婿在幫人泊車。琳達也在內華達州新興賭城拉夫林（Laughlin）的河岸賭場（Riverside Casino）裡，很快找到一份香煙女侍的工作（與這座城市同名的河岸賭場老闆唐恩．拉夫林〔Don Laughlin〕原本想把河岸賭場直接取名為「賭場」，但被美國郵政局駁回）。琳達很感恩能有這份工作，於是送了唐恩．拉夫林兩打玫瑰，結果被叫到他的辦公室。「這是什麼意思？」他一臉不解地問道。

「唐恩，我只是衷心感謝你，」她說道，「理由很單純，只是謝謝你雇用我，沒別的意思。」在賭場裡的琳達得用肩帶捧住托盤，販售糖果、鮮花和香煙。可是那只托盤重到她得穿上護腰才捧得住。儘管有護腰，她還是累到不行。「我賣香煙賣到衣服尺寸從十四號瘦到十號。」她回憶道。

琳達是以每束玫瑰九毛六的批發價買進，再以四塊美元賣出，通常還有一塊小費。香煙的部分則是整箱買進，再以每包利潤賺五毛的售價賣出。後來她和一些賭客漸漸混熟，譬如有位賭客經常頭痛，所以絕對可以指望他花五塊美金買一盒成本兩毛五的阿斯匹寧。生意好的晚上，她可以淨賺兩百到三百美元。除此之外，她還有第二個收入來源，她可以找到人來清潔賭場裡那些以假亂真的緞帶花，並負責監督這些清潔工。

後來河岸賭場引進香煙自動販賣機，香煙女侍的鼎盛期從此不再。唐恩把琳達叫進辦公

在河岸賭場穿著制服的琳達

室，告訴她香煙女侍這種工作已經被淘汰，但他不想解雇她，提議她去找總經理戴爾（Dale）談談看有什麼其他職務可做。琳達找到戴爾，單刀直入地提問：

「在這地方，什麼工作最好賺？」她問道。

「嗯……要嘛當莊家，要嘛當酒吧女招待。」戴爾回答。

「我想我比較想當酒吧女招待。」琳達說道。

這份工作得穿制服：紅色絲質腰帶配上高衩緊身短褲、尼龍絲襪和高跟鞋，外面再加一件極為合身的燕尾服，感覺很暴露，這令琳達極不自在。「我不知道自己敢不敢這樣穿。」她當時心裡這樣想，但還是決定試試看。結果第一次穿上，她的主管就告訴她，她看起來很漂亮。令琳達意外的是，她自己也頗為同意。由於有保鑣在場，所以在賭場裡工作的她不必害怕。保鑣不會容忍賭客對酒吧女招待出言不遜或上下其手。「我親眼見過這些保全人員徒手抓住那些人渣的後頸，打開前門，把他們扔出去。」她說道。

琳達一臉興味地回想當年在河岸賭場的那段日子。她還留有一張她以前穿著性感制服的快照。照片裡的她一臉燦笑，黑色頭髮剪得很短，背景是科羅拉多河（Colorado River）。不過那時她已經四十幾歲，工作選項將隨著年紀愈來愈少，不會因為生活經驗的累積而愈來愈廣。所以她似乎沒有別條路可走，最後還是得接受低薪工作。

等到她六十幾歲時，這問題便赫然在目了：如果不再工作，她哪負擔得起日後的開銷？這輩子她大多靠著微薄的薪水過活，根本沒有存款可言。她唯一的安全網——社安退休金——幾乎少得可憐。一個月只有五百美元，這種退休生活要怎麼過下去呢？

但另一方面，琳達對自己的未來一直有個遠大的夢想。這夢想跟其他任何老掉牙的夢想都不一樣——不是佛州那種門禁森嚴的社區，也不是打上好幾回合的高爾夫球。她的夢想確切地說很接地氣，是用泥巴和別人眼中的垃圾打造出來的。

她想要蓋一棟地球方舟（Earthship），被動式太陽能住所，用瓶瓶罐罐這類廢棄物做為建材，並以填滿土的輪胎做為承重牆。這種屋子是激進的新墨西哥州建築師邁克．雷諾茲（Michael Reynolds）所發明。自從一九七〇代以來，他就一直在研究這種東西。地球方舟的設計，是要讓住在裡面的人徹底擺脫所有公用設施。輪胎牆的功能像電池一樣，可以隔著向南的窗戶在日間吸收太陽的熱能，晚上再釋放出來調節室內溫度。雨水和雪水會從屋頂流進儲水槽裡，過濾之後，做為飲水之用，也可用來洗滌、灌溉室內菜園裡的果蔬以及沖馬桶。電力則是靠太陽能板來供應，但在有些情況下，則靠風力發電。

儘管點子都很務實，但地球方舟還是有一些花俏的風格——譬如尖塔和角樓，立柱和拱門，色彩鮮豔的黏土牆，或者被嵌入的成排瓶子，看上去像彩色玻璃。這些施工作業都不需要太複雜的技術，所以業餘的建造者也能上手，而且還有空間發揮創意。新墨西哥州陶斯（Taos）那裡的沙漠就有幾十棟地球方舟，它們坐落在一處住宅區裡，被稱作是大世界地球方舟社區。集體看上去，就像兒童繪本作家蘇斯博士（Dr. Seuss）、建築師高第（Antoni Gaudi）和《星際大戰》（*Star Wars*）的布景設計師聯合出品的月球殖民地。

建造一棟獨一無二、自給自足、可以保護生態的住所……這個點子一直深深吸引著琳達。「這不是大量生產的東西，」她說道，「這就好像是住在一件藝術品裡，可以靠我自己的雙手打造出來。」她對地球方舟的迷戀是從那位演《荒野大鏢客》（*Gunsmoke*）影集的演員丹尼斯．韋文（Dennis Weaver），一九八九年搬到科羅拉多州蓋了一棟地球方舟後就開始了。他把建造的過程拍成紀錄片在公共電視裡播放多年，向美國主流人口介紹這個概念。影片一開始，這位滿頭銀髮的演員就站在一道矮牆上，拿著一把大錘將泥巴猛敲進輪胎裡。他抬起頭，刻意朝攝影機大步走來。「你想不想擁有一棟不用付電費、沒有空調、沒有暖氣輸送管，但在最寒冷的冬天和最炎熱的夏天還是能住得很舒服的屋子？」他問道。「聽起來很瘋狂，對吧？」說完他就開心地加入施工團隊，把一根木頭的樹皮刨掉打算做屋梁，再把泥漿、沙石和稻草的混合敷料塗抹在輪胎和罐子上，充當他臥室的牆。

但不是每一個人都能理解，這位演員何以這麼喜歡住在一堆受到吹捧的輪胎裡。當地人就戲稱它是「米奇林輪胎豪宅」。在《今夜脫口秀》（*Tonight Show*）上，主持人傑・雷諾（Jay Leno）問他每次把垃圾拿出屋子時，他的鄰居會不會以為他又在擴建？「收垃圾的人來的時候，他怎麼知道哪個部分是垃圾？哪個部分是屋子？」這位愛搞笑的主持人開玩笑道。

雖然建材不值錢，但丹尼斯・韋文那棟占地一萬平方英尺的住所卻花了一百萬美元，所以算是個極端的例子，被稱為是「富豪名人版的地球方舟」。事實上，大部分的地球方舟造價成本都相當於一棟傳統房屋，不過在紐西蘭有一家人卻想盡辦法用不到兩萬美元的預算打造出地球方舟。布萊恩・加柏（Brian Gubb）是一位父親，對自己的五歲孩子很引以為傲，「我信賴童工。」他在網路上曾這樣寫道，還補充說他太太一開始覺得他根本是「怪胎」，竟然想要蓋地球方舟。在西雅圖，有一群地球方舟的狂熱者決定靠撿來的廢材、勞動志工，和朋友慷慨捐出的車道來打造一棟簡化版的小型地球方舟。目前那棟迷你建物（當地的小眾另類週報稱它為「小艇版地球方舟」〔earthdinghy〕）還在施工中。

除了南極洲以外，地球上的每座大陸都有地球方舟。跑遍全球的賑災志工也曾在一些天災過後建造地球方舟，譬如二〇〇四年印度洋的海嘯、二〇一〇年的海地大地震，以及二〇一三年菲律賓的海燕颱風。截至目前為止，最惡名昭彰的地球方舟建造者恐怕是天堂之門

（Heaven’s Gate）這個異教團體，他們在新墨西哥州有自己的圍場，於是蓋起一棟輪胎屋，結果發生一九九七年的集體自殺事件，被媒體大肆報導，但邁克·雷諾茲卻獨排眾議向美國人保證，地球方舟跟自殺事件一點關係也沒有。「瘋狂的神祕教派人士也需要有地方住」，這種需求就跟其他一般人一樣，他這樣告訴美聯社。「我們要教會大家的是，跟這個地球建立良好的關係，而不是離開地球。」

琳達是雷諾茲的熱情崇拜者之一。她欽佩他為了實現自己的願景，不畏艱難挺身對抗那些堅持管制另類房屋的官僚主義者，而那整個抗爭過程都被記錄在《環保戰士》（*Garbage Warrior*）這部影片裡。

「邁克·雷諾茲……難道你不想去深入瞭解他的想法嗎？自從七〇年代以來，他就在奮勇抗爭，」她語氣熱切地說道，「有一次他們取消了他的建築執照，因為他的第一批房屋徹底失敗。」

最近幾年，雷諾茲開始主張他的地球方舟可以在某種程度上供應人類的基本所需，不必再看市場臉色。「我們必須幫人們找到可靠的生存方法，不再受制於那頭叫經濟的怪獸。」在他的網站上有這樣一段文字，「經濟是一個遊戲，這個遊戲都是跟一些可有可無的東西有關（摩托車、電腦、電視）。但餵飽自己的家人、活下來、有遮風避雨的地方可住……這些都不該受制於經濟。」

琳達大概是在十年前開始會從網路上搜找地球方舟的平面配置圖、系統關係圖和室內照片。她會把最喜歡的印出來，整齊地放在一本塑膠封面有木紋圖案的三孔活頁夾裡。她的臉書大頭貼是一棟矗立在沙漠灌木叢間的地球方舟，背景是新墨西哥州的粉色夕陽。「這是我夢想中的房子，」她在這張照片旁邊寫道。為了解釋清楚，她還補充說明：「地球方舟是用回收的輪胎和瓶瓶罐罐製成。它們可以自給自足，不需要加裝公用設施，靠太陽或風力發電，用的是老天爺給的水，這些水會反覆使用四次，還有室內菜園可以種蔬果，意思是你可以活得很自由，不必再付帳單。畢竟為了付得起房貸，我都不知道已經跟自己說過多少次，眼前這份工作我不做不行。」

琳達希望找到一塊在建築法規上不會太嚴苛的低廉土地，雷諾茲稱這種地為「自由空間」（pockets of freedom）。她大概知道要上哪兒去找免費的材料和如何徵召志工來幫忙造屋，只是她現在被困在低薪工作裡，錢都拿去繳房租，社安退休金根本幫不了什麼忙，在這種情況下，她要怎麼著手實踐自己的雄心大志呢？她需要的是一種新的生活方式，一種全新的策略，好讓她能在繼續掙錢的同時，也將原本就已經微薄的生活開銷降到最低。換言之，她需要一道可以通往地球方舟的橋梁。

琳達知道自己不能再等下去。她不可能變年輕，但打造新家需要有好體力。再者，資源的累積也需要花時間。可是如果最後可以成功，地球方舟就不只是一棟用來退休的時髦住所而已，也將成為她對後代子孫們的一個完整交代，就像一座可以流傳百年以上的紀念碑。「我要傾其所學，搬出所有專業知識全力以赴，才能打造出足以流芳百世的東西，」她說道，「我想把它留給我的孩子和我的孫子們。」

琳達渴望自給自足。她認為有獨立運作系統可以提供食物、電力、溫度控制和用水的地球方舟，在運作上幾乎等同於共生生物（symbiotic organism）。要是她能打造出這樣的住所，維持它的運作，她的後半生就無虞了。它的穩定性令她安心。畢竟琳達正在老化，就要步入生活沒有保障的老年人口族群裡。根據二〇一五年的人口普查數據，在獨居的老年婦女裡，每六個人就有一個人以上是在貧困線之下。在美國，貧窮的老年婦女數量（兩百七十一萬名）幾乎是老年男性（一百四十九萬名）的兩倍。至於社安退休金，女性平均月領三百四十一美元，低於男性，原因是總薪資稅繳納得較少，這是性別工資差距下的一種結果，從未受到重視。二〇一五年的女性薪資仍然只有男性薪資的八成，而且可能還得無償照顧年幼的孩子和老邁的父母（琳達除了養大自己的兩個孩子之外，後來還與在一九九〇年代中期得了惡性腦瘤的母親同住，幫忙照顧她）。女性的畢生薪酬比較低，存款金額比較少。但由於壽命較長——比男性平均多活五年——所以這筆錢的使用時間長度得再分攤拉長。

二〇一二年六月，琳達．梅依就要六十二歲。下個月，她的第一筆社安退休金支票就會寄到。「我應該等到六十五歲再領取退休金，」她後來說道，「可是我的退休金本來就不多，我心裡想，『我才不在乎他們是用什麼百分比算出來的，反正也增加不了多少。』」

不管怎樣，她都面臨到問題。「如果我後半生不工作，又不想成為我孩子的負擔，那我要怎麼活下去？」她心裡這樣納悶。琳達知道她希望靠地球方舟來長期解決自己的問題。可是要怎麼做才能擁有一棟地球方舟呢？

第三章　頑強求生的美國

二〇一〇年的感恩節，就在琳達決定不炸掉自己的活動房屋後，又過了一個禮拜，帝國鎮（Empire）接到惡耗。帝國鎮是一座工廠村，只有三百位居民，像帶著芒刺的小果實一樣緊黏在內華達州西北部黑石沙漠（Black Rock Desert）的後面。帝國鎮是美國境內僅存的其中一座傳統公司鎮，專門製造石膏板的美國石膏公司（United States Gypsum）是背後老闆。這地方可以讓你如時光倒流般回想起美國製造業曾有過的繁華榮景，那時候工廠裡的工作可以讓工人站穩中產階級的地位，讓他們在無後顧之憂的情況下養家糊口。

帝國鎮位在石膏礦的北邊，距它有六英里遠。這座石膏礦是一處露天開採的礦坑，坐落在瑟勒奈山脈（Selenite mountain range）的山腳下。那兒的礦工會引爆硝胺燃油炸藥（混合了硝酸胺和燃油的一種炸藥），以便從階地狀的五處礦井裡取出狀似白堊的大塊礦砂，其中最大一座礦井有半英里寬。拖運卡車不停往返，將成批六十噸的石膏運送上路，前往位在城市邊緣的石膏板工廠。工廠裡的工人會將它磨碎，再放進大缸裡加熱到五百度，塑形成美國西部地帶居家常見的牆板。

經過帝國鎮的工廠之後，就會看見住宅區的平房整齊排列在四條主要街道上，路邊遍植棉白楊、榆樹和銀白楊。美國石膏公司提供房租津貼，額度最低是公寓一百一十美元，獨棟平房兩百五十美元（石膏板工廠的技工時薪是二十二美元，設備操作員的時薪低一點，這表示員工只要工作一兩天，就能付得起一個月的房租）。除此之外，這家公司也包辦了電視、下水道、垃圾處理和網路費用。由於員工的支出很少，收入又穩定，因此月光族這個概念對這裡的人來說很陌生（但這種令人時刻緊張的生存形式卻常見於帝國鎮以外的世界）。帝國鎮給人的感覺就像是一座仍停留在一九五〇年代的小鎮，彷彿戰後經濟從未在這裡結束。「它真的是一個可以讓你省錢的好地方。」已經有十五年年資的安娜・瑪麗・馬克（Anna Marie Marks）這樣告訴我，她的工作是在工廠實驗室裡測試石膏灰膠紙夾板。

誠如美國石膏公司內部雜誌《石膏新聞》（*Gypsum News*）一九六一年七月號所述，巔峰時期的帝國鎮，居民人數超過七百五十人。「住在帝國鎮的人就像一個快樂大家庭，」該雜誌這樣報導。雖然在現代化過程中，人數不斷減少，到了二〇一〇年只剩下不到一半，但居民的感情還是很好。由於帝國鎮裡的居民都彼此認識，因此房屋前門從來不會上鎖，車子停好後，車鑰匙也都留在車內。「沒有幫派、沒有警笛聲、沒有暴力。」湯雅・林奇（Tonja Lynch）熱情地說道，她跟她先生住在鎮裡，她先生是工廠主管。帝國鎮與世隔絕到居民只能自娛娛人（多年來，它在四四七號州際公路上都是用一面兩層樓高的牌子來標示，上面寫著「歡迎來到無人所知之地」）。所以他們經常舉辦街區派對、百樂餐會，再不然就是聚在一起玩一種叫

「騙局」（Bunco）的骰子遊戲，或者到野外的高地沙漠遠足，狩獵野鹿、羚羊和鷓鴣，後者是一種有灰色和肉桂色等雜色羽毛、翅膀帶有條紋、嘴喙鮮紅的山鶉。不可思議的是鎮民都支持綠化法，全力對抗貧瘠的景觀，他們主張的是一種可以讓鎮民自豪的東西。在那裡，綠化的草地代表他們的領地，草地以外則是一路綿亙到天際的黑石沙漠。從衛星照片上看，帝國鎮很顯眼，你可以在一塊貧瘠的棕色荒地上看到一坨鮮綠。

但與世隔絕也有它的缺點。「我們有守望相助計畫，」在工廠裡擔任維修領班的艾倫．康斯坦伯（Aaron Constable）嘲諷道。「不管你願不願意，你的鄰居都會監視你。」畢竟同事們都住得很近，幾十年來就是這樣過日子。早在一九二三年，工人們便在後來成為帝國鎮的地方搭起帳篷，形成聚落。根據某些人的說法，帝國鎮以擁有全美經營最久的礦井為榮，合法採礦權是在一九一〇年由太平洋波特蘭水泥公司（Pacific Portland Cement Company）首度持有。

可是到了二〇一〇年十二月二日，這段歷史嘎然中止。早上七點半，腳穿鋼頭鞋、頭戴安全帽的工人們齊聚社區大會堂，參加法定會議。說話溫文儒雅的石膏工廠經理邁克．史匹曼（Mike Spihlman）對著屋裡那一張張目瞪口呆的臉宣布了一件令人不快的消息：帝國鎮要關門了。六月二十日前，所有人都得離開。大家先是一片靜肅，接著就哭了。「我必須站在九十二個人面前告訴他們，『你們不只沒有工作可做，也沒有房子可住了。』」邁克後來回憶道，同時重重嘆了一口氣。那天員工們都不必再上班，他們緩緩步出會堂，走進冷冽陰暗的冬季早晨，各自回到以後不再是家的屋子裡，斟酌著該怎麼把這壞消息轉告家人。」

市值四十億美元的美國石膏公司在二〇一〇年嚴重虧損，第三季季末時失血兩億八千四百萬美元。當時的執行長威廉．富特（William Foote）將公司縮水的財富歸咎於「持續疲軟的市場現況，以及低到非比尋常的裝運量」。理由說白點其實很簡單，就是市場需求量不夠帝國鎮再撐下去。牆板製造商的財富多寡與國內建築業習習相關。住宅市場不景氣所導致的需求暴跌已經很久。所以雖然有許多城鎮因經濟衰退而留下一點傷痕，但帝國鎮卻是徹底消失。

二〇一一年一月，我曾為了一則雜誌報導而拜訪過帝國鎮。在擔任品管主任之前曾擔任過總領班的卡爾文．萊爾（Calvin Ryle）告訴我，他是在一九七一年七月一日正式到工廠上班的。「我已經在這裡工作了三十九年又七個月。」他據實以告。「我從來沒請過假，也從來沒受過傷。」由於他擁有最長的全勤紀錄，因此正式停止生產線的光榮按鈕任務就交託給他。在這個他的兒子也當過維修技工的工廠，六十二歲的他站在輸送帶旁，在工作同仁們的見證下舉起右手，按下停止鈕，不由得潸然淚下。「在製板廠裡，最慘的事情莫過於機器停止運轉，再也沒有任何聲響。」卡爾文解釋道。「我們不只是在製造石膏板而已，對於美國的建設，我們也出了一份力。」他還說，事實上，帝國鎮一直是一個很適合生養孩子的地方，而且又能提供穩定的工作和生活。他打算把他種在自家院子裡的玫瑰叢挖出來帶走，因為他相信這座小鎮很快會被野草淹沒。「搞不好就像那部電影《魔山》（*The Hills Have Eyes*）一樣，」他冷靜地說道（這部在二〇〇六年翻拍的邪教恐怖電影，主要是在講一座遭到廢棄的核爆試驗村落，村裡到處是破舊的房舍和鬼祟的食人魔）。「它會變成二〇一一年內華達州的鬼城。」

從工廠這裡就可以看見聖約瑟工人天主教佈道所正在進行最後一次彌撒。教堂有一塊全新的木牌，是其中一位教友刻的，他是六十二歲的湯姆．安德森（Tom Anderson），曾是工廠裡的全職電工，服務了三十一年。湯姆說在他走之前，他要把自己製作的那塊木牌拿回來。他跟著二十幾個鄰居一起參加彌撒。彌撒接近尾聲時，牧師詢問有誰需要特別禱告什麼事情。結果一個穿著紫色公主洋裝的六歲女孩開口說：「我想要為那些需要找到新家的人禱告，」她結結巴巴地說道，「還有那些想辦法活下去的人。」

在帝國鎮南邊的礦場這裡，已經用礫石坡堤擋住道路，阻斷車輛進入。再過不久，其他象徵帝國鎮死亡的標示也開始出現。一道八尺高、上面是帶刺鐵絲網的籬笆牆沿著帝國鎮的邊界豎立起來。當地人說這籬笆牆讓這地方看起來「像集中營一樣」。剛失業的這群人紛紛把工地安全帽全丟到郵局對面的一棵樹上，等於打造出一個臨時的紀念碑（這群工人曾經以自己能戴上美國石膏公司的工地安全帽為榮，它就像是一支球隊的隊服一樣。很多人會個人化自己的工地安全帽，譬如貼上貼紙，或者用顏料或馬克筆彩繪。另外像卡爾文這種年資超過二十五年的工人，都會有一頂極具特色的金色安全帽）。

大移居慢慢展開。因住宅市場的崩盤而被壓垮的經濟，竟在黃金價格市場上找到轉機，一路上揚突飛猛進。內華達州的金礦場都在找工人。於是有超過一打以上的前帝國鎮員工轉戰巴里克黃金公司（Barrick Gold Corporation），這家公司在附近有多處礦場。至於其他失業員工就沒那麼好運了。

「我丟了幾張履歷出去，都沒消息，」擔任過供應鏈經理的丹恩．莫蘭（Dan Moran）告訴我，「最後我可能會落得靠砍柴為生。」二十二歲的莫妮卡．貝克（Monica Baker）在帝國鎮長大，先前才因為看中石膏板工廠的工作，帶著兩個孩子從歐胡島（Oahu）搬回城裡，沒想到竟關廠，被擺了一道。她說：「我對這件事真的很生氣，因為他們一直告訴我可以在這裡找到工作。」雖然她聽說採金礦正在聘雇員工，可是她擔心得在有毒的過濾池附近工作，同時也留意到這個產業的汞污染已經害得北內華達州的魚都沒人敢吃了。她想到南邊七十里外的芬利（Fernley）小城試試運氣，畢竟那裡有連鎖店。她想搭上美國經濟裡的順風車：遠離製造業，投入零售和服務業。「我會在渥爾瑪商場或勞氏（Lowe's）家居裝修連鎖店找到工作的。」她說道。

六月一整個月，都有大批工人攜家帶眷地離開此地。等到最後一批離開後，這座小鎮就被上了鍊條的大門封住，只剩下監視器和不得擅自闖入的標示牌。遺留在此處的只有一棟棟的平房和一處公共泳池、兩間教堂、一家郵局，以及一座九洞的高爾夫球場。甚至連當地的郵遞區號89405也被移除。為了防止野草蔓生，公司運來二十四頭山羊充當除草機，放任牠們盡情徜徉在這座新的鬼城裡。幾年過後，來此的訪客都把這兒拿來跟車諾比相提並論，說它猶如是一座被時光凍結的小鎮。在工廠辦公室的辦公桌上，仍有沒喝完的咖啡杯，日曆上的日期也仍停留在被關廠的那一天。

只是帝國鎮仍詭異地存活在某個地方。截至二〇一七年為止，你還是可以進入谷歌的街景地圖，把黃色小人點進地圖，旋轉檢視街上實景，四處漫遊，觀賞停放路旁的車輛、戶外庭院家具，以及在院子裡澆水的居民，他們全都被凍結在自二〇〇九年便沒被更新過的照片街景裡。

* * *

就在帝國鎮垂死的同時，另一種全然不同的公司鎮正在南方七十英里外的地方蓬勃發展。從很多方面來看，它給人的感覺跟帝國鎮完全相反。它無法提供中產階級該有的穩定保障，反而住了一群「朝不保夕的階級」——工資微薄的短期臨時工。說得更精確一點，就是住在露營車、活動房屋、旅行車，甚或帳篷裡的上百名流動工人。每年初秋，他們就開始進駐芬利鎮四周的移動式房屋停放場。琳達那時還不知道有這地方，但後來得知後，很快就成為他們的其中一員。這些人的年紀大多六、七十歲，不是快要步入就是早已步入傳統的退休年齡。多數人都是從幾百英里外遠道而來——不僅得忍受那污辱人的犯罪紀錄背景例行調查，還得小解在杯子裡，進行藥物檢測——而這一切全是為了爭取那時薪十一點五美元、而且還得超時加班的臨時倉管工作。他們都打算待到初冬，哪怕多數都是以車為家，而在零度以下的天氣裡，根本不適合住在車裡。這些人的雇主正是亞馬遜網站（Amazon.com）。

亞馬遜有一個叫做露營車勞動力的打工專案，他們雇用這些人做為裡頭的人力來源。露營車勞動力主要是以游牧族為主，讓他們以季節性雇員的身分在數座倉庫裡工作。亞馬遜稱這些倉庫為訂單執行中心，英文簡稱為FCs（fulfillment centers）。原因是在聖誕節的前四個月會出現消費熱潮，為了因應「旺季」的裝運需求，除了上千名傳統的臨時工之外，亞馬遜也會另外雇用游牧客。

亞馬遜不曾對新聞界透露過確切的人員配備數量，不過有一次我在亞利桑納州的一家亞馬遜徵才攤位上不經意地請教過一位負責露營車勞動力召募事宜的經理，她給我的預估數字是兩千名左右（那是二〇一四年的事了。而二〇一六那一年的旺季，亞馬遜比平常提早停召露營車勞動力的工人，原因是「那一年的申請人數破紀錄地高」，這是根據該打工專案計畫的某前任行政主管的臉書貼文內容）。

這些臨時工都是一次輪十小時或十小時以上的班，值班期間得在水泥地面步行十五英里以上。由於要掃瞄、分類和裝箱的關係，過程中還得不斷彎腰、蹲下、伸手取物和爬梯子。等到消費者的假日瘋狂大採購結束，亞馬遜不再需要露營車勞動力這個打工專案時，就會立刻解雇這批工人。工人們於是驅車離開，亞馬遜的經理人都戲稱離開的場面浩大到活像是「車尾燈的遊行隊伍」。

第一個接受我幾個月詳細訪談的露營車勞動力臨時工，是一位叫唐恩・惠勒（Don Wheeler）的男子（這不是他的本名，理由我稍後會解釋）。唐恩個人事業生涯的最後兩年其實是軟體主管，經常出差前往香港、巴黎、雪梨和特拉維夫（Tel Aviv）。他在二〇〇二年退休，這代表他終於可以跟他妻子長住一個地方：那是位在加州柏克萊（Berkeley）的一棟一九三〇年代西班牙殖民復興風格的豪宅，除此之外，他也總算有時間可以從事他此生最熱愛的活動：飆車。他買了一台紅白相間的寶馬Mini Cooper S，還刻意將它馬力加大到兩百五十匹，然後不斷磨練飆車技術，終於在美國房車職業級系列錦標賽拿下第三名。

但這種愜意日子沒過多久。當我開始跟唐恩通電子郵件時，他已經六十九歲、離了婚，住在芬利鎮亞馬遜倉庫附近的玫瑰沙漠露營車停放場裡。他的下堂妻拿到了他的房子。二〇〇八年的市場崩盤泡沫化了他的積蓄。他被迫賣掉他的寶馬Mini Cooper S。

唐恩跟他那十五英磅重的杰克羅素梗犬里佐（Rizzo）住在一輛被他稱之為「艾利」（Ellie）的一九九〇年Airstream露營車裡，取艾利這名字只是為了方便標明這部車的車款編號300LE。車子的儀表板上放了一尊跳草裙舞的塑膠娃娃，賽車海報就用拉下來的窗簾撐住。以前他一年要花掉十萬美元，現在他學會一周只靠七十五美元過活。

唐恩希望在二〇一三年年底的聖誕季節結束之前，可以在亞馬遜一周工作五個晚上。這個工作得從夜裡做到黎明之前，等於超時值班十二小時，過程中只有一次的三十分鐘用餐時間和兩次各十五鐘的休息時間。值班的時候，他大多得站著，忙著收取送抵的貨物和進行掃瞄。

他解釋道：「工作很辛苦，但薪水不錯，」唐恩禿頭，戴著一付金邊眼鏡，留著白色山羊鬍。他有裝人工的右髖骨，因為先前在奧勒岡州的營地做臨時工時，不小心從一台皮卡小貨車上摔下來。唐恩無法忍受愛抱怨的人，不過也像多數同行一樣在倒數日子，等待十二月二十三日的到來，那是露營車勞動力打工季節的尾聲。

唐恩告訴我露營兼打工是一種日益普遍的現象，他只是順應潮流。他和露營車勞動力裡的多數臨時工——以及其他範圍更廣的流動工人一樣——都自稱自己是「露營打工客」（workampers）。雖然我以前聽過這字眼，但都不是從像唐恩這種有才華的人的口中說出來的。他用臉書傳了一個信息給我：

露營打工客是現代版的行動旅行家，他們會在美國各地打零工，換取免費的營位——通常還包括水電和污水處理設施——也許再加一份薪水。你可能認為露營打工是現代才有的現象，但它其實有很悠久的歷史。我們曾跟隨羅馬軍團的腳步，我們磨劍、修理盔甲，我們遊蕩在美國的新城市裡。我們修繕時鐘，修補鍋具，也以每英尺一分美元外加蘋果烈酒喝到飽的代價打造石牆。我們也曾駕著馬車，帶著工具和一身技術，跟隨移民往西挺進。我們磨光刀具，修補破銅爛鐵，我們清理土地幫小屋蓋上屋頂，我們犁田、收割，我們只求溫飽，也賺點零用錢，然後再換下一份工作。補鍋匠正是我們的老祖宗。

如今我們將補鍋匠的馬車升級為舒適的大客車或五輪活動房屋。大半已經退休的我們搬出了學了一輩子的工夫。我們可以幫你經營店鋪，打理屋裡屋外，開卡車、堆高機，備貨打包準備裝運，修理機器，處理電腦和網路，收割甜菜根，美化土地景觀或清潔廁所。我們是科技補鍋匠。

和我談過話的其他露營打工客也都對自己有各自不同的形容。很多人都說自己退休了，哪怕他們其實打算工作到七、八十歲。這些人自稱是「旅行家」、「游牧族」、「橡膠浪人」，或自嘲是「吉普賽人」。旁觀者則給了他們其他別名，從「經濟大蕭條下的流動雇農」到「美國難民」、「有錢的遊民」，甚至「現代版的水果浪人」都有。

不管你稱呼他們什麼，露營打工客都是開著車巡迴全國各地工作，從東岸到西岸，甚至北抵加拿大。數以百計的雇主在輪子上的工人（*Workers on Wheels*）和露營打工客新聞（*Workampers News*）等這類網站張貼徵人廣告，打造地下經濟。於是這些游牧客會依不同時節被找去佛蒙特州採集覆盆子，華盛頓州採收蘋果，肯塔基州收成藍莓。他們巡視魚苗孵化場，販售NASCAR賽車比賽的門票，看守德州油田的大門。*（「那工作很可怕，」一位在德州剛薩雷斯〔Gonzalez〕擔任大門警衛的露營打工客這樣說道。她和她丈夫在那地方一天二十四小時工作下來的日薪是一百二十五美元，等於時薪五美元。由於他們只能趁短暫的空檔時間補眠，所以很快就體力透支。「你一整個晚上都在幫每個人登記，包括汽車牌照和名牌。結果等我們離開那裡的時候，我和我先生都累癱了。」）他們也在亞利桑納州鳳凰城（Phoenix）的

＊作者註：二〇一〇年，有幾位露營打工客竟登上全國頭條。原來那時候的美國勞工部認定他們的雇主，也就是科伯斯克里斯第（Corpus Christi）的保全公司Gate Guard Services LP，把他們錯誤歸類為獨立包商，而不是員工，因此需補發工資六百二十萬美元。但這個判決後來被一位聯邦法官駁回。

春訓賽程時，趁仙人掌聯盟棒球賽期間幫人煎漢堡；更在牛仔競技比賽和二〇一七年休斯頓NRG體育場超級盃時，被找去經營小吃販賣部（工作內容上還要求他們「必須擅長垂直性行銷」）。

多達數百座的營地和活動房屋停放場都交給露營打工客打點管理，從大峽谷到尼加拉瓜大瀑布全包括在內，他們受雇於私人的特許經營商，另外還有美國林務局和美國陸軍工程兵團（Army Corps of Engineers）。他們也在美國境內一些專門敲遊客竹槓的地方工作，譬如門口會有一尊八十英尺長的水泥製雷龍再加上會唱歌的電動牛仔的城牆藥房（Wall Drug）。又譬如名稱是怪形（The Thing?）的怪物博物館，坐落在荒無人煙的亞利桑納州公路上，用「眼見為憑」和「沙漠裡的奧祕」這類招牌來慫恿你上門。

這些外地來的臨時工也會在假日時守著公路旁的小攤子，有時賣萬聖節的南瓜，也有時候賣國慶日的炮竹煙火（一位從事露營打工的寡婦在準備賣煙火時，曾這樣寫道：「在放炸藥的帳篷旁邊紮營一個禮拜……我是瘋了嗎？」），也有些露營打工客在販售聖誕樹（「幫忙賣一下營地的聖誕樹吧！」一則瞄準露營車車主的徵人廣告這樣招手示意。「脾氣壞的別上門！」另一則廣告警告道）。還有些露營打工客在購物中心的售貨亭幫時思糖果（See’s Candies）和山核桃田（Hickory Farms）賣禮品。更有些人受雇為天然氣管路的檢測員，他們會帶著可以監測碳氫化合物濃度的裝備，沿著埋在地底下的管道走上好幾英里路，防範管路漏氣爆炸。

佛州的漁獵局（Department of Fish and Game）也雇用他們在檢測站上協助獵人秤重野豬

和野鹿的畜體，取下生物樣本——特別是野鹿的下顎骨——以便監測當地牲畜的年齡和健康狀況。南達科他州的一棟山雞狩獵小屋，它的「鳥類加工」部門也缺人手。

從田納西州的多莉山主題樂園（Dollywood）到愛荷華州的冒險樂園（Adventureland）、紐約州的達里恩湖主題樂園（Darien Lake），和新罕布夏州的童話世界（Story Land），都有露營打工客在操作遊樂設施（「露營打工客不僅可認識來自全球各地的新朋友，與他們一起工作，還能每日體驗孩子們夢想成真後很單純的那種快樂。」這是童話世界的一則徵人廣告對求職者的允諾）。

有些雇主會付一些時薪做為補償。喬治亞州的一處農莊就找了露營打工客來當「騎馬日常體驗區」的講解員，農莊提供露營車的停放空間，並供應各種基本設施，藉此換取一周二十到二十四小時的免費勞力，事後也會補付時薪七點五美元的薪資。但有的雇主只提供食宿——一個停車位，不見得有鋪設過，但至少是平整的，也提供水電和污物處理設施（有一則跟這類低薪工作有關的分類廣告詢問求職者：「你會開船嗎？你喜歡開船嗎？」這是加州港灣區聖路易斯港水上出租車在徵求「船長」志工，要求一周工作至多四十小時，報酬是免費的露營車營位，但是沒有薪水）。另外還有一年一度的甜菜收割季。九月最後一周的時候，美國冰糖公司（American Crystal Sugar Company）會找來數以百計以露營車為家的車居客前往蒙大拿州、北達科他州和明尼蘇達州採收甜菜。在天氣允許的情況下，他們會以十二小時輪班的方式日夜不停地工作，起薪是一小時十二美元，再加上加班費，並附贈一處標準的停車格。

在美國究竟有多少人是游牧族，這一直沒有清楚的數字。對人口統計學家來說，專職的旅行家是他們的夢魘。在統計學上，因為法律要求游牧族必須有固定的住址，所以他們會融入其他人口——但那是假的住址。反正不管游牧族的浪跡範圍有多廣，他們都必須依法「定居」某處。你定居的州就是你登記和檢驗車輛所在的州，也是你更新駕照、付稅、投票、擔任陪審團、登記健保（有加入醫療保險〔Medicare〕的人除外），和履行一連串其他義務所在的州。但如果你無處安身，那就變成你想住哪裡都可以，至少理論上是如此。所以很多人會選擇「定居」在比較不麻煩的地方（譬如短缺州稅的佛羅里達州、南達科他州和德州，長期以來都很受這些人的歡迎），以及只要使用郵件轉送服務，就能保持聯繫的地方。若要成為南達科他州的居民，在法規上尤其隨興。只要你在當地的汽車旅館住一晚，再登記南達科他州的一個郵件轉送服務帳號，再把兩張收據拿給該州的公共安全部看，你就是他們的州民了。

儘管欠缺確切數字，但根據傳聞，美國的流動工人自房地產泡沫化之後便開始激增，而且不斷成長。「我們發現自二〇〇八年以來，上門來找我們的人更多了。事實上，一直有一堆人想瞭解我們這邊的工作內容，所以我都把名單控制在兩萬五千人，」華倫．梅耶（Warren Meyer）這樣告訴半島電視台的記者。華倫是娛樂資源管理公司（Recreation Resource Management）的總裁，這家公司旗下有一百一十處營地得經營，總共雇用大約三百名露營打工客。「大部分都是夫妻檔，所以等於有五萬人在申請我所釋出的五十份工作。」他補充道。「但二〇〇八年的時候，我都還得到退休人士的集會場所去拜託他們來幫我工作呢。」

美國露營地公司（Kampgrounds of America，簡稱KOA）是露營打工客的主要雇主之一。這家公司的一位代表曾告訴美國退休人員協會（AARP），他們每年都得雇用一千五百對夫妻來管理全國各地的度假村和特許經營的營地。雙月刊雜誌《露營打工客新聞》的網站向來會提供熱門的求職服務，宣稱共有一萬四千名會員，而且人數不斷增加。

在此同時，「住在旅行車裡或者說『車居生活』已經成為一種潮流，」《紐約時報週刊》（*The New York Times Magazine*）曾在二〇一一年年底這樣報導，然後又補充那年預估會有一百二十萬間住宅被收回，而旅行車的銷售量上升了百分之二十四。

在所有這些徵求露營打工客的專案計畫裡，最積極的莫過於亞馬遜的露營車勞動力打工專案。「傑佛瑞．貝佐斯（Jeff Bezos）預估，到二〇二〇年為止，美國的露營打工客裡頭每四人就有一人是在幫亞馬遜打工。」這是新員工說明會上播放的其中一張幻燈片內容。亞馬遜為了找到熱血的露營打工客，在全美多達十幾州大多是露營車車展和露營車集會活動的游牧族公開活動裡設置徵才站。穿上露營車勞動力T恤的召募專員會在現場四處分發「急召工人」的傳單，還附送宣傳貼紙、便籤簿、紙扇、潤唇膏、風景日曆，以及可以幫啤酒保冷的合成橡膠。而這些贈品一概會印上露營車勞動力的標識，是一台露營車的黑色翦影，上面還有亞馬遜的「微笑」符號。

最近露營車勞動力的標識以及召募網址也開始印在磁貼式的大型窗網上，供停好車的露營車貼在擋風玻璃上遮陽用。二〇一五年，露營車勞動力的幾名露營打工客收到了窗網這種禮物，被鼓勵不管把車開到哪裡，都要使用這個窗網。此外，還提供介紹獎金，只要成功介紹一名新員工，便能拿到一百二十五美元；而一開始在二○一二年的時候，還只是五十美元。

露營客勞動力也有出數位版的時事通訊給準員工看，裡頭會列出老手們提供的工作訣竅，譬如：

> 唐納・班納特（Donna Bonnet）說：「不要穿新鞋來上工！上工前一定要先把它們穿到合腳為止。」

> 喬依斯・庫利（Joyce Cooley）說：「最重要的竅門是態度積極。不要以為可以不勞而獲，一

露營車勞動力的召募專員會在全美各地的露營車車展上發送求才紀念品

定要先付出努力。」

卡羅．佩帝（Carol Petty）說：「一開始就要建立正確的觀念，才會對你有幫助。這是一份工作，不是終身職業。」

喬治．奈爾森（George Nelson）說：「順其自然，不要抱怨，因為這不是我們的職業，只是一份季節性工作。」

布萊恩．奈爾森（Brian Nelson）說：「在我看來，貨物處理就像在運動，況且還有薪水可以拿。如果等待你處理的幾個貨物相距遙遠，那就快步走，這樣一來，既能燃燒卡路里，也更具生產力，一舉兩得。」

雪倫．史考菲爾德（Sharon Scofield）說：「你的雙手可能會有輕微的割傷，或者因為處理箱子而磨破皮。亞馬遜會提供手套保護你的雙手。但記得要買好一點的護手霜，而且要徹底按摩。」

時事通訊裡也會推薦亞馬遜倉庫附近的景點，讓露營打工客在不值班的時候能有地方消遺。「十月時，芬利鎮那裡會舉辦『不景氣舞會』，」有人這樣建議道。「來參加的人都會穿上『大蕭條時代』和『不景氣』的服裝。」另一個人對堪薩斯州科菲威爾（Coffeyville）的露營打工客提出的建議是：「公園裡有堅果樹，你可以免費摘黑胡桃、山胡桃和山核桃。去年曾有對夫妻檔露營客摘了一百多磅的山胡桃拿去賣。」

亞馬遜在一份徵人傳單上警告露營車勞動力的應徵者，必須做好一次得抬五十磅重物的心理準備，而且要身處在一個溫度有時會超過華氏九十度的環境裡。在它的時事通訊裡，也一再出現該公司的激勵性標語：「努力工作、開心玩樂，締造歷史。」而且不斷強調這份工作的無形報酬：「你身邊會有很多露營車勞動力的同事，大家結交新朋友，也重新熟悉老朋友，圍著營火或圍桌共享好吃的食物、好玩的故事，一起共度美好時光。就某方面來說，這比金錢更具價值！」*亞馬遜露營車勞動力社團是一個由員工自行經營、不對外公開的臉書社團。有位女員工在這個社團裡談到，她在那裡工作了三個月，就瘦了二十五磅。另一個回答：「每天走上相當半馬的路程，當然很容易減重，因為你會累到吃不下！」至於第三個人則誇稱，他工作十週就走了五百四十七英里路。但是他的紀錄後來又被另一個人趕過去，後者貼出運動追蹤器Fitbit的紀錄檔，顯示他在十二周半的打工期間，總共步行了八百二十英里。

＊＊＊

我很想親自去見識一下這種全新的公司鎮。我向露營車勞動力打工專案的一位前任召募專員提及此事，他告訴我最佳的採訪時間是十月底，因為「那時候大家都還不會太累。」

我接受了他的建議，趕在二〇一三年萬聖節前一個禮拜抵達芬利鎮。那時，露營打工客早已擠滿各停放場，就連離亞馬遜倉庫有三十五英里遠的停放場也都塞爆，其中還包括雷諾市（Reno）大塞拉度假村和賭場（Grand Sierra Resort & Casino）的露營車停放區（琳達也在他們其中，就住在法隆〔Fallon〕附近的市鎮裡頭，只是那時我還不認識她，是三個月後才在亞利桑納州遇見她）。這些移動式房屋停放場大多在幾個月前就被預訂光，後面還排著長長的等候名單。人氣最高的（因為它的通勤時間最短）是玫瑰沙漠露營車停放場，它的地面鋪滿礫石，以五十號公路為界，該停放場被高壓電線一分為二，上頭還不時傳來電流霹啪作響的聲音。露營車勞動力的打工客待在那裡時，都會把門墊和戶外家具從車裡搬出來，還把風鈴和鳥類餵食器掛在白楊樹上，並升起上面印著「美哉美國」或「總有一個地方是五點鐘，正是好好喝酒的時間」這類字樣的旗子。還有少數人搬出手工製的後院裝置藝術品，其中包括一個跟哈蜜瓜一樣大小的飛行眼球，它被架在一根倒放的轉向柱上，眼球兩側還被焊了幾根叉子充當翅膀。也有人擺出萬聖節的裝飾品：成捆的乾草和玉米杆，還有一顆亮粉紅色的大南瓜。通常這

＊作者註：但不是每一個人都很吃感性訴求這一套，「對於亞馬遜的露營打工客來說，錢才是重點。」這是二〇一四年《露營打工客新聞》針對露營車勞動力打工專案所做的封面報導標題，報導中訪問了其中幾名打工客。

些人若不是在美化自家的停車空間，就一定是在進行小形的社會交易，使這地方的感覺變得更像是一個社區，比如說為了省油錢，共乘一輛車，或者互相交流哪裡有便宜的餐館，可以讓他們在休假時打頓牙祭（他們最喜歡的餐廳是哪一家呢？芬利鎮有一家先鋒交叉賭場〔Pioneer Crossing Casino〕，它的黃金鍋特餐雀屏中選。兩顆蛋以及兩份有加培根、臘腸或火腿的白脫牛奶煎薄餅，再配上洋蔥薯餅或油煎馬鈴薯條，只要兩塊七毛美元，因為老人可以享用百分之十的折扣）。

我以前一直以為露營車車主都是那種駕著車在全美各地遊覽的退休人士，一邊觀光一邊享受幾十年打拚下來所掙得的清閒時光。畢竟露營車的英文縮寫RV就是休閒性交通工具（recreational vehicle）的意思。其實靠養老金悠哉過活的幸運人士也是有，只是他們當中也開始出現了游牧客，譬如暫住在玫瑰沙漠那裡的多數居民，心裡想的絕對不是如何消遣。剛來報到的人都忙著進行「工作的強化」，根本無暇他顧，全力習慣十二小時的輪班作業。至於早來一點的人也都在費力地跟上倉庫裡的工作步調。

「這是我第一次在工廠裡工作，現在我對這種工作完全改觀，充滿敬意。」曾是華盛頓州立大學學術顧問的琳達·雀瑟（Linda Chesser）這樣告訴我。她當時正在玫瑰沙漠的洗衣間裡晒襯衫，洗衣間裡的書架彷若小型圖書館，還有一個沒拼完的一千片拼圖，但已經拼出部分圖案，那是野花遍生的草地。六十八歲的她告訴我，她很感恩有布洛芬（ibuprofen）這種止痛劑。「我早上上班前要吞四顆，晚上回來再吞四顆。」對一些露營客來說，光靠布洛芬還

露營車勞動力打工專案的臨時工安吉拉・哈波和肯尼・哈波（Angela and Kenny Harper），在堪薩斯州科菲威爾的大酋長露營車停放場上留影

不夠。六十八歲的凱倫・張伯倫（Karren Chamberlen）以前當過巴士司機，曾換過兩次人工髖骨，她告訴我她才工作了五個禮拜，就離開露營車勞動力，因為她的膝蓋沒辦法長時間行走在水泥地上。我去探訪亞馬遜的另一處營地科菲威爾大酋長露營車停放場時，在那裡認識了肯尼・哈波，他也是做沒多久就離職。後來他在電子郵件裡跟我解釋，「我左邊的旋轉肌負荷不了這種工作。」另外也有其他臨時工談到「扳機指」的毛病，那是一種肌腱方面的疾病，是因反覆做同一個動作而引發，譬如手持條碼掃瞄槍。我也進去過他們的露營車，很多車內塞的藥品多到簡直媲美行動藥房，譬如冰熱止痛凝膠、泡腳的浴桶、浴鹽，以及一瓶瓶的Aleve和Advil止痛藥。就算吃光了，也不用怕，

因為亞馬遜的倉庫裡有壁掛式自動販賣機提供免費成藥。

＊＊＊

「這根本是一群住宅難民！」包伯（Bob）記得他們剛到芬利鎮參加露營車勞動力的打工專案時，曾這樣告訴他的妻子安妮塔（Anita）。這對姓艾波里斯（The Apperleys）的夫婦曾以為退休後可以住在帆船上雲遊四海，靠他們在奧勒岡州比弗頓（Beaverton）那棟有三間臥室的房屋資產淨值完成夢想。他們是在市場最高點的時候以三十四萬美元買下那棟房子，又追加了兩萬美元進行內部裝潢，卻沒料到房屋市場會泡沫化，它的市值跌到二十六萬美元。市場崩盤之前，他們本來過得很順當。包伯曾是某木材製品公司的會計師，雖然他討厭會計的工作，但至少它能幫他付帳單；安妮塔則是室內設計師，還兼做居家照護。兩人都沒想到後半輩子竟然得償還一筆比自家房屋市值還要高的貸款。於是他們買了一台二〇〇三年分的Cardinal五輪拖車式活動房屋，出發上路。「我們頭也不回地走了，」安妮塔說道，「我們告訴自己，再也不玩這遊戲了。」

包伯把這件事歸咎在華爾街那群壞蛋身上。他以近乎辯白的語氣在解釋自己何以決定放棄那棟屋子，但又趕忙補充他從來是個準時繳清帳單的人，而且信用良好。他錯在不該信奉房價向來只升不跌的神話。「我從來沒見過一棟屋子的市值竟然可以跌成這樣，」包伯說道，同時搖搖頭。他還說這種「對現實慢慢領悟」的經驗很像是《駭客任務》（*The Matrix*）裡那位主角的覺醒：你終於知道你曾經居住的那個舒適卻乏味的世界原來只是海市蜃樓，是為了隱藏殘酷的反烏托邦所營造出來的謊言。「我沒辦法再相信那種向來令多數人放心的保障不是一種幻覺，」他補充道。「當你發現你以為千真萬確的事情不再是真的時候，你會精神錯亂。你會以為那件真的事情已經深植在你腦袋，所以一定得把它打得稀巴爛，才能擺脫掉。」我遇見艾波里斯這對夫婦時，兩人都還得等上幾年才能拿到社安退休金。包伯打算繼續從事露營車勞動力的季節性臨時工作，直到六十五歲為止。但安妮塔因為缺少高中文憑，不夠格到倉庫工作，只能幫鄰居打零工。他們入住的營地以及其他幾座同樣被露營車勞動力臨時工進駐的營地，已經儼然形成某種小型的經濟體。而在亞馬遜倉庫裡工作的露營打工客他們的伴侶有些只喜歡宅在家裡，這個經濟體就是靠這些伴侶打造起來的。他們會對外叫賣自己的服務，譬如遛狗、烹煮餐點、縫紉、家具修理、初學者的繪畫課，而且會貼在公共洗衣間的公告欄上。

艾波里斯這對夫婦並不是我在亞馬遜露營車勞動力打工專案裡，看到的唯一一對房屋被法拍的受害者。我曾和內華達州、堪薩斯州和肯塔基州的數十名臨時工聊過，聽過很多這類財務出狀況的故事。害我有時候會以為自己是在經濟大蕭條過後的一座難民營裡閒晃，這地方就像是在「無就業的景氣復甦」下，從傳統的勞動人口裡被放逐出來的美國人，最後被運送集中的地方。但也有些時候，我會覺得自己像是在跟監獄裡的囚犯說話。我會很想打斷那些客套話，直接問他們：「你們為什麼會進來這裡？」

在我遇到的人當中，有些是因為投資錯誤而賠上個人積蓄，或眼睜睜看著自己的401（K）養老金在二〇〇八年的市場崩盤裡徹底蒸發。也有人是因為未能建立起足夠的安全網來頂住原本撐得過來的痛苦挫敗，譬如離婚、生病、受傷。還有人是因為被裁員或者本來在做小本生意，卻被蕭條的經濟拖垮。雖然五十歲以下的臨時工只占少數，但也能見到他們的身影。他們會告訴我他們失去了什麼工作——或者他們一直沒找到什麼樣的工作——還有他們背負的學貸、畢業後才發現拿到的學位沒什麼用，以及這兩者交織衍生出來的問題。很多人都希望上路後的生活可以幫忙他們逃離可能空洞的未來。

一開始，露營車勞動力打工專案只是一個實驗性計畫，沒想到竟碰上房屋市場崩盤。多年來，亞馬遜那幾座相距遙遠的倉庫為因應聖誕節前龐大的人力需求，總是得費盡心思地到處找臨時工，也試過各種不同的徵人方法，甚至動用巴士把臨時工從三到五小時車程以外的地方載送過來。到了二〇〇八年，專門仲介臨時工的專業人才快雇公司（Express Employment Professionals）找來一群露營車車主前往堪薩斯州科菲威爾的亞馬遜倉庫，幫忙緩解聖誕節前搶購熱潮下的人力需求。事後，亞馬遜非常滿意，於是將這專案計畫重新貼上露營車勞動力的名稱和標識，擴大執行，把芬利鎮和肯德基州康伯斯威爾的倉庫也囊括在內，甚至乾脆直接操刀，砍掉中間的仲介商。後來亞馬遜的經理人還從露營車勞動力的臨時工裡頭找來幾位深受信賴的老手，組成數支稱之為「客隊」（away teams）的小隊，再派他們到加州特雷西

（Tracy）、田納西州默夫里斯伯勒（Murfreesboro），和新澤西州羅賓斯威爾（Robbinsville）那幾家剛開張的倉庫幫忙訓練臨時召募來的工人。二〇一七年年初，亞馬遜為康伯斯威爾、默夫里斯伯勒，以及德州哈斯利特（Haslet）和聖馬科斯（San Marcos）的倉庫登了最後一波的露營車勞動力徵才廣告（內華達州芬利鎮的倉庫被關閉了，取而代之的是雷諾市的新倉庫，可是那裡沒有推出露營車勞動力打工專案）。

露營打工客就像隨插即用的勞工，對於有季節性用人需求的雇主來說，猶如方便的代名詞。因為他們只出現在需要他們的時間點和地點上，而且他們會把自己的屋子載過來，再把活動房屋停放場轉化成一座臨時的公司鎮，一旦工作結束，公司鎮就自動全數淨空。這些工人們也不會在固定一個地方久待到足以成立工會。更何況這種工作很耗體力，多數人下班後都沒有體力再去社交。

此外他們要求的福利和保障也不多。我第一年做露營打工客的專題報導時，總共訪問了五十多位打工客，沒想到多數人都對這份狀似穩定的短期工作有不錯的評價。拿五十七歲的喬安・強森（Joanne Johnson）為例，有一次在康伯斯威爾的亞馬遜倉庫裡，她因為急奔上樓，絆了一跤跌倒，頭撞上輸送帶的檯子。她先在倉庫裡的醫務室AmCare包紮好，然後就被直接送到醫院的急診室。這場意外害她兩隻眼睛都成了熊貓眼，前額髮際線那裡也縫了九針。「他們讓我繼續工作，沒有炒我魷魚，」強森暖心地回憶道。而且在她受傷的第二天，一位人資代表就登門拜訪她跟六十七歲的丈夫合住的那台露營車，而她丈夫以前也當過露營打工客。早已向雇主保證過以後不會再急奔上樓的強森當時嚇了一跳。「他真的親自上門來探望我們，這太不可思議了。」

我很好奇像亞馬遜這樣一家公司，怎麼會喜歡用年紀大一點的員工來做這種感覺上比較像是年輕人才適合做的差事。「那是因為我們比較可靠，」強森這樣認為。「我們知道如果你保證某件事，就一定會全力以赴地完成。除非必要，我們不會請假（強森養傷期間，只從排班日裡請了一天病假。這一天沒有薪水）。」

負責露營車勞動力打工專案的人資不斷重申，他們相信年紀大的勞工有比較良好的工作倫理。「我們有八十幾歲的勞工，他們的工作表現很棒。」在康伯斯威爾擔任專案經理的凱利．卡姆斯（Kelly Calmes）在一場由《露營打工客新聞》所主辦的線上研討會上這樣說道。「我們的露營打工客年紀大多比較年長，但好處是你們已經工作了大半輩子，所以很清楚工作是怎麼回事。你們會對工作很用心。而我們都知道工作這種東西就像跑馬拉松一樣，它不是短跑，比較像是龜兔賽跑。我們也有一些年輕的員工可以從頭衝刺到最後。但你們是井然有序的，埋頭去做，做多少算多少。你相信嗎，等到一天快接近尾聲時，你會發現兩邊都差不多在同一時間抵達終點。」

除了這一點之外，亞馬遜也會因為雇用多種類別的弱勢勞工而享有聯邦稅扣除額——幅度在工資的百分之二十五到四十之間——這些弱勢勞工包括領取社會安全補助金（Supplemental Security Income，簡稱 SSI）的年長者以及仰賴食品券過活的人。稍具常識的露營車勞動力臨時工都很清楚聯邦政府會給資方這方面的獎勵。「亞馬遜之所以願意採用這樣一群行動遲緩、效率不高的勞工，全是看在工作機會租稅減免優惠的面子上，」一名流動工人在她的部落格「狼狽雞的故事」上這樣寫道。「等於一年裡頭有幾乎長達三個月的時間，他們是在幫忙政府節省對我們這種弱勢的補助，所以對他們來說，我們就等於是他們的所得稅扣除額。」

＊＊＊

這種支持年長勞工的態度並非亞馬遜獨有。為一年一度的甜菜豐收季所舉辦的線上徵才研討會上，臨時工仲介商專業人才快雇公司的經營合夥人史考特・林德格（Scott Lindgren），就很稱許那些前來打工的露營車車主穩定性很高。

「我們也發現到露營打工客很有工作道德，這一點很令人欽佩。」他說道，「我們知道你們一輩子都在努力工作，也知道我們可以相信你們一定會把工作做好，在我們的最佳員工裡頭，你們就占了其中幾位。」

七十七歲的露營打工客大衛・羅德里克（David Roderick）也附和這個說法。「他們喜歡退休人士，因為我們很可靠。我們不會蹺班，我們工作認真，基本上就跟苦力一樣。」他這樣告訴我，同時回想起二〇一二年冬天，他和他那歲數相仿的太太曾在加州聖馬特歐展示中心販售聖誕樹，當時他們住在車齡已經十五年的 Lazy Daze RV 露營車裡，他專門負責把九英尺高的聖誕樹扛起來，架上顧客的轎車車頂或卡車車頂，一天工作八到十小時，每周六天。

「我還滿喜歡推銷那一部分，但是像樹木的切割和拖拉這類勞力作業其實應該找年輕人來做。可是我們當中有很多人都算是退休人士了。」這是他對這個團隊的看法。

我們第一次在玫瑰沙漠露營車停放場碰面時，要不是大衛身上穿著那件藍綠色的露營車勞動力T恤，這位頭髮灰白、留著山羊鬍的阿公輩男士怎麼看都不像是來求職的流動工人。他以前是在加州的社區大學教化學和海洋學，後來開了一家生態旅遊公司，再後來又以國務院英語研究生的身分到約旦工作（大衛也在沙烏地阿拉伯和科威特兩地爭取到後續的英語教學工作。可是行政人員發現他的年紀已經七十歲，超過年齡上限，於是撤消他的資格）。

其實要不是存款沒了，大衛本來可以安享天年的。他早年離過一次婚，被迫提早領出他在加州社區大學教書時存了十六年的退休金。當年要是沒提領出來，再加上政府補助的部分，現在至少已經存到五十萬美元。只是當時累計的兩萬兩千美元都得與他的第一任妻子平分。後來大衛再婚，但再婚的對象在財務上也剛好受到重創，原來對方的第一次婚姻正好適逢一九九一年Executive Life壽險公司破產，結果損失了六十五萬美元的年金，那是保險產業有史以來規模最大的破產案。

大衛曾向我示範他在亞馬遜倉庫一天要做上百次的蹲取動作。他說他算幸運了，因為他不像他太太那樣會腰痠背痛。他估計他在亞馬遜的薪水只有他事業巔峰期的五分之一。

「我意思是，找工作對我來說從來不是問題，只是這工作的薪水太低了，」大衛說道。

「這對退休人士來說是一個全然不同的時代。」

在聽過這麼多跟大衛類似處境的露營打工客故事之後，亞馬遜的這些營地看上去就愈來愈像是集結全國災難的一個縮影。露營車停放場上擠滿曾經將中產階級的舒適生活視為理所當然、卻不幸跌出舒適圈外的打工客。最近幾十年來美國人不斷遭受各種經濟厄運的打擊，他們是其中的受害者。每個人的背後都有辛酸的故事。

恰克・史塔特（Chuck Stout）也是其中之一。他估算過，如果在倉庫裡當「揀貨員」（picker），照訂單要求不斷從架上取貨，一天下來起碼要走上十三英里路。他告訴我：「大家都說這是『監獄』。因為你得排隊前進、打卡上班、做好自己分內的工作。」恰克以前為麥當勞企業賣命了四十五年，他曾是白領員工，一九七〇年代末期，曾任麥當勞全球總部的產品開發總監。但就在他和他的妻子芭芭拉（Barbara），一名五十七歲的音樂老師，親眼目睹四十一萬美元在股市裡化為泡影之後，只能宣告破產。他們失去了坐落於蒼鷺腳社區（Heron Pointe）高爾夫球場上的那棟屋子，那是一處門禁森嚴的高級社區，位於南卡羅萊納州的默特爾海灘（Myrtle Beach）。後來他們搬進一輛一九九六年分的National Seabreeze大客車裡，他們暱稱它為TC（他們的解釋是，運氣好時，TC的意思就是totally comfortable〔舒服得不得了〕，運氣不好的時候，TC就成了tin can〔罐頭〕）。車裡有一幅十字繡，上面寫著「有擁抱的地方就是家」。等到亞馬遜的工作結束之後，下一個工作是趁奧克蘭運動家隊（Oakland A's）的春訓比賽期間販賣啤酒和漢堡。

另一位是菲爾．迪皮爾（Phil DePeal），他是從波灣戰爭退役下來的四十八歲老兵。「我一直告訴自己我只做兩個月。」他說道。「如果我能從軍，當然也能做亞馬遜的工作。」菲爾和他四十六歲的太太蘿賓（Robin）是在二〇〇八年市場崩盤，銀行沒收了他們的房子之後，才開始露營打工。但是不斷高漲的物價所帶來的激烈競爭，粉碎了菲爾想在密西根以We-R-Junk（我們都是垃圾）全套配備從事廢金屬業的春秋大夢。「廢金屬暴增，」他說道，「只要車頂能裝東西的人家都能載送廢金屬。」如今他們住在一輛拖車式活動房屋裡，用一台一九九三年分、金褐兩色的皮卡Dodge P350在拖行它。卡車的側面印有「橫財上門」幾個字。

「我們買它的時候，那字就印在上面了。」菲爾說道。

＊＊＊

我在亞馬遜營地裡認識到的打工客，有很多人都屬於近幾年來在人口數據上以驚人速度在成長的那個區塊：經濟能力一直往下滑的美國老人。在帝國鎮的全盛時期——中產階級當家的年代，工作穩定之餘還有退休金——全然無法想像這些老人的境遇。

莫妮克．莫里西（Monique Morrissey）是智庫經濟研究所（Economic Policy Institute）的經濟學人，她曾跟我談起這種前所未見的變化趨勢。「我們正面臨現代美國史有史以來退休保障第一次出現的倒退現象，」她解釋道，「它是從比較早一輩的那一代嬰兒潮開始，雖然還沒看到生活水準的降低，但在退休能力上，以後會一代比一代慘。」

這意謂老了也不得閒。二〇一六年，有將近九百萬名六十五歲以上的美國老人還在工作，人數比十年前增加百分之六十。經濟學家預計這樣的數字以及年長者在勞動力裡的比例，還會持續上升。最近的一次民意調查顯示，美國人現在比較擔心不是死亡這件事，而是自己還沒死，老本就先花光了。另一個調查發現到，雖然多數年長的美國人還是把退休視為「一種休閒的時光」，但只有百分之十七的年長者認為自己晚年時不必再繼續工作。

＊＊＊

退休這個觀念其實是一個相當新的發明。在人類歷史裡，大多時候人們都是工作到死為止，或者做到再也無力舉起一根手指頭為止，不過真等到那一刻，也差不多快死了。一七九五年，思想向來前衛的開國元勳托馬斯．潘恩（Thomas Paine）寫了一本冊子叫《農民的正義》（*Agrarian Justice*），提議一個人活到五十歲就可以開始每年領十英鎊的年金，因為他認為五十歲是一般人的平均壽命。但美國人都不理他。後來過了一個多世紀，德國政治家俾斯麥（Otto von Bismarck）首創世上第一個老年保險。一八八九年被正式採用的這套俾斯麥計畫，是用養老金來獎勵要過七十歲生日的老年勞工。這套設計是為了抵禦馬克思主義的煽動，而且成本不高，因為只有為數不多的德國人藉此偷安苟活完一大把歲數。可是此舉也讓右翼帝國的創造者、外號是鐵血宰相的俾斯麥成為保守派批評者的標靶，被他們指控太軟弱了。但多年下來他始終懶得理會那些保守派的意見。早在一八八一年，他就曾對國會（Reichstag）就國家保險這個議題這樣辯稱：「你要叫它社會主義或什麼都行，反正對我來說都一樣。」

在二十世紀初的美國，退休這個觀念是由直率坦言的著名內科醫師威廉・奧斯勒（William Osler）傳播開來的，他也是霍普金斯醫學院（Johns Hopkins School of Medicine）的創辦人。他曾在一九〇五年的一場演說裡主張，勞工的巔峰期是四十歲，之後便開始走下坡，直到六十歲為止。他開玩笑說，到了六十歲這年紀，還不如被氯仿（麻醉）處理掉算了。這個玩笑話正是眾所皆知的「氯仿演說」裡的內容，而且還成了全國性醜聞。《紐約時報》的編委指責他的立場跟「野蠻部落」沒什麼兩樣，因為「野蠻人的習慣是只要年輕人覺得老傢伙太一意孤行，就可以砸破他們的頭」。也因此有段時間，「奧斯勒化」（Oslerize）成了風行一時的一個動詞（不過這個新造的詞並不全然合理，因為強制安樂死的構想其實來自於安東尼・特洛普〔Anthony Trollope〕的《定期退休》〔*The Fixed Period*〕這本書，講的是反烏托邦的故事，而且有可能是這位作家最不賣座的一本書，只售出八百七十七本）。

養老金的擁戴者李・威林・斯克爾（Lee Welling Squier）則在一九一二年以不怎麼好笑的方式表達了類似看法：

> 年紀到了六十歲以後，就會很容易從無依賴性轉變為依賴性——財產沒了、朋友逝去

或離開、親戚愈來愈少、企圖心不再、只剩幾年可活、死亡在終點迎接你——這些都無可避免地將工資收入者從原本充滿希望的獨立公民掃進無助貧民的區塊裡。

很多工業化國家都跟在德國後面推出老年保險。美國人民雖然向來堅忍不拔，但在這部分卻起步甚晚。在二十世紀初之前，老到無法工作的美國人只有兩種選擇：如果他們有孩子的話，不是搬去跟自己的孩子住，就是去住救濟院，後者是從大英帝國移植來的一種淒涼的機構，那裡的生活淒苦到住在裡頭的人——被稱之為「病人」——搞不好都寧願被奧斯勒化。一位評論員曾對俄亥俄州桑達斯基市（Sandusky）的一處類似機構做出了這樣的形容：「建物老舊又年久失修，牆壁狀況很糟，沒有紗窗，到處是成群的蒼蠅，連張舒服的椅子也沒有，房間很髒，病人得自己打理，食物很爛。這家所謂的醫院其實是一個很悲慘的地方，還比較像是監獄。」一九二〇年，在對科羅拉多州慈善委員會提出的一份報告裡，也出現了一間同樣悲慘的機構：「五年前蓋的一棟老教堂，被認為不宜居住，牆壁下陷，很不安全，無法禦寒，老舊的地板骯髒又有裂縫，床和臥鋪讓人睡得很不舒服，一名臀部長瘤的長期臥床病人自從九月躺上那張床，就沒再洗過澡……而在另一間年久失修的房間裡，坐著一名衣衫襤褸、年過九十的婦人，挨著一只老舊的爐子試圖取暖。」

救濟院的可怕已經惡名昭彰到連早期版的大富翁遊戲（Monopoly），都會在遊戲盤的角落幫它安排一個位置。根據一九〇四年的大富翁遊戲規則，只要玩家「沒有足夠的錢支付花費，也借不到任何錢，或者不動產賣不出去或無法抵押」，救濟院就成了他們最後的倚靠。在後來的版本裡，遊戲設計者才用「免費停車」取代救濟院。

一直到發生了經濟大蕭條（Great Depression），才讓退休這檔事在美國有了譜。由於勞工太多，工作太少，當然得把年長者先請出勞動力市場才行。可是在此同時，美國老人始終無法好好地揮手告別。一九三四年為止，有一半以上的美國老人無法自謀生計。有些州自行東拼西湊出老年年金系統，但都只能勉強服務一小部分的窮困老人。法蘭西斯·唐森德（Francis Townsend）是加州的一位醫師，他曾種過牧草，也管理過一間搖搖欲墜的乾冰工廠。他遊說了一套法案，也就是後來的唐森德計畫（Townsend Plan）：勞工如果在六十歲退休，聯邦政府必須每個月給付退休金，最多兩百美元。結果沒多久，成千上萬個隸屬於基層的「唐森德社團」如雨後春筍在全國各地冒出頭來。一部分原因是在呼應一個很民粹的倡議，那就是富蘭克林·羅斯福總統（President Franklin D. Roosevelt）和民主黨國會所通過的一九三五年社會安全法案（Social Security Act）。這套法案跟唐森德計畫不同，要求未來要退休的人在工作生涯裡都必須撥一點錢到一個共同基金裡。五年後，第一筆社安退休金的支票兌現了，收到支票的是佛蒙特州一位六十五歲退休的法律助理，叫做艾達·梅依·富勒（Ida Mae Fuller）。金額是二十二塊五毛四美元。

羅斯福新政（New Deal）之後，經濟學家開始稱美國的退休財務設計是「三隻腳的板凳」。這個堅固的三腳椅是由社安基金、私營養老金，以及綜合性的投資和儲蓄金所組成。當然在最近幾年，其中兩隻腳已經被踢除。眾多美國人看見自己的資產被經濟大衰退吞沒，甚至早在經濟崩盤之前，存款就愈來愈少。從一九八〇年代起，雇主就開始以401（k）計畫取代固定福利養老金，後者是由雇主永久資助，必須每月撥入一筆金額，至於401（k）計畫則仰賴員工的提存，而且會在死前就用罄。向來被宣傳為金融自由化的工具，可允許勞工自行做出投資選擇的401（k）計畫，不再是用責任分攤的方式，而且趨向風險較高的個人主義，在美國已經成為文化趨勢的一部分。說白點就是，401（k）計畫對企業來說比養老金計畫來得便宜許多。

「在上一個世代，我們親眼目睹經濟風險從概括承受的保險結構，包括那些由企業部門以及政府單位促成的保險結構，大規模地轉移到美國家庭脆弱的資產負債表上。」耶魯大學政治科學家雅各・黑克（Jacob S. Hacker）在他的著作《風險大轉移》（*The Great Risk Shift*）裡這樣寫道。講白點就是：「你得靠自己了。」

而所有這一切都是在告訴我們，社安退休金成了多數六十五歲以上的美國人唯一最大筆的收入來源。可是它嚴重不足。「我們現在已經沒有三隻腳的板凳，反而只有單隻腳的彈簧高蹺。」美國投資公司學會（Investment Company Institute）的經濟學者彼得・布萊迪（Peter Brady）打趣道。

這意謂這筆錢幾乎不夠他們購買生活必需品。紐約市新學院大學的經濟學家兼教授泰瑞莎・吉拉杜奇（Teresa Ghilarducci）的說法是，有幾近一半的中產階級勞工在退休後可能得靠一天只有五美元的飲食預算過活。「我稱這是『退休末日』。」她在一場訪談中曾這樣說道。許多退休者不靠工資根本活不下去。同時她也指出，年長的美國人所從事的工作，薪水往往比較低，而且很耗體力。她擔心我們正回到李・威林・斯克爾在一百多年前所形容的那個世界。她還補充道，跟這問題有關的任何嚴肅討論都會被文化上的污名搞得很狼狽。「我從來不從退休的角度去談論這議題。」她說道。美國人對「你是在揩油或者你根本沒有生產力」很是反感。

畢竟一提到「退休」，就可能喚起美國人對「貪心的老傢伙」的刻板印象；但那是在步入二十一世紀時，社安退休金的批評者捏造出來的妖魔化人物。而在這些批評者當中，最著名的莫過於懷俄明州的前美國參議員艾倫・辛普森（Alan Simpson）。「貪心的老傢伙」就是在退休時一邊過著富裕的悠閒生活，一邊搾乾年輕人的活血。他就像是衰老的吸血鬼，也很像是隆納・雷根（Ronald Reagon）時期出現的「福利女王」[6]的七旬版。只是福利女王開的是凱迪拉克，而艾倫・辛普森口中的這個漫畫人物開的卻是凌志。此外大家也都知道辛普森曾經槓上「粉紅豹盜竊集團」（Pink Panthers），後者是一個贊成社安退休金的遊說團體，但事實上這團體並不存在，是他杜撰出來做為假想敵的，或者說是女的假想敵？目的是為了方便他提出自己的主張？只是當一個真實存在的請願團體老婦聯盟（Older Women's League）指控他是說話刻薄的年齡歧視者和性別歧視者時，他更變本加厲地寫了一封電子郵件給她們，說社安退休金已經成了「一頭有三億一千萬個乳頭的乳牛了！」

這封電子郵件最後以諷刺的祝賀語結尾，讓人看得出來這位國會議員從來沒踏足過亞馬遜新打造出來的公司鎮，而且這麼多必須靠長工時才能貼補微薄退休金的美國老人，他根本連一個也沒見過。

他在信上結尾寫的是：「等你們能老老實實地工作，再來嗆我吧！」

6 隆納．雷根時期出現了「福利女王」這個字眼，刻意將黑人婦女描繪成專靠揩政府的油過好日子的人，明顯有種族偏見之嫌。

第四章　逃脫計畫

當琳達在面對微薄的社安退休金這樣一個難以克服的問題時，也只能做別人都會做的事情：上網去討教。結果她找到一個網站，它寫著以下這段話：

也許你以前是個吉普賽人或臨時工，但你認為自己可能永遠沒那個能耐去過你向來渴望的那種自由自在的生活。

又或者你只是受夠了必須拚得你死我活的那種競爭，只想要簡簡單單地過生活。

這裡有個好消息要告訴你，你可以辦得到，我們就是要來告訴你如何辦到。

琳達找到了CheapRVLiving.com這個網站，它是阿拉斯加喜互惠連鎖超市（Safeway）裡一位離職的貨架補貨員架設的，他叫做鮑勃・威爾斯（Bob Wells）。想像一下這就像是一種以福音方式被宣揚出去的反過度消費教義，這也是鮑勃的目的。他傳播的是安貧樂道的福音。有一種觀念可以概括說明他的論點——想要自由，最好的方法就是成為主流社會裡認定的遊民。

「關鍵在移除掉我們多數人必須負擔的單一最大支出，我們的房子，」鮑勃寫道。他鼓勵讀者捨棄傳統的屋舍和公寓，支持游牧族口中那種「帶輪子的地產」，譬如旅行車、轎車或露營車。他提到有些車居族一個月只需花掉五百美元或更少（這數字令琳達怦然心動），還草擬了一份預算範本，示範如何用微薄的工資支付所有生活必需品，包括食物、汽車保險、油費、手機費和一小筆應急費用。

鮑勃自身的車居探險之旅差不多是在二十年前開始的，不過那時候他還沒有那麼一頭熱。一九九五年的鮑勃正陷於離婚的泥沼，他跟他老婆，也是他那兩個年幼孩子的母親結褵了十三年。他形容以前的自己是一個「債務成癮者」，手中幾張被刷爆的信用卡已讓他積欠了三萬美元的卡債，正準備宣布破產。

鮑勃離開家人，從安克拉治（Anchorage）擁擠的活動房屋搬出來，來到瓦西拉（Wasilla）。幾年前他曾在瓦西拉買了兩、三英畝的地，本來打算在那裡蓋棟房子，可是迄今只有地基和一層樓地板而已。但頑強的他還是留在帳篷裡，把那裡當成營地，每天通勤到五十英里外的安克拉治工作。

但沒多久，他就受不了了。他不希望住的地方離他兩個孩子太遠，同時也想要住得離喜互惠連鎖超市近一點，因為他在那裡有份穩定的工作（他父親曾在喜互惠擔任經理，他生平第一份工作也是在喜互惠，當時十六歲的他是喜互惠的裝袋員）。但是安克拉治的公寓很貴，他也沒有能力同時供養兩個家。他一個月賺兩千四百美元，一半給他前妻。「她拿走一千兩百美元，我只剩下一千兩百塊。這金額根本租不起安克拉治的公寓，」他說道，「其他大多數地方或許可以，但在安克拉治絕對不可能。」而且為了在安克拉治和瓦西拉這兩地通勤，他每天都得耗掉很多時間和油費，這開始令他感到絕望。

於是鮑勃做了一個實驗。為了節省油費，他改成工作日都留在城裡，睡在一台有露營車殼的老舊福特皮卡貨車上，周末才回瓦西拉。此舉減輕了他的部分壓力。當他留在安克拉治時，就把車停在喜互惠超市的外面。他的經理並不介意，因為要是有誰臨時沒來，他們就找鮑勃去代班，反正他就住在店外頭，而且還可以讓他賺加班費。但這一切也不禁令他納悶：我可以永遠這樣做下去嗎？

鮑勃無法想像自己一直住在窄小的露營車裡，於是開始考慮其他選項。他在通勤的路上經過一輛被撞壞的雪佛蘭倉柵式貨車，上面掛著「待售」的牌子，貨車就停在一個水電工的店門口。有一天他走進店裡去問。原來那輛車並沒有機械上的毛病，只是被撞得很醜，再加上年久失修，以至於老闆不好意思開它出去服務顧客。這輛車要價一千五百美元，剛好是鮑勃僅有的存款，於是他全掏了出來。

這輛倉柵式貨車的壁面有七呎高，還有一扇會往上捲的後門，地板面積八乘十二英尺。鮑勃一邊打開睡墊和毯子，一邊想，這尺寸其實就相當於一間小臥室。但第一晚他躺在那裡時，竟發現自己哭了。不管他怎麼安慰自己，這種完全不一樣的生活還是讓他覺得自己的靈魂像碎掉了一樣。更糟的是，四十歲的他從來不是一個爽朗或樂觀的人。自小他就從周遭環境的變動（有時候就連腳下的地殼都真的在動）學到了不少教訓，所以知道世事無常。他父母的婚姻並不幸福美滿，從他還在蹣跚學步時，他父母就在亞利桑納州的弗拉格斯坦夫（Flagstaff）和普雷斯卡特（Prescott），以及奧克拉荷馬州的彭加市（Ponca City）之間不停搬遷。一九六一年，他滿六歲那年，他們終於在安克拉治定居下來，或者至少他感覺是安定下來了。但沒想到一九六四年三月二十七日下午五點三十六分，阿拉斯加中南部地震來襲，這是有歷史記載以來第二大的地震，原因是太平洋板塊和北美板塊之間的斷層裂開。震度高達芮氏九點二級的阿拉斯加大地震（The Great Alaska Earthquake），也就是眾所皆知的耶穌受難日大地震（Good Friday Earthquake）恐怖搖晃了四分半鐘，再加上無以數計的餘震。海嘯橫掃阿拉斯加沿岸城市，山崩摧毀了安克拉治的所有街區，整座城市被破壞殆盡。安克拉治國際機場六英尺高的塔台當場倒塌，連鎖百貨公司J. C. Penny大樓正面的混凝土板砸落，壓扁了大樓底下的人與車輛。鮑勃就讀的學校，迪納利小學（Denali Elementary）地基出現裂縫，還有一根磚造煙囪應聲崩塌，撞穿屋頂，被砸毀的建物隔年完全封閉，無法使用。

鮑勃還記得他當時躲在家裡，沒有燈、沒有暖氣。屋外溫度是零度以下，地上猶有積雪。「我意思是你四周的地面都裂開了，整晚餘震不斷，」他說道。「你會聽見屋子的爆炸聲。你只是躺在床上，就聽見附近有屋子在爆炸。應該是天然瓦斯漏氣，不知怎麼搞的就自燃了。」

他家那天晚上沒有爆炸。但就某種層面來說，七年後也還是爆炸了。當時他十六歲，父母終於離異。他姊姊選擇跟母親住。鮑勃同情父親，於是決定留在他身邊。可是沒多久，就被迫跟他討厭的繼母同住一個屋簷下。鮑勃漸漸長大成人，開始對抗心裡的空虛。結果那幾年下來，他得不斷靠身邊有的東西來填補那種空虛，包括債務、食物、性、宗教。

鮑勃對他過的生活從來不覺得自豪。只是當四十歲的他搬進一台倉柵式貨車時，僅餘的一點自尊終於徹底瓦解。他害怕他已經跌到谷底，不斷用苛刻的目光打量自己：一個忙於生計的父親，有兩個孩子，無法保住婚姻，只能以車為家。他告訴自己，他是個無家可歸的魯蛇。「每晚哭著入睡成了家常便飯。」他說道。

那台經常被他稱之為旅行車的倉柵式貨車成了他未來六年的家。但住在那裡其實不像他想的是在走下坡。就在他把車內的空間改裝得愈來愈舒適時，一切開始有了變化。他用三夾板打造了一個二乘六呎的上下鋪，他睡在下鋪，上鋪充當閣樓儲物間。他還搬來一張舒服的躺椅，並把塑膠架用螺絲固定在牆上。至於在那間湊合用的廚房裡，也有一個冰櫃，還有一個雙爐心的科爾曼爐台（Coleman）。用水的部分，他都是拿罐子去便利商店的廁所裝一加侖的水。如果他放假，兩個兒子也來訪，他就讓他們一個睡下鋪，另一個睡躺椅。

過了不久之後，當鮑勃再想起以前的日子，竟發現自己其實並不想念，反而是一想起現在少付很多錢——尤其是房租和電費——便格外得意。他把省下來的錢拿來不斷改造他的車子，讓它變得更舒適。他在牆面和車頂加裝隔熱材質，並購買了一台附帶四十加侖瓦斯桶的催化加熱器，以便在冬季氣溫急降到零下三十度時，可以讓車內仍保持溫暖。還打通車頂，加裝一台風扇，方便盛夏時候降溫。然後又加裝了發電機、電池和換流器，這樣以後夜裡開燈就方便多了。又過了不久，他甚至裝了一台微波爐和一台二十七吋的顯像管電視機。

他對這種新生活愈來愈著迷，就連車子的引擎爆了，也不以為意。他賣掉他在瓦西拉的那塊地以及靠信用卡在那兒續蓋的屋子外殼，然後把部分款項拿來修理引擎。

「老實說，要不是我當初走投無路，只能去住車子，我還真不知道自己是不是有勇氣做同樣的事，」鮑勃在他的網站上承認道。但如今回想起來，他很高興有這樣的改變。「我是在搬進旅行車裡的時候，才驚覺到這社會告訴過我的事情全是謊言。它說我必須結婚，必須住在有白色籬笆的屋子裡，然後去工作，這樣等到我走到生命盡頭時，一切才會幸福圓滿，不然下場會很慘。」他在訪談中這樣告訴我。「那時是我生平第一次以來很高興自己是住在旅行車裡。」

二〇〇五年，鮑勃架設了網站CheapRVLiving.com，一開始只是提供一些指南，教那些預算不多、但想以車為家的人如何入門。關鍵就在於「原始野營（boondocking）」：水電自理，不使用有提供水電和污物處理設施的付費式露營車停放場（這個非正式的英語辭彙boondocking雖然已被普遍使用，但重視正統英語的人會指正說，它的意思也是把車子停在荒郊野外的那種露營方式。所以如果以車為家的人是把車停放在城裡，但不使用付費的水電和污物處理設施，理論上並不算是原始野營，而算是「祕密停車」（stealth parking）或「隱密式紮露營」（stealth camping）。不過反正鮑勃的網站所提供的方法對這兩者都適用）。

二〇〇八年金融風暴過後，CheapRVLiving.com網站的流量爆增。「我開始幾乎每天收到電子郵件，全都是那些失去工作、儲蓄用罄、屋子被法拍的人寫給我的，」他後來寫道。這些人被逐出中產階級圈，正試著學習如何生存。像「精打細算過生活」和「以車為家」等這類谷歌關鍵字都會帶他們點進鮑勃的網站。雖然我們的文化是只要經濟出問題，就把錯大半怪到受害者頭上，但鮑勃用的卻是鼓勵而非譴責的方法。「以前的社會契約是，只要你遵守遊戲規則（用功念書，找到工作，認真打拚），一切都會順順當當，」他在網站上告訴網友。「但在今天，這已經不是真理。你可以循規蹈矩地做好每件事，照著這個社會要求你的規範去做，可是到頭來還是會破產，還是會孤苦伶仃、無家可歸。」他建議大家可以搬進旅行車或其他車輛裡，做一個敢憑良心對這個令他們失望的制度提出異議的人，或許就能重生，重獲自由，展開冒險的生活。

＊＊＊

這一切其實都有前例可循。早在一九三〇年代中期，經濟大蕭條重創美國時，拖車式活動房屋就曾首度進入大量生產的模式。業餘愛好者和小批量製造商對一些奇特裝置的設計和製作，多年來從來沒有間斷過，只是如今人氣突然爆增。「一開始，拖車式活動房屋只是一種不太一樣的露營方式，後來人們發現你其實可以定居在裡頭。」《財富》雜誌（*Fortune*

Magazine）兩年後這樣描述道。

在當時，有多達數百萬的美國人財產被剝奪，他們都跟後來的飽勃有同樣的感觸。他們堅守社會契約到最後，但這制度卻令他們大失所望。於是其中一些人得到啟示：他們可以逃離租金的綑綁，搬進拖車式活動房屋裡，當個游牧族重獲自由。嘿，這絕對比貧民窟好多了。「你想去哪兒都行，你想停在哪裡都可以，不用再繳稅，不必付房租——這太吸引人了。從以前到現在，就只有死亡才有辦法一次提供這麼多好處。」一九三六年，《汽車工業》（*Automotive Industries*）裡的一篇文章這樣寫道。

「我們正快速成為一個有輪子的國家，」一位知名的社會學家曾在一九三六年的《紐約時報》上這樣寫道。「今天有成千上萬的家庭已經打包好家當，加入旅行的行伍，向他們的親朋好友道別，開車上路……（很快）就會有更多家庭也動身出發，造成一定比例的人口成為流浪的吉普賽族。」金融先知羅傑・沃德・巴布森（Roger Ward Babson）曾預見一九二九年的市場崩盤，當他宣布在一九五〇年代以前，將有一半的美國人住在拖車式活動房屋裡時，這番言論曾引起不少人的側目。《哈潑》雜誌（*Harper's Magazine*）公開宣稱，「有輪子的家」代表「一種全新的生活方式，它終將改變我們的建築、我們的道德規範、我們的法律、我們的產業系統，和我們的稅制體系。」

接下來那二十五年，美國人購買、或者在自家車庫或後院裡建造了一百五十萬到兩百萬台的拖車式活動房屋。這股熱潮隨著所謂移動式房屋（mobile home）的興起而在一九六〇年左右走到盡頭。移動式房屋是一種廉價製造的住宅單位，在空間上比它那可以四處流浪的遠親來得寬敞，但比較沒那麼自由，因為它們在被拖到拖車式活動房屋的停放場後，通常就被留置在那裡，不再移動。

社會評論家在談到拖車式活動房屋的居民時，總是有兩派分歧的意見：不是把他們形容成愛好自由的拓荒者，就是說他們是社會瓦解的先驅者。作家大衛．桑伯克（David A. Thornburg）的雙親在一棟活動房屋裡住了十五年，他認為他們所爭取的自決權就像一場寧靜的革命。他在一篇名為《奔跑的房屋》（*Galloping Bungalows*）的詠史詩裡這樣寫道：

> 就這樣，從經濟大蕭條的核心裡誕生了一個新的夢想：那是逃脫的夢想。逃開冰雪，逃開高額的稅賦和租金，逃開不再有人相信的經濟體系。逃吧！為了冬天、為了週末、為了你後半輩子。只要具備一點勇氣再加一台六百美元的拖車式活動房屋，就能辦到。

他繼續寫道：

> 經濟大蕭條使得數百萬計的美國人，不分年紀、不分階級全都變得像十幾歲的孩子一樣無力……但是有少部分人在這片混亂當中看見了契機——一種重建自我世界的契機。於是他們用更個人化和比較不會受到傷害的方法重新建立起自我價值。在這些重建者當中，

不乏三〇年代住在拖車式活動房屋裡的那群先驅，包括一百多萬名強韌的理想主義者、反傳統者，和思想周慮的怪咖。他們選擇不再被動等待政府或大企業出手相救，他們決定不假他人之手，改由自己掌握自身的錢途。他們選擇擺脫中產階級的繩套，打造出全新的次文化——一種多一點自由、多一些自主權、少一點憂心、可以隨心所欲的生活。

＊＊＊

哪怕股市已經回春，還是有新的經濟難民寫信給鮑勃，因為對他們來說，「無就業的景氣復甦」並沒有帶來太大的幫助。看來他們跟三〇年代住在拖車式活動房屋裡的那些人不太一樣，後者最後大多還是重回傳統的生活，住在屋子裡，但這一波新一代的游牧族卻打算就此轉型，不再回頭。

「對我們來說，錢的問題是最大的考量，尤其今天的經濟環境非常惡劣，」鮑勃曾在二〇一二年的一則貼文裡談到生活費的問題。「我幾乎每週都會收到一名網友來函，告訴我他們不久前失去工作，房子正要被收回去。他們除了問其他一些問題之外，也會問我，他們有那能耐當車居族嗎？我會回信給他們，除了回答別的問題，也會反問他們，『你們為什麼沒能耐當車居族？』我相信不管是住轎車、旅行車還是露營車裡，都可能是目前為止、長遠來說最低廉的生活方式。」

那時鮑勃的網站也會提供各種大小車輛的車居體驗報告，從最小型的福特車Festiva、豐田車Prius，到任何一款你想像得到的典型露營車，甚至連已經退役的美國空軍巴士都有。而且還特寫了其中幾位車居族，裡頭包括夏琳．史汪奇（Charlene Swankie，別名「汽車汪」〔Swankie Wheels〕），她是在六十四歲時搬進旅行車裡，當時她窮到租不起一間像樣的公寓，而且膝蓋也不好，再加上氣喘毛病。但車居生活很適合她。她瘦了六十五磅，然後展開探索之旅，車頂載著一艘黃色皮艇，遍遊五十州的划船景點（史汪奇在她七十歲的時候完成使命，於是又訂下一個新的目標，要徒步走完亞利桑納州長達八百英里的健行步道）。在另一篇文章裡，一個叫丹恩騎兵（Trooper Dan）的游牧客說他失

汽車汪的旅行車裡有一張地圖，是為了紀念自己完成五十州的泛舟壯舉

去了他在俄亥俄州的工作，改住在一輛有紅色篷頂的白色豐田皮卡貨車上，他把車子開到南佛羅里達州，並稱它是他的ＢＯＶ，也就是撤退用的交通工具（bug-out vehicle）。他是一個很積極的求生專家，早就在為大難臨頭做好萬全準備。他在網站上寫道：「我只是一個平凡的傢伙，倒楣掉進經濟衰退的漩渦裡。基本上我覺得這很像是在露營，從不認為自己是無家可歸。我覺得這是未來趨勢的一種跡象，將來我們會看到到處都是住在帳篷和車子裡的人（還記得胡佛總統任內經濟大蕭條所出現的貧民窟嗎？），『移動式無家可歸』的情況嚴重到連警察都不敢攔阻他們。」

CheapRVLiving.com這個網站涵蓋的主題，從交通工具的選擇和配備，一直到如何在旅途中找到季節性工作和如何吃得健康都有。還有教程說明如何安裝屋頂的太陽能板，因為太陽能板的價格在過去十年來爆跌，使得這項原本只有有錢人才能碰的科技，如今就連沒啥預算的車居族也玩得起。

若要隱祕式停車——為了避人耳目或者以防有警察來驅趕，甚至開罰單，他都會建議網友把他們的太陽能板藏在載物架或階梯架的橫桿之間。

雖然鮑勃發表了許多純粹實用性的文章，但對哲學也略有涉獵。他貼了一些來自思想家的勵志銘言，從史詩電影《梅爾吉勃遜之英雄本色》（*Braveheart*）、卡內基（Dale Carnegie），到紀伯倫（Kahlil Gibran）、海倫・凱勒（Helen Keller）、梭羅（Henry David Thoreau）和托爾金（J.R.R. Tolkien）都有。換言之，鮑勃在網站上是借用名言以及跟存在主義有關的個人省思，來表達這種四海為家的極簡生活主義，遠遠超越了柴米油鹽醬醋茶的基本需求，進入一種更崇高的想望：包括自由、自我實現，還有冒險。

但對主流社會裡的美國人來說，這種流放生活或許比較像是現代版的《憤怒的葡萄》（*The Grapes of Wrath*）。值得注意的是，這兩者之間其實有很大的差別。對於沙塵暴時代那些四處流浪、被簡稱為「奧克佬」（Okies）的難民們來說，自我價值的意義在於就算最後一絲希望已宛若餘燼，也絕不放棄。終有一天，他們會再重回以前的榮景，又有屋子可住，又可以像以前一樣擁有安定的生活。

但曾經鼓勵過許多旅人的鮑勃所看的角度並不一樣。他預見到的未來是一個在經濟上和環境上都會有很大變動的未來，而且這種變動已經成為美國的新常態。基於這個理由，他不會把游牧生活包裝成一種暫時性的權宜之計。它並不是一個讓你暫時度過難關，直到社會穩定下來，就能重回主流的方法。他反而是想創造出一個流浪的部落，裡頭的成員能遠離甚或超越那個正在磨損中的社會秩序，他們可以自行運作，就像在輪子上另一個平行世界。

到了二〇一三年年底，鮑勃網站上的論壇已經有四千五百多人註冊，後來短短不到三年，會員數更增加到六千五百多人。這些游牧客在論壇上互相交流意見，從你一定要有蝸牛郵件（透過郵局來寄信），到如何面對孤單和如何解決警察的攔車盤查等都有。這個論壇有濃濃的人情味，濃到就連「我要怎麼沖澡」這類基本需求問題都能引發一連串的熱烈討論。比方說有人會留言建議你加入只賣基本服務的連鎖健身房，譬如星球健身中心（Planet Fitness）就很受網友推薦。然後再把你的健身房會員卡當成是通用全國的洗澡間通行證。有些人則是靠擦澡和溼紙巾來解決洗澡問題。也有些人偏愛太陽能淋浴，它有點類似巨型的靜脈點滴袋，只是其中一面被漆成黑色，好蒐集熱能。還有些人是利用加壓的花園噴霧器。另外也有人熱心告知，自助洗衣連鎖店Laundromats的店鋪後面有淋浴間，提供按使用量付費的淋浴設施。還有人會去Flying J、Love's和Pilot等這些卡車休息站，因為只要在那裡加滿油，就會讓司機免費沖個澡。而長途卡車司機一路累積下來所蒐集到的免費贈品，通常也會多到可能在收銀台前就免費贈送給排在隊伍裡的同行旅人。*

這類討論總是愈來愈熱烈，而且不只出現在CheapRVLiving.com這個網站上。散居全國各地、阮囊羞澀的游牧族總是在快速擴張的互聯網上齊聚一堂，互相學習和互相打氣，鮑勃的網站只是其中一個集散地。這種線上社群的現象至少可以回溯到二〇〇〇年十一月，當時有個自稱lance5g的神祕人物在雅虎留言板用一段簡短的文字自我介紹，開啟了一個「以車為家」的

＊作者註：我生平第一次在卡車休息站裡免費淋浴，就是在亞利桑納州闊茲塞特（Quartzsite）的Pilot卡車休息站裡，那是二〇一四年到一五年的冬天。我下了我的旅行車，拎著塑膠袋，裡面裝著香皂、洗髮精和夾腳拖，走進去要付費，結果我在聽到淋浴得付十二美元時，臉上可能出現了某種表情，結果我右邊一個也站在收銀台前的卡車司機就把他的回饋卡遞到櫃台，告訴收銀員用他的回餽卡扣。「先生，你知不知道如果你現在使用這張卡，接下來二十四個小時，你都不能再使用？」收銀員告訴他。卡車司機聳起眉毛，聞聞自己的腋窩，先聞左邊，再聞右邊，然後聳聳肩。「唉！反正都已經一個禮拜沒洗了。」

主題。

> 歡迎光臨，我希望能把以車為家的一些生活技巧傳授給有興趣的團體，幫忙大家省點錢，啊不然咧？
>
> 這主題顯然最適合單身男性，不過女性也可以學……
>
> 類別有：洗澡、睡覺、停車、上洗手間、安全、避開盤查、內部配置、冬夜。

開啟這個主題之後，lance5g就沒下文了。他就宛如啟蒙時代神學家口中的創始之神，只是他是屬於低階版的，像鐘錶匠似地打造出一個世界，讓它像鐘擺一樣開始啟動，卻在啟動之後一走了之。不過他創作出來的這個世界在他離開之後還是繼續茁壯長大，開始聚集了一群關係愈來愈緊密的網友，貼文上也陸續出現車居吉普賽人（vangypsy）和福斯坦克女（vwtankgirl）等這類留言者的名字。但後來問題來了。雅虎決定把所有留言板都移到一個新的平台。而少了板主的社群論壇似乎不太可能熬過這種變動。

在「以車為家」這個板裡，其中一個最活躍的成員是一個很愛社交、叫作鬼舞者（Ghost Dancer）的流浪客。二〇〇二年一月，鬼舞者把他的家停在印第安納州溫森斯（Vincennes）

鬼舞者坐在旅行車裡，這車是他現在的住所

四十一號公路旁麥當勞的外面，那是一台一九八九年分的棕色福特F150皮卡貨車。他聽說留言板的換板截止時間是那天的午夜十二點，於是他很擔心：他新交的這群網友們本來就分散在全國各地，難道他們就要失去他們在網路上的社團了嗎？這種命運未卜的感覺一直啃食著他的心，就像當年千禧蟲即將來襲前的那種忐忑心理。而他一點準備也沒有。

他好不容易想到辦法，而這辦法似乎再明顯不過：何不趕在舊的留言板關閉之前，再開一個新的？但鬼舞者不可能為了要開一個新的，就大剌剌地拿著筆電走進麥當勞裡。因為第一，他沒有筆電，第二，幾年前WiFi的熱點也不像現在這麼普遍。於是他靠著公用電話和從卡車裡帶出來的一些器具，應急拼湊出一台網路連結器。他稱它為

「天馬行空版」的網路連結器。這裝置靠的是一台Konexx聲音耦合器：在公共電話手持通話筒裡的一個裝置，可以在麥克風連上聽筒和擴音器連上話筒時，用來接收和傳輸類比數據。他把這個耦合器的另一端插進一個網路電視盒裡，盒裡有內建的數據機，可提供基本的瀏覽服務。網路電視盒是於一九九〇年代中期首度現身，當時電腦的價格不便宜而且使用上也不是那麼簡便。為了節省空間，鬼舞者把網路電視盒掛在他的無線電下面。再從那裡連上一台被放在副駕駛座地板上的十三吋飛利浦電視機。他花了幾個小時調整這個裝置，之後再拿三毛五美元丟進公用電話，連線上網，登入雅虎，開了一個留言板叫做：「車居族：以車為家第二代」。他對這個成果相當自豪，覺得有一點電腦馬蓋先（cyber-McGyvering）的味道。這件事後來流傳開來，成了一個大家已經快聽爛的傳奇故事，也因此有位人氣頗高的部落客稱他為「車居族的始祖」。

只是後來鬼舞者才知道自己弄錯了。他跨時區作業，結果搞錯了謠傳的截止時間幾個小時。不過沒關係，會員們都跟著他遷到新的留言板。儘管雅虎從來沒關掉舊的「以車為家」留言板，但最後還是成了一座空無一人的鬼城，被成人產業的垃圾郵件全面攻占，到處充斥著「約砲」和「性變態網路單身男女」的叫賣聲。在此同時，「以車為家第二代」留言板吸引了數千名新加入者，包括鮑勃．威爾斯在內，而且人數不斷成長。二〇〇八年經濟崩盤之後，短短四年間，人數就不只翻了一倍，上升到八千五百六十人。有一篇文章對這個社群的描述是這樣的：

車居族是分布遙遠的部落可以聚會的場所。它是「年長者的社交圈」[7]。但對於那些可能是出於自己選擇或者迫於環境而進入這個文化世界的人來說，它也是「提供養分的搖籃」，是「通過儀禮」的新手們會到訪的地方，更是「資訊的狩獵者和採集者」會跟部落平分賞金的地方。

他們的對話遍布所有平台。二〇一〇年，雅虎部落裡的一個會員開了臉書社群，取名為「車居族：以車為家」，在它常見問題解答的文檔裡也出現類似的宗旨說明：

> 這是知識的關懷、分享與贈予，是友誼的形成，也是互相照顧。

這份文檔裡也提到這個互助網絡的成員們所面臨到的棘手問題，那就是他們通常比較阮囊羞澀：

> 在這個社群裡的我們多半比較窮。一遇到災禍，往往變得一貧如洗或身無分文，只能

7 Circle of Elders，《魔法風雲會》裡的卡牌。

靠親戚、朋友，甚或陌生人的好心接濟。雖然我們不想讓這個社群變成一個專門在網路上乞討的巢穴，但難免還是有人會因為身無分文和走投無路而求助於這個社群。

在Reddit這個網站上，有一個早在二〇一〇年就發的帖子，主題是「車居族」，追這個帖的人現在已經增加到兩萬六千多人。在YouTube上，也有多達幾十個專門製作「自己動手做」影片的網紅競相投入，想成為車居界裡的鮑伯・維拉（Bob Vila），於是大秀各種技巧，幫你把單調乏味的載客汽車改裝成設備齊全的多輪客艙。有些網站還會將全國各地的旅者所提供的訣竅加以彙整，再放進可搜式的地圖裡，並不時更新，打造出對游牧族極為友善的一個空間。其中一個網站FreeCampsites.net還提供了幾處完美的戶外露營地點，可供網友免費停放露營車，從市區裡的小公園到幅員遼闊的國家森林公園都有。另一個網站AllStays.com則定期追蹤哪些企業的停車場可以讓人家夜宿，包括卡車休息站、賭場，連戶外用品店卡貝拉（Cabela）和餅乾桶餐廳（Cracker Barrel）也都涵括在內。此外也販售一種手機app，它可以告訴你哪裡的渥爾瑪商場可以在它們的停車場「原始野營」，也就是俗稱的「渥營」（Wallydocking）。

渥爾瑪商場長久以來對露營車車主一向友善，提供自家的停車場給他們過夜。有些人相信這是向來愛好獵鳥的渥爾瑪創辦人山姆・渥爾頓（Sam Walton）對同樣是戶外活動愛好者的露營客的一種支持。但也有人認為這只是精明的策略，目的是要吸引更多人上門購物。不管理由是什麼，游牧族都很感恩這種特殊待遇。不過這也令付費營地和付費露營車停放場的經營者很是懊惱，因為這會害他們少了上門的生意。不過這種待遇也不是每個地方的渥爾瑪商場都提供。有些渥爾瑪商場坐落在禁止夜宿停車場的城市裡。還有些斷然取消了特別待遇，原因是有些車主停放過久，扭曲商場的好意，還大剌剌地在停車場裡烤起肉來，甚至搬出戶外家具，把它當成了半永久性的營地。二〇一五年三月，警方和來自愛達荷州、以基督教音樂團體自居的一個八口之家發生衝突，這家人向來是以車為家地開著一輛雪佛蘭運動型多用途汽車Suburban到處跑，他們把車停在亞利桑納州卡頓伍德市（Cottonwood）渥爾瑪商場的停車場裡，結果在和一名警察奪槍的過程中，有一名家庭成員被槍擊身亡。這起事件過後，這家店就開始驅趕停車夜宿的旅者（*RV Daily Report*網站的編輯寫道：「這真是一粒老鼠屎壞了一鍋粥。」）。有些渥爾瑪商場處於灰色地帶，勉為其難地設法管理因經濟的不穩定所大量帶來的停車場夜宿訪客，這些訪客很多都是以車為家到處旅行。一家叫行動麵包和魚（Mobile Loaves and Fishes）的食品公司有外展小組經常開著快餐車到德州奧斯汀（Austin）附近的零售店停車場做生意。「渥爾瑪商場的顧客可能對有人睡在停車場的車子裡這件事不太高興，」這家食品公司的創辦人艾倫．葛拉漢（Alan Graham）告訴當地電台的記者。「不過還是謝天謝地（管理階層）可以讓他們夜宿停車場。」

全美各地有數以千計的渥爾瑪商場，睡眼朦朧的旅者要如何辨識哪一家接受停車夜宿呢？AllStays網站有提供渥爾瑪商場停車夜宿點定位的app，它是用W這個字母標示出全美和全加拿大的渥爾瑪分店。有些W是紅色，代表你停在這裡可能遭到驅趕或甚至拖吊。大部分的W都是黃色。只要點進去，便會出現使用者的經驗分享，譬如以下幾位網友就分享了他們在內華達州帕倫普市（Pahrump）夜宿渥爾瑪停車場的經驗：

#5101 購物中心

二〇一五年七月：我在露營車裡一切安好。另外還有兩台露營車。

二〇一五年五月：有另一台露營車。夜班顧客服務經理同意我們在這裡夜宿。我們停在靠近卡車卸貨站第一個安全島附近。很多卡車都是上午很早就來送貨，所以不會妨礙它們卸貨。

二〇一〇年九月：經理很歡迎露營車車主。我們停在停車場的南端，以免堵到送貨的卡車。

這些小小的W符號和註記，感覺很像是現代版的臨時工記號（hobo signs）。十九世紀末和二十世紀初時，四處漂泊的臨時工會用一些象形符號來分享在地資訊，供後到的人參考。他們用粉筆或煤塊在牆上和門上做記號，有時也會刻在樹上。這些記號是在警告後繼者要小心哪些威脅，譬如警察太盡忠職守、有惡犬、水質不佳。抑或告知有哪些資源可用：營地安全、有好心的女士、急缺工人。

二十一世紀初部落格激增，也連帶鼓勵原本獨居的旅者將自身的冒險故事記錄下來，展現在世人面前，於是造就出許多微名人。在那些最早期和創作最豐富的微名人當中，別名泰奧加喬治[8]的喬治·萊勒（George Lehrer）是一位打敗癌症的鬥士，他於二〇〇三年開始貼文，當時他已經六十五歲，沒有收入可以負擔他的公寓和買食物，於是搬進一輛二十七英尺長、車房一體的Fleetwood Tioga Arrow自走式露營房車，車身上還裝了太陽能板和衛星網路。在他取名為「泰奧加和喬治的冒險」的部落格裡，他和他那輛可靠的車是「這世上有史以來最厲害的流浪客」，他們靠著一句令人熱血沸騰的座右銘勇往直前，那就是「永不付房租」。喬治會很搞怪地貼一些他跟他的「泰奧加小姐」（他的露營車）以及其他擬人化的同伴一起旅行的故事，這些同伴包括索尼馬維卡先生（Mr. Sony Mavica，一台相機）、晶片先生（Mr. Chips，一台桌上電腦）、陽光先生（Mr. Sunny，一套太陽能動力系統）、數據風暴先生（Mr. Datastorm，一具衛星天線）、多美達先生（Mr. Dometic，一台冰箱）、德勒姆先生（Mr. DeLorme，一套GPS系統）。他通常會把一天當中的經歷寫下來，從怎麼和幾位旅行同好交上朋友，到如何對抗到處橫行的小螞蟻，還有在墨西哥被下流的警察搜身的經驗，但偏偏他又特別喜歡到墨西

8 Tioga是野營車的車款名稱。

哥旅行。他還貼出自己的詳細收支帳戶，包括來自谷歌廣告的收益（二〇一〇年八月，廣告收益高達一千三百美元）。他也感性寫下他兒子大衛（David）自殺的不堪往事，並追憶一九九〇年代初，雇用他推銷AutoCAD軟體的公司被大環境的經濟衰退逐出市場後，他只好睡在大衛那間小屋子的餐廳地板上。自從喬治開始在部落格發表文章以來，短短十年間，就吸引了七百多萬名網友。

泰奧加喬治的影響力遍及一整個世代的野營部落客，這其中包括塔拉．柏恩斯（Tara Burns）。她是一位二十幾歲的性工作者，住在一輛一九九八年分的雪佛蘭Astro旅行車裡。她的部落格「打零工的脫衣舞孃」人氣很高，專門記載「開著露營車到全國各地跳脫衣舞賺錢」的經驗。只要她沒跟她的邊境牧羊犬伙計（Bro）趕場脫衣舞夜總會，就會坐在鍵盤前面指導網友如何跳膝上豔舞，或者如何更換引擎的冷卻系統水泵。另一個受到網友喜愛的部格格是「RV蘇和她的狗隊友」。蘇珊．羅傑斯（Susan Rogers）是這個部落格的板主，她是一位六十幾歲的退休數學老師，來自喬治亞州，她說她之所以會開車上路，全歸功於泰奧加喬治的啟發。她開著一輛二〇〇五年年分的雪佛蘭Express車，後面拖著十七英尺長的Casita活動房屋，每天都會從車上發文，累積了不少熱情粉絲。二〇一二年，她因為曾在亞利桑納州幫忙一位住在迷彩色皮卡野營車的退伍老兵羅斯提．李德（Rusty Reed），找到他失散的混種牧羊犬木頭（Timber）而使得她的部落格聲名大噪，登上全國新聞版面。她向來奉行所謂「低預算的至高生活體驗」以及「花得少、活得更開心」的生活哲學，而成為許多網友的榜樣。有一位住在貨卡露營車、自稱「輪子上的禪」的部落客就寫道：「我把RV蘇視為我的RV神仙教母。我在公路上拜讀了她日常的生活故事，透過這些故事看到了她的幽默與謙遜，然後過了幾個月後，我漸漸明白自己也能辦到。」他也同時表達了他對她的「開闊胸襟、善良仁慈和善於說故事」很是欽佩。

自二〇一三年起，蘇就跟泰奧加喬治一樣也會在網站上分享自己的財務報告，裡頭也包括廣告收入。那一年年底以前，她的每月進帳常司空見慣地超過一千美元。這一點難免偶爾激怒那些試圖靠帖子賺錢，但人氣不高，成效不佳的部落客（雖然大部分網友似乎並不嫉妒到處旅行的部落客也能靠廣告賺錢，但顯而易見的是，在極簡主義者或反消費主義者的網站上放廣告，難免讓人覺得不太搭調。比如說在部落格Cheap RV Living裡有一個帖子的主題是「擺脫物質」，文章裡還引用了羅素〔Bertrand Russell〕的一段話：「對私有物品的執著，尤其會害我們無法豁達自在地生活」，但這帖子的旁邊卻很怪地有亞馬遜的連結，點進去發現賣的是十二伏特的可提式爐子和可搬運的馬桶坐墊等這類產品）。

這些有共同愛好的流浪客除了在線上交談之外，也會出現在真實世界的聚會活動裡。當游牧族在全國各地的森林和沙漠圍著營火認識彼此時，便形成了一個臨時拼湊起來的家族，小說家阿米斯德．莫平（Armistead Maupin）稱它是「邏輯性」家族，而非「生物性」家族，少數人稱他們為「車居家族」（vanily）。因為對一些人來說，趁假日時能與同好齊聚一堂，可是比跟真正的親人相聚更吸引人。典型的場景通常是：在加州十號州際公路附近那宛若月球表面的貧瘠沙漠上，停了十幾輛車子，車主的年齡從二十來歲到七十歲都有。他們可能在分吃一隻已經去骨、切半的十五磅重火雞，這隻火雞才剛用兩個可攜式燒烤架烤好，盤邊還有馬鈴薯泥、肉汁和蔓越莓醬汁，再加兩盤餡餅，食物豐富到就連把盤子裡的剩菜舔乾淨的狗兒都感到滿意。

這類活動大多在西部舉辦，不過這種聯歡會（get-gathers）——簡稱GTG——也會回流到東部，從俄亥俄州到阿拉巴馬州、喬治亞州、還有田納西州。這群人像美國昔日的篷車隊一樣從一個地方移動到另一個地方，沿路紮營和拆營，自稱是「正在巡迴的GTG」。二〇一一年，鮑勃首度籌辦了當年度最令人引領期待的一場盛會，那是被簡稱為RTR*的橡膠浪人會（Rubber Tramp Rendezvous），其靈感有部分來自於十九世紀山裡粗獷不羈的漢子，他們幾乎整年獨居山中靠誘捕獵物過活，日子過得艱辛，但每年都會在一年一度的毛皮交易市集裡聚首。那年冬季的RTR是在一月舉辦，地點在亞利桑納州闊茲塞特附近的公共沙漠區，為期兩周，對游牧族來說，這是他們分享經驗和技術的大好機會，還能順道交朋友，指導新手如何入門。有時候也會有一些嚮往車居生活的人在正式開車上路之前，先帶著帳篷或開著借來的露營車前來觀摩學習。這個活動是免費的，多半靠口耳相傳在打開知名度。

對這種社群來說，要他們排除萬難全數出席，其實不是件簡單的事。因為他們終年散居全國各地，通常不太有足夠的油錢能夠長途開車直接殺過來參加。更何況很多人都自認是獨行俠。而在這些遁世隱居者裡頭，RV蘇素來有不愛跟人打交道的名聲，總是拜託部落格裡的粉

鮑勃·威爾斯在橡膠浪人會的原始野營現場發表談話，當時他手裡拿著一張地圖，上面標示著各地的國家公園

絲不要沒事不先打招呼就突然來她營地造訪，她的解釋是「寫部落格之所以適合我，是因為我可以和各種有趣的人互動，但又不必實際見到他們」。她的一些粉絲寫道，他們曾在旅途中偶遇一台十七英尺長、看似熟悉的Casita露營車，結果在恍然大悟車主是誰之後，趕緊反方向逃開，免得打擾到她。

有些來參加橡膠浪人會的人會刻意把車子停放在營區最外緣，還有些人因為無法跟太多同伴社交，只願意短暫停留，而不是整整兩個禮拜。史汪奇抵達RTR的會場時，身上穿的T恤寫著：

＊作者註：我在二〇一三年首度參加RTR時，那裡大約有六十輛行動住所。四年後，也就是二〇一七年，車子估計約有五百輛。

「內向者團結一心：我們來了，我們不太自在，我們想回家。」結果那一整天下來都有人跟她心照不宣地微笑和點頭。

鮑勃．威爾斯漸漸發現，自己成了這群數量不斷成長的獨孤客們的康樂股長。每年聚會解散後，總有人會跟著他前往下一個營地（包括RTR集會地點在內的免費公共露營區，都設有十四天的露營天數上限，時間一到，你就得移到至少二十五英里以外的新營地）。鮑勃很歡迎他們同行，而他們也會把他們的露營車停放在一定距離之外，留給鮑勃一些空間。部落格裡的一位網友注意到有人喜歡跟著鮑勃四處跑，於是開玩笑地說他們是他的「門徒」。鮑勃也玩笑回答：「雖然我盡了最大努力去做心控、洗腦和各種操控，但我還是找不到任何門徒。」

不過鮑勃平常的語氣並不都是那麼活潑的，他曾在跟某網友談到某個比較嚴肅的話題時，這樣寫道：「我認為你說的沒錯，有更多人是因為逼不得已才選擇去過比較簡樸的生活。我的目標是幫助他們盡可能不費力地轉換生活軌道，希望他們最後會覺得樂在其中，就像我們當中的許多人一樣。」

＊＊＊

琳達在瀏覽了網站CheapRVLiving.com，吸收了許多生活轉型的經驗故事之後，也有了她自己的領悟。「我靠，」她心想，「要是他們可以辦到，我當然也可以。」鮑勃把極度儉樸的生活形容得像是一條通往自由的道路：它是解放而不是匱乏。或者套句琳達的話：「用你現在僅有的一切來過富足的生活。」再說就算是當個獨居的旅者，顯然她也從來不會是真的獨自一人。她有一堆流浪客可以認識，包括許多與她同年、也在路上流浪的獨居女性。她們可以共同打造出一種次文化，建立屬於她們自己的一套習慣，實驗各種生存法則，再把最好的法則拿出來交流，為經濟底層下的生活寫出一套劇本。這種同伴間的情誼對琳達來說很重要。「我是個很愛社交的人。」她解釋道，「我不想要自己獨自流浪在外，心情沮喪，充滿內心掙扎。我的生活可以很精采、很充實、很有創意。」

琳達開始夢想擁有一台適合自己的車子，於是上分類廣告去找。她看了幾十則廣告，終於發現一台非常合意的，可是她那時還沒有足夠的錢。結果是她那患有自閉症的長孫自己買下來，吸引他購買的原因是租金便宜：就在離他父母和三個手足不遠的露營車停放場裡有一個停車空間，每月只要五百美元外加供電。琳達很高興他終於有一台自己的露營車，因為一直想要獨立生活的他其實沒有別的選擇。「在漢堡王兼職工作，根本不夠養活自己。」她語氣平淡地說道。

後來天外飛來一筆意外之財。琳達的女婿柯林在商用櫥櫃公司擔任業務，這家公司的客戶大多是政府機構，從武器櫃、物證櫃到博物館的檔案櫃等各種櫃子都有賣。結果他注意到他們即將要做榮民醫院的案子，可是這案子裡頭出現一個漏洞。醫院裡的指示牌全都要翻新，但竟然沒把事前的準備作業，也就是拆除舊的指示牌，並幫牌子後面的牆壁補牆和油漆，排進工程裡。於是琳達的女兒奧黛拉包下了它，並把其中一些作業委派給琳達。「以時薪五十美元的價碼幫榮民醫院油漆和處理事前作業，這對我來說簡直是天上掉下來的禮物。」琳達回憶道。短短一、兩個月，她就賺到一萬美元。

二〇一三年四月，琳達開始細讀分類廣告，結果看到一台一九九四年分、漆有青色和黑色條紋的El Dorado自走式露營車。里程數只有兩萬九千英里的這台露營車，長二十八英尺，車價應該是一萬七千美元，但車主只要價四千美元。

琳達很興奮，趕緊約了車主見面，並帶了一位女性朋友來當自己的啦啦隊。她們一起裡裡外外檢查這台露營車。外觀的狀況還好，只有輪胎壞了，乘客座位的車頂上層有一個跟足球一樣大小的凹坑，但被車主用填隙物塗補過，看上去像是一坨乾掉的牙膏（「根本不需要在那裡塗填隙物，」琳達表示，「我是不知道他在想什麼，但我們都管那叫『建築物料的濫用』。」）。車主解釋他當時是開在一條拱起的馬路上，就是路面中央很高，兩邊很低，車子於是往外側傾結果撞上一根往內傾的電線桿。

露營車的車門一打開，一股陳腐的霉味立刻朝琳達迎面撲來。車內地板鋪的是橡膠防水膠墊和三夾板。牆上掛著類似垃圾袋的塑料。*一定是有水害*，她心想，希望隨之破滅。但是當她更仔細檢查內部時，這才明白不好的氣味是從淋浴間飄出來的，那裡有個並不難修補的洞。其他內裝則很完美，後面有一間舒適的臥房，廚房旁邊有一個小餐室，座椅的面料和填充料、窗帘，以及地毯看起來都好極了。她認定車主一定是A型性格，就是那種脫了鞋才會走進露營車的人。這台車跟她在分類廣告上看到的其他露營車比起來，已經算是麗思卡爾頓酒店（Ritz Carlton）等級了。雖然發電機壞了，但其他東西都是好的，包括抽水馬桶在內，這一點她尤其高興（雖然她有讀到過一些資訊，說有些車居客會拿塑料鋪在五加侖的水桶裡面，充當可攜式馬桶，但她早就決定那方式不適合她）。

琳達覺得自己的樂觀心態又回來了。但這時一個熟悉的聲音插話了：「哦，你不行啦，那個你不會修理啦。」她的朋友說道。但太遲了，琳達已經做了決定。「小姐，我拜託你好不好，『我不行』？」她反駁道，「我這輩子還沒有不行的事。」

琳達買了那台露營車，她修好了淋浴間，解決了臭味的問題。她沒去管車頂上那已用填隙物塞起來的坑，因為那看起來雖然醜，但目前還可以湊合著用。但是輪胎不能等，於是她花了一千兩百美元更換它們。這是一筆很大的花費，不過琳達是在投資自己的未來——她未來的自由——而且她已經大概知道一上路之後，可以怎麼賺錢了。

鮑勃在部落格裡談過，他曾花了三季的時間幫加州土地管理公司在塞拉國家森林公園（Sierra National Forest）擔任營地管理員。於是琳達照他的方法，也向同一家公司求職，結果馬上在靠近優勝美地（Yosemite）的地方找到一份工作。「我不敢相信住在露營車裡竟然這麼容易就找到工作。」她後來說道。她曾經為了要在聖克里門（San Clemente）的家得寶連鎖店等一個空缺而耗上六個月，而且還被調職。她知道年齡歧視這件事會讓一個人在晚年的時候愈來愈難找到新的工作。但雇用季節性臨時工的雇主似乎並不照著其他雇主的劇本走。「如果你有台露營車，只要上網，就能在六秒鐘內找到工作。」她驚奇地說道。

琳達也成了「吉寶之旅」的粉絲。吉寶之旅是吉姆．馬爾文（Jim Melvin）的部落格，他曾經是勞氏家電的推銷員，如今快七十歲的他留著一排像掃把一樣的白鬍鬚。自從他知道自己再也無力負擔他在加州居所的退休生活之後，便毅然決然地開著一台一九九二年分白色和粉藍色的Lazy Daze露營車上路，並將泰奧加喬治視為啟蒙導師。他在各季節性工作之間流浪，一開始只有他一人，後來琪卡（Chica）加入，琪卡是一隻曾在外流浪的吉娃娃，有一天走到他停在活動房屋停放場的露營車，結果被他收留，從此成為他口中的「靈魂伴侶」。吉姆當過各種不同臨時工，包括七月氣溫破華氏一百度時，到德州的派尼山脊露營車莊園當場地管理員；在俄勒岡州中部的歐丘可分水嶺營地擔任營地管理員；在洛杉磯天使隊的春訓期間，到亞利桑納州的坦帕迪阿玻羅體育館煎漢堡肉；還有加入亞馬遜網站的芬利倉庫所辦的「露營車勞動力」打工專案。他說在他做過的臨時工作裡頭，最累的當屬亞馬遜的倉管。要撐完它，等於每天得吞兩顆止痛藥，但還是全身痠到好幾個月都沒有改善。可是它的工資比其他工作高，而且他喜歡那裡的工作伙伴們。「我遇見很多友善又風趣的伙伴，」他寫道，「我明年還會回去嗎？那是一定要的囉！」

琳達也決定去亞馬遜求職。這家公司提供五十美元的推薦獎金，於是她寫了吉姆的名字。「感謝主，還好有部落客！」她說道，「你知道嗎？我年輕的時候是沒有部落客的，如果你需要找人推薦，就會像是『你鄰居知道嗎？』『你從哪裡得知這消息？』除非你認識裡面的人，否則你根本不知道有這個社群。」

如果琳達能順利地連著做完營地管理員和「露營車勞動力」倉管這兩份季節性工作，她想她可能會在工作結束之後休息一下，領一陣子的失業救濟金，這樣她也才有錢去橡膠浪人會見識一下她的新部落，也就是她剛加入的家族，只是她還沒親眼瞧過裡頭的成員。

至於琳達的真正親人，當他們聽見她宣布的計畫時，都很支持她。「這聽起來很刺激很有趣！」奧黛拉說道。她堅持琳達必須有一支行動電話來保持聯絡，並提議用家庭套餐的付費方式幫她付帳單。「我們會確保有足夠的數據量。」柯林補充道。

這行得通嗎？答案無從得知。不過有一件事可以確定：琳達的生活就要改變了，就眼前說，光這一點就足夠了。

第二部

第五章　亞馬遜鎮

二〇一三年六月，就要六十三歲的琳達開著她從分類廣告上買來的El Dorado露營車，前往交叉點營地，那營地離優勝美地國家公園的東側入口只有兩英里，將是她以露營打工客的身分展開新生活的地方——那裡野花遍野，綠草茵茵，小溪水波粼粼，還有黑松林和白皮松林，再加上涼爽宜人的山裡空氣以及如風景明信片般美麗、白雪斑斑的塞拉山峰。第一次受雇於加州土地管理公司的琳達，一周得工作三十小時，時薪八塊五美元（以這工資來說，就算琳達說服老闆給她全職的班表，全年每周工作四十小時，完全不休假，她的年薪也才只有一萬七千六百八十美元，而且不含任何福利）。

此刻，琳達離埃爾西諾湖的家得寶連鎖店只有半天的開車路程。她以前曾在那兒當過收銀員，不過由於這裡是荒郊野外，所以感覺離它格外遙遠。這份營地管理工作跟以前在大賣場的蠟黃燈光底下幫排隊的顧客結帳，在感覺上很不一樣，也不像她以前工作過的餐廳、建築工地、賭場或企業辦公室，那些地方都是她曾用時間換取金錢的工作場所。而這裡最棒的是，她不必再付房租，但可以領工資。雖然營地沒有提供水電設備，但她的主管借了她一台發電機，而且每周二都會開水車過來，讓她把露營車裡五十五加侖的水塔裝滿。如今她的生活支出已縮減到只剩雜貨、發電機的柴油，和爐子專用的丙烷桶。琳達得意極了。

交叉點營地這份工作並不難。它有十三個營位，都是採取誰先到就誰先用的管理方式，省掉了預約的麻煩和耗時的後續文書作業，而且只有兩個戶外廁所需要打掃。所以除了這裡之外，琳達也同意接下另一處小型營地的管理工作，就在泰奧加湖附近。

琳達的營地管理工作需要做點社交，這一點挺合她意的，她很愛跟前來度假的遊客聊天。她最喜歡的其中一位遊客是一個六十九歲、獨來獨往的攀岩客，她只知道他叫「布朗先生」。他攀爬過優勝美地每一條熱門路線，會一路查看崖面上的固定式錨釘是否年代久遠到已經腐蝕。因為這些錨釘是用來固定攀爬者的安全索，萬一壞了，後果不堪設想。只要布朗先生發現有錨釘不堪用，便會當場拔掉，換上新的。他告訴琳達，他做這一行已經十五年了。「他背的包包，」她滿臉驚奇地說道，「我的天啊，那裡面根本不是人背的東西。」儘管她很佩服他的熱血與毅力，但還是為他擔心。「你不怕會掉下去摔死？」她追問。「唉喲，不會啦。」滿臉風霜的布朗先生嘟囔回答，「我知道我在做什麼。」另一對露營客比利．奧羅和海倫．奧羅（Billy and Helene Outlaw）——奧羅是他們的真實姓氏[9]——也是她在工作上認識的。他們已經七、八十歲了，也是開著露營車到處跑。當他們提到也在找營地管理員的工作時，琳達立刻介

9 因為outlaw的意思是逃犯。

紹她的老闆給他們認識。沒多久，他們就接收了她在泰奧加湖邊的工作。也大約在那時候，琳達才得知營地管理這種工作不見得每一個人都適合。她有個同事以前是邊界的巡警，因此堅持值班時一定要帶槍。「他認為身上不帶槍，就沒有存在感，」她解釋道。「可是營地管理員不能帶槍。營地管理員在國家森林區裡帶槍是不被接受的，所以只好把他解雇。」

那一整個夏天，琳達在優勝美地附近營地的管理工作一直做得很順，直到八月中，有個調查員認定有一名向來獨來獨往的弓獵手，為了熱湯和焚燒背包裡的垃圾而用樹枝和松葉搭了一座小型營火（這在當時並不合法）。那人一直在偏遠的史坦利斯勞斯國家森林區（Stanislaus National Forest）的克拉韋河峽谷（Clavey River Canyon）搜找野鹿，離交叉點營地西側約五十英里。但他的營火餘燼被風掃進乾燥的灌木叢，結果發生了加州有史以來第三大森林火災。兩個月下來，這場被稱之為邊緣之火（Rim Fire）的森林大火燒光的面積範圍相當於十七、八個曼哈頓。

到了九月，琳達營地裡的空氣煙霧愈來愈濃，於是她也到了該上路離開的時候了。她道聲再會後，就往北開，駛向芬利鎮，準備加入亞馬遜的「露營車勞動力」打工專案，這也是她申請的第二份露營打工工作。可是她到的時候，倉庫附近的活動房屋停放場早已熙來攘往，營位全都被流動工人訂光了，空間擠到連亞馬遜的培訓師都得在「露營車勞動力」的新人講習會上特別提到，公司方面已經在考慮買下附近一塊地，打造一處亞馬遜專屬的活動房屋停放場。琳達沒有事先預約營位，因為她大半個夏天都沒在使用手機和網路服務。最後她在倉庫東南方約二十三英里外的地方找到了鼠尾草山谷露營車停放場。那是一大片沒有圍籬的礫石地，就在內華達州法隆市的五十號公路旁，場裡間或點綴幾株棉白楊，空氣中飄散著附近乳牛牧場傳來的刺鼻氣味。這裡其實也被「露營車勞動力」的臨時工訂光了，但還好她說服了一位很有同情心的經理騰出位置給她。

二〇一三年旺季的購物潮開始之前，亞馬遜就已釋出最後一波的數位時事通訊，徵求臨時工。六月版的時事通訊開宗明義第一頁就寫道：「『露營車勞動力』打工專案：友誼的價值。」這句話明顯是在呼應營地管理手冊上刻意營造的歡樂氛圍，硬是把一份很耗體力的工作說得像是去夏日營一樣，「它最具價值的地方就在於友誼的長存！」通篇文章的調子很是熱情，「雖然來這裡『工作』的原因有大半是看在錢的分上，但緊接在後的第二個原因卻是友誼！每一年我們都聽到很多故事，全是在說『車尾燈的遊行隊伍』雖然離開了亞馬遜，但已經建立起來的友誼和伙伴關係始終不墜。」

不過這說法跟三月版的時事通訊完全相反。在一個名為「要在二〇一三年創造歷史，請先做好準備！」的單元裡，文中建議大家一定先鍛鍊身體，才能解決一些隨老化而來的問題：

> 身心上都做好準備，才能在亞馬遜的消費旺季裡成功一展身手。我們再三強調來亞馬遜工作之前，身體一定要先鍛鍊好，這一點非常重要。如果你不常運動，可以請教醫生有什麼適合的體能訓練，趕快去動一動！在這裡建議一個低成本的訓練方式：出外走路！走

路是最棒的運動。它不用花錢，而且比起其他運動，它對關節的負擔最小。但開始之前，請先拉筋來幫助肌肉暖身。專家說，當我們年紀漸長時，身體裡的膠原蛋白結構就會出現變化，使我們漸漸失去柔軟度，關節的活動程度也會開始受限。

四月版的時事通訊則繼續提到工作上的一些心理挑戰。在一篇名為「參加亞馬遜露營車勞動力打工專案時，頭幾週將遭遇什麼」的文章裡，這樣寫道：

你在亞馬遜的頭幾週會受到小小的震撼，包括倉庫設施的規模、到處都是看起來像是外星語的英文縮寫字、很不聽你話的手持式掃瞄槍，這些都讓人有無法招架的感覺……

在此同時，亞馬遜對倉庫臨時工的對待方式，自二〇一一年起便不斷成為新聞頭條。《阿倫敦起床號》（*Allentown Morning Call*）這家報社差不多就是在那時候進行深入調查之後，披露了那裡根本是血汗工廠。調查發現，位在賓州布里尼格斯維爾（Breinigsville）的倉庫，夏季室內氣溫飆破華氏一百度，但經理人竟然不願意打開裝貨間的門來通風降溫，理由是擔心竊賊進來，反倒寧願雇用救護人員坐在外面的救護車等候，隨時準備將中暑的員工抬上擔架或輪椅。臨時工們也說他們被迫達成更大的產出目標，口語上來說，就是眾所皆知的「壓力管理」。亞馬遜會監視即時產量，當員工拿著連線的掃瞄槍移動和整理貨品時，掃瞄槍裡的數據就會被加以分析。一位叫蘿拉．葛拉漢（Laura Graham）的「露營車勞動力」臨時工，是在堪薩斯州科菲威爾的倉庫擔任物流理貨員，她告訴我她每掃瞄一個產品，她的螢幕上就會出現倒數計時的畫面，指示她得在多少秒之內掃瞄下一個產品，活像她在電競遊戲裡進階到下一個等級似的。她每小時的目標進展也會被追蹤記錄（除了心理壓力之外，蘿拉的身體也在抗議這套裝置加諸給她的要求，因為它會指示她如何為了賺十一塊兩毛五的時薪，在一座占地九十一萬五千平方英尺、全是水泥地的建物裡，一天走上十到二十英里。「這種悲慘的遭遇是沒有文字能形容的，我是說體力上，」她告訴我。「我的腳掌變得好痛，最後得了足底筋膜炎。」就連在鞋子放軟鞋墊也沒效。為了解決這毛病，她只好在每次大夜班做到一半的時候就吞兩顆消炎止痛藥，大夜班是從下午五點半做到凌晨三點半，然後大夜班結束時再吞兩顆。沒輪班的日子，她就盡量不使用自己的腳，盡量躺在床上，除非要上廁所或洗澡）。

＊＊＊

但琳達可沒被這些聽聞到的故事嚇跑，她本來就習慣做耗體力的工作。「我以前是在工地幹的，也當過酒吧女招待，酒吧女招待的工作比在工地還辛苦，」她回憶道。「所以我有什麼好擔心的？」再說她才剛在海拔九千英尺高的山裡結束了營地管理的工作。至於說到鍛鍊身體，她想之前那份工作應該也算是一種鍛鍊吧。

琳達上工的第一周，先參加新生講習和工安宣導，她知道自己的職務是理貨員，得負責把運抵倉庫的貨物堆放到貨架上。為了瞭解工作的細節，她也去上了所謂的「流程學校」（process school）。

理貨員會推著一台裝滿黃色塑膠箱的推車，別名裝運車的塑膠箱裡全是剛運抵的商品，然後穿過一條條像圖書館一樣排滿架子的通道，而這裡就是亞馬遜存放商品的地方（套句公司裡的行話，這裡稱之為「揀貨區」〔pick module〕）。在每個架子上都有塑膠分隔器來分出一個又一個被叫做櫃的單位，理貨員要不斷找出還有空間的櫃，才能把貨卸下來裝進去。當理貨員要把商品放上架時，必須得先拿手持式掃瞄槍對準櫃頭的條碼掃一下，然後再掃一下要放進櫃裡的商品。這流程很緩慢，因為他們被告知同一批被運來的相同商品必須分放在不同櫃裡，換言之就是把它們分散開來放，而不是集中存放。這種作法有助於揀貨員的工作效率，也就是那些急步穿梭在通道間，按顧客訂單揀取商品的臨時工。「好奇怪哦，」琳達想到同一個櫃裡竟有五花八門的不同商品，不免驚嘆道。「有剎車油、嬰兒奶粉、眼影、書、膠帶，全都在裡面。」

琳達上完理貨員的入門課程，總算完成了第一周的工作內容，亞馬遜稱這是「工作的強化」，讓新手們一連好幾個半天走在水泥地上，好讓他們習慣，這樣一來，等到新生講習結束之後，才有辦法一天步行十小時。琳達特地要求做夜班，因為它的時薪多了七毛五，等於是一個小時十二塊兩毛五，再加上加班費。「我想盡量多賺點，」琳達說道。她完整的班表開始啟動了，她是從下午六點上班到凌晨四點半，中間可以休息兩次，每次十五分鐘，還有一次三十分鐘的快速用餐時間。「我本來整天睡覺的，」她補充道，「這多少會改變你的生活作息。」正午過後沒多久她就起床，通常會有三個小時的空檔讓她做家事，準備午餐袋，然後到鼠尾草谷露營車停放場附近遛一下狗，接著再通勤二十五分鐘到倉庫上班。

值班時，她會先穿上一件橘色的反光背心，脖子上戴上安全識別章的掛繩，幫手持式掃瞄槍拿一個剛充好電的電池，接著就去「做操」。那是一個集合點，臨時工會在這裡做伸展運動，同時聽主管們一口氣說完績效目標。然後她就出發上路，一邊掃瞄UPC條碼，一邊把多達上千項的商品放上貨架。「你有一個推車，上面有十四箱來自中國的廉價商品，」她告訴我。「讓我覺得沮喪的是，我知道所有這些東西最後都會被丟到垃圾掩埋場。」這令她很洩氣。「你會想到這些東西要運過來，得花掉多少資源，」她自言自語地說道，「可是它們都是『用完就被丟掉』！」這工作真是勞力又傷神啊。除了得在沒有盡頭的通道裡來回走動之外，還得彎腰、抬舉、蹲低、伸手去拿、在梯子上爬上爬下，所有這些作業都是在一座約十三個足球場大的倉庫裡進行，面積大到工人們都會用州名來確認自己在裡頭的方位，他們稱倉庫的西半部是內華達州、東半部是猶他州。

十月初的時候，就在琳達做滿兩個禮拜之後，她在臉書上貼文說：「如果我能撐完這份工作，我的身材一定會變得很好。我一直想著《超級減肥王》（*The Biggest Loser*）那個節目。」那是電視上一個減肥比賽的實境節目，「如果他們能辦到，我當然也能。」她也不斷告訴自己她從匿名戒酒會那裡學到的一句口號：「在奇蹟發生之前，絕對不要放棄。」

那個時候的琳達已經有二十幾年沒碰過酒了。早年她曾在這方面掙扎了很長一段時間，總覺得是在面對一個好像逃不掉的宿命。嗜酒這東西似乎印刻在她家族的基因裡，就算不是基因問題，她那嗜酒如命的父親也似乎是鐵了心要把這癮頭傳下去。琳達快高中畢業時，他就介紹她喝有氣泡的黑刺李杜松子酒。他每晚都用果汁機來調酒，再加上新鮮的檸檬和糖粉。他和琳達兩人晚上不睡，喝酒聊天。那時他已經開始在玩股票，於是會試著教她一些金融方面的知識，她當時覺得他是個天才。他們每天早上的例行模式都是他打開她的房門問：「你不去上學嗎？」她呻吟著說：「我還在宿醉。」他回答：「哦，可憐的寶貝！」然後輕輕關上房門。

長大後的琳達生活忙碌，各方面表現都很正常，只是嚴重酗酒。她曾短暫接觸過安非他命，不是為了提神，而是要讓自己比較不會喝醉。

琳達曾有幾次試圖戒酒，但就是戒不了。但有一次她在狂飲作樂了一個晚上之後，就決定不再喝了。那天她清晨六點才回到家，一進屋裡，就見孩子們都不發一語地看著她。「他們的表情說明了一切，那是對我的徹底失望，」琳達回想道。「等人回家是件可怕的事，你以為他們會回來，但卻沒有。對你所愛的人做這種事，是很不對的。」

經過這件事之後，琳達下定決心戒酒。這一次，她堅持了下去。只要她擔心自己在匿名戒酒會沒開課的時候會意志軟弱，便打電話給她的保薦人。奇怪的是，她也是從那裡學到了一些技巧來幫忙她熬過亞馬遜的冗長工時。比如她很擅長專注於眼前的挑戰，她會把大的問題切割成幾個可以處理的小問題，直到她覺得什麼事都難不到自己為止。

「你洗碗了嗎？好，先去把碗洗好，再打電話給我。」她的保薦人曾這樣告訴她。於是琳達跑去洗盤子和杯子，洗到杯盤都亮晶晶的，再打電話回去。「你把床鋪好了嗎？」這是保薦人的下一個問題。於是琳達又跑去鋪床，鋪完了，再打電話，然後再做完另一件事，又再去打電話……直到熬過一切為止。

＊＊＊

琳達不是唯一一個在倉庫裡受到磨難的人。十月一日，內華達州的美國職業安全衛生署（OSHA）接到申訴，說工人常因抬舉沉重的箱子而導致背部受傷。一周後，兩名稽查員前來芬利鎮的倉庫。他們檢查了亞馬遜的受傷紀錄表，並在亞馬遜經理的陪同下實地走訪整座工廠。整個稽查花不到四小時，當天稍晚就以一份官方報告結案，結論是：「倉庫裡常有拉傷的問題，包括下背肌拉傷在內，不過對於這種工作環境來說，是司空見慣的問題。」

除了體力上的勞累之外，琳達說最大的問題是這工作很無聊。她會跟自己玩心理戰來殺時間。「我在這裡只要再待五分鐘就好了，然後我一定走人，我要辭職。我受夠了。」她會這樣一再告訴自己。當她快要輪完班的時候，都是靠這方法撐到太陽快出來為止。然後她和她的同事就打卡下班，穿過一個有金屬檢測器和保全人員的崗哨，這是亞馬遜用來防內賊的方法（馬克・第耶曼（Mark Thierman）是雷諾市的律師，曾代表一群在亞馬遜的芬利鎮和拉斯維加斯倉庫工作的臨時工打官司，後者宣稱他們被積欠工資，因為他們每天都要花時間排隊通過倉庫的保全崗哨，有時甚至長達三十分鐘。儘管第九屆美國巡迴上訴法院於二〇一三年判決他們勝訴，但美國最高法院第二年又推翻了此判決）。

儘管無趣，這份工作還是有一點很令她感恩。她說：「這地方最棒的是這裡的同事感情都很好，我在這兒交到很多朋友。」

琳達是在亞馬遜認識希爾維安的，就是那位後來跟她一起去聖貝納迪諾山脈當營地管理員的占星師。希爾維安到「露營車勞動力」的芬利鎮倉庫打工之前，曾在她的部落格上寫道：

> 場景一：正離開新墨西哥州的北部，前往北內華達州去接一份露營打工客的季節性工作，為邪惡消費帝國的網路中樞擔任倉庫工人，等於是要深入虎穴短暫從事冒險。為了籌措第一階段的旅費，這是極端卻又必要的一步。

希爾維安是琳達在鼠尾草山谷露營車停放場裡的鄰居。她經常在那兒用一條有粉紅色背帶的牽繩遛她的貓雷拉。這個習慣竟使她成了當地的名人。哪怕是在倉庫裡，也有人走過來問她：「你是不是那個遛貓的？」

希爾維安跟琳達一樣也是晚班的理貨員。自稱是A型性格的希爾維安發現這份工作很令她抓狂。因為櫃經常是滿的，根本找不到地方放貨，以至於工作沒辦法完成。倉庫給人的感覺就像是卡夫卡的城堡，是專門設計來折磨凡事要求完美的人。希爾維安一直在看《女子監獄》（*Orange is the New Black*），發現自己老把囚犯的生活拿來跟自己的比較。一開始她一個禮拜會哭上兩三回（「我感情比較豐富，」她解釋道，「好尷尬哦，可是那是因為我太在意了。」），她的背總是很痛，以前不會這樣。以前只有在做外燴的時候，背可能會刺痛個一兩下，但從來不會這麼難受。而且她跟很多員工一樣都曾因靜電而觸電。在倉庫裡推著一台載滿塑膠箱的推車到處走，難免會製造出電荷，她後來這樣解釋道。有一次，她把推車推到一排金屬架前面，想把一本書放到最上層。她的手才在金屬架上面晃了一下，整條手臂便突然觸電，於是反射性地把手縮回來，書就朝她的臉砸了過來，害她嘴唇破皮，牙齦流血。那本書最後正面朝下掉在地上。她低頭望了一眼，竟看見封底照片上的西藏喇嘛正對著她笑。她後來說：「這是上帝在對我耍幽默。」（其實這問題不是現在才有。在希爾維安加入「露營車勞動力」之前，芬利鎮倉庫的工人這兩年來一直都在透過正式管道申訴靜電的問題。州政府到場做安檢時，亞馬遜的要員說他們知道問題出在哪裡，已經幫貨架連上了接地棒，另外也在推車上加裝金屬絲來幫忙釋放電流。但還是出現靜電的問題，於是他們又把一種叫抗靜電液的產品塗在地板上。其中一名要員說，這方法「已經使靜電事件減少了許多。」但稽查員的回報是沒有改善。）

琳達也跟珍・德格（Jen Derge）和艾許・哈格（Ash Haag）交上朋友。這對二十八、九

珍・德格和艾許・哈格擺出姿勢跟她們的露營車Manatee合影

歲的伴侶，十月初才來到鼠尾草山谷。她們住在一輛Manatee上，那是一九九五年分GMC的高頂露營旅行車，顏色是海軍藍和白色，是在前往內華達州的路上用四千五百美元買下的。賣主主動砍了一千美元賣給她們。原因是它已經放在他的停車場六個月，所以想要趕快脫手。

珍記得琳達第一次是怎麼把她們從旅行車裡叫出來的，還有她又是如何步履輕快地從旁邊經過，嘴裡不斷喊著「鬆餅，鬆餅！」大聲嚷嚷她做的早餐分量很多，歡迎大家一起享用。珍說：「你也知道琳達的個性，她是社交王！」那時艾許正在等她姪子寄信給她，收信人是寫「姑姑、珍小姐和旅行車收」。結果竟是琳達在露營車停放場的櫃台那裡第一個發現信寄來了。「於是琳達衝進洗手間喊道：『你在裡面嗎？』我說：『在啊。』然後她就說：『你在幹什麼？』我說：『琳達，我現在不太方便欸！』」艾許回憶道，「她又說：『你的信來了！』她實在好可愛！」

在成為游牧族之前，珍和艾許曾在科羅拉多泉市合租一棟屋子住，結果兩人在那裡碰上經濟不景氣，對工作前景不再懷抱希望。

珍從小到大，她的父母都是在金蘇普爾斯超市（King Soopers）工作，那是美國克羅格公司（Kroger）旗下的超市。而她父親很討厭那份工作。她父母總是說：「我們希望你們這些孩子以後可以過得更好。」同時不斷鼓勵她去念大學。對珍來說，獨立自主很重要，所以高中的時候她就開始到雜貨店裡當裝袋員和服務人員，時薪大概六塊美元。後來，她靠著獎學金取得專科學位。但她不覺得有必要再深造，她說：「到處都聽到一樣的故事。你經常看到那些拿到大學學位或碩士以上學位的朋友找不到工作。所以我看不出來自己有再回學校去念書的必要，哪怕我很熱愛學習。只是一想到要花那麼多錢，還得舉債……光想到這一點，就嚇死我了，所以我不想再回學校念書。」

珍在工藝品商店和幾家二手書店工作，後來成了某學校圖書館的助理。而這工作她做到最後竟成了圖書館裡一位軟體管理員的助手，由她來負責科羅拉多泉市的大半區域。珍很喜歡這份職務。她說：「這工作非常有趣，你可以跟所有圖書館員交流，進入他們的電腦系統，秀給他們看一些很酷的東西。」可是沒多久，她那位有碩士學位的老闆明顯被人逼退，工作全交由珍來接管，但薪水低很多。

「老一輩的人都有不錯的學歷，但是都被拔掉，改由技術人員填補空缺。令人難過的是，這些老一輩的人學歷很好，也賣力工作了這麼久，」珍說道。「這樣接下老闆的工作，總覺得好像背叛了她，因為她真的是一位了不起的女士。」

這時的珍也在想，不管自己有沒有去念大學，都絕不可能再找到一份像她老闆做的這種工作——因為現在的工作都被重新分類成比較低階的作業。「如果現在的勞動力都只著重於初階工作，那麼回學校還有什麼意義？」她思索道。

相較之下，艾許則是親眼見到她父母從中產階級裡頭跌了出來，她父親曾是電機工程師，薪水有六位數，卻在二〇〇一年被裁員。自尊心很強的他不願屈就低薪工作，至少在他們家的儲蓄用完之前，他是怎麼樣都不肯低就的。到了最後，在萬不得已的情況下，他只能早上去開學校巴士，晚上在渥爾瑪商場上班。

艾許說：「反正我是親眼見到我父母在他們六十五、六歲的時候，退休金化為烏有。你知道嗎，他們努力了一輩子的東西，就這樣消失了。然後隨著經濟的持續蕭條，你看見同樣事情發生在更多人身上。」雖然她總認為自己是「聽話的乖乖牌」，但她也不免擔心就算她照著社會規範走，過著中產階級的生活，也無法保證日後就有安穩的退休生活。她懷疑她這一代老了之後，社安退休金還在嗎？而且雖然她父母在她小時候就幫她加保了401（k）養老金計畫和高盛（Goldman Sachs）的個人退休帳戶，她還是擔心等到她需要用到的時候，它們會不會就不值錢了。

除此之外，艾許也還在和學貸奮鬥中。她當初貸了三萬美元，現在加上利息已經累積到三萬七千美元，這些錢只是為了讓她去掙個學位，但她花了六年的時間還是沒拿到學位。她覺得自己是被逼著念完高中，直接念大學。哪怕她深信在那個年紀的她，「根本不知道自己要什麼，需要什麼，更不知道自己有幾斤幾兩」結果最後什麼都讀了，從藝術歷史一路讀到物理。

艾許在大學求學期間和畢業之後，都曾在一家夫婦所經營的藥房裡工作。對她來說，那樣的環境很有家的味道。可是一場領導階層的人事地震改變了她主管的態度，她眼睜睜看著那些曾經忠心不二的老員工被逼退。她說：「我們的社會一直在朝這個方向轉變。他們不想要有老員工，因為這樣會有養老金，你還得不斷提高他們的生活費用。要是他們在公司年資很久，就會要求有一定對等的加薪。」她說新的管理階層「基本上要的就是隨時可以解雇的勞工。如果要有隨時可以解雇的勞工，就得要有隨時可以撤走的工作。所以每個作業都得變得自動化。」

這時候的珍也一直在網路上搜尋一些可以隔一段時間就輪替做的工作。她搜索過極簡主義（minimalism）和迷你屋運動（the tiny house movement）。此外，她也發現了CheapRVLiving.com這個網站。漸漸的，她開始覺得自己好像已經找到方法。對艾許來說，搬進車裡成為游牧族，一開始並不是一個吸引人的選擇。她想到那部經典的綜藝直播節目《周六夜現場》（*Saturday Night Live*）裡的一齣幽默短劇，克里斯・法里（Chris Farley）扮演一個叫麥特・法里的車居客兼勵志演說家，他警告小朋友們要學好，除非他們也想要自己的下場跟他一樣只能住在車子裡。艾許說：「我的第一個念頭是，我們以後就會像那傢伙一樣對著別人說：『我住在河邊的車子裡！』」儘管如此，她還是欣然接受這點子。

她們原本的計畫是住在一輛速霸陸（Subara）的Impreza掀背旅行車裡，靠它來輪替進行工作謀生和冒險玩樂這兩件事。這部車以前是珍母親的，現在送給了珍。但是她們發現這輛車其實不太適合睡在裡面。雖然後座可以折疊，但沒有足夠空間躺平，除非你把東西塞進前座後面的腳踏板，充當頭墊。儘管如此，珍和艾許還是盡量做好萬全準備。珍把黑色毛氈割成大塊狀，再當成魔術貼一樣黏在車窗上保護隱私。為了減輕私人物品，她們也在分類廣告網站Craigslist貼了文——路邊二手貨：免費自取。然後把她們不再需要的東西全搬到草坪上。貼文裡要求大家早上九點來，結果才八點半，地上東西就被搬空了。「只要你說『免費自取』，大家就一定可以幫每樣東西都找到用途。」艾許說道。「有人連垃圾都拿走！」（她猜對方可能誤以為那也是二手貨。）

她們的第一場冒險是去科羅拉多步道健行。從丹佛到杜蘭戈（Durango）的步道總長四百八十幾英里，就算你一路不停下來，也要走五十二天才能走完。她們完成這項壯舉之後，便前往芬利鎮的亞馬遜倉庫。起初她們的計畫是接下「露營車勞動力」打工專案的工作，下班後就睡在速霸陸裡（「但這根本不可行，」珍客觀說道，「我們絕對撐不下去。」）。還好她們找到了那部Manatee旅行車。只是買下它之後，兩人就阮囊羞澀了。

這對伴侶在鼠尾草山谷露營車停放場安頓好之後，便決定要騎腳踏車去倉庫上班，她們心想騎腳踏車去會比較好玩，因為路面大多平坦，還可以省下油錢。只是沒想到珍的其中一個輪胎有點漏氣，她們每十五分鐘就得停下來打氣。結果整整花了她們三個小時的時間才抵達，但還好有準時趕上第一天十小時的班。等到她們凌晨五點下班準備離開時，天還是黑的，空氣冷到牙齒不停打顫。她們只好在渥爾瑪商場那裡停下腳踏車，買了些禦寒衣物，再跟著上班的車流一起迎接東升的旭日。「我們後來變得很有名，大家都知道我們就是那兩個騎腳踏車來上班的女孩。」珍一邊說一邊大笑。有了這次經驗之後，她們決定如果要省油錢，以後若有值班，就把車停在倉庫附近。於是她們把Manatee停在渥爾瑪商場或加油站裡，等休假時，才開回鼠尾草山谷露營車停放場。

擔任理貨員的她們發現到先前的健行經驗對她們很有幫助。不過珍說：「我們也是很久才習慣那些彎腰和屈身的動作，但是做了一兩個禮拜後，你會開始長肌肉。你看到那裡的人年紀都很大，心裡就會想：『哦，天啊，如果他們做得來，我還有什麼好抱怨的？』」

但艾許發現這種工作「既單調又孤立」。為了不讓自己太無聊，她有時候會想辦法自娛，比如把貨品放上貨架時，會故意在配對上用點創意。像是她會把一盒保險套放在一盒驗孕棒的隔壁。她也會使用亞馬遜網站上的願望清單，將貨架上那些很妙和很令人大開眼界的垃圾玩意兒全記載下來。其中包括活生生的蠟蟲；五磅重的甘貝熊軟糖；潛水伕的魚槍；一本叫做《有二頭肌的維納斯：肌肉女的畫報歷史》（*Venus with Biceps: A Pictorial History of Muscular Women*）的書；一只尾部連著長毛絨的肛栓；已經淘汰、約一磅重的美國硬幣；有四個腿洞、供兩人穿的棉製內褲；還有一個以蝙蝠俠為主題的假陽具。*

到了十月底的時候，芬利鎮的氣溫驟降到零度以下。就在萬聖節左右，露營車停放場飄落了一點雪。到了感恩節前一個禮拜，真的下雪了。十二月的氣候突然變得嚴寒，氣溫只有個位數，有一天晚上還零下兩度。這麼冷的天氣要睡一場好覺，除了一條被子和一條軍用毯之外，珍和艾許還把所有衣服都穿在身上，再埋進一堆棉被和睡袋裡。在工作日的晚上，如果她們有把車子偷偷停在倉庫旁邊，睡前就會先用一台Little Buddy丙烷電暖爐烘個十分鐘。她們會把腳擱在暖爐上面，然後就看見工作了十個小時所流的汗水被烘成了一縷縷白煙。雖然夜班讓她們覺得自己累得快成「亞馬遜殭屍」（Amazombies）[10]，但還是很慶幸自己選了夜班。「因為一天下來冷到最讓人受不了的那幾個小時，我們都待在暖烘烘的倉庫裡，這樣就夠了。」艾許說道。

當冬季寒流襲擊鼠尾草山谷露營車停放場時，琳達有個也在「露營車勞動力」裡打工的鄰居，叫做卡爾（Carl），他住在帳篷裡，值的是日班。由於琳達整夜都在倉庫值班，因此她要他到她車子裡睡覺會比較溫暖（為節省丙烷桶的燃料費，她都會從停放場的電力設備那裡接電過來給一台電暖氣），但卡爾總是說：「不用了，不用了，我沒事，我可以。」在此同時，哪怕是那些最有經驗的露營車車主也都在努力抗寒。有些人使出了一些禦寒的招數，譬如把水管用電熱膠帶包起來，還有用會反光的氣泡墊絕緣材料將窗戶封住（幾年後，亞馬遜為「露營車勞動力」的求職者開了一個網頁，主題是「如何幫露營車抗寒」，建議大家用膠膜來包覆窗戶，再用反光的絕緣材料裹住通風管。他們還提供幾個連結，好讓網友可以點進去購買這兩種材料。點到哪裡去呢？那還用說，當然是亞馬遜網站）。不過寒氣還是不可能完全杜絕。琳達的水管線路就斷了。她試圖拔掉污物管時，發現裡頭的污水都結冰了。「裡面有一大坨屎，超噁爛的！」

菲爾・迪皮爾和蘿賓・迪皮爾（Phil and Robin Depeal）這兩個密西根人以前經營過廢料廠，也一樣得在寒冬裡奮戰。他們買了一台泛光燈，試圖利用它來融化結冰的污水管，但完全沒用。這時候，琳達的偶像之一、部落格吉寶之旅的吉姆・馬爾文，也就是當初指點她去找亞馬遜季節性工作的那個人正匆忙進城，要幫琪卡，也就是他那兩磅重的吉娃娃買個寵物電暖床和一台小型電暖器。

琳達開始想像自己的下一個目的地，她覺得應該去一個比較溫暖又不會太累的地方。她

＊作者註：對很多臨時工來說，美國人對性玩具的癖好——這可以從亞馬遜網站裡進進出出多少形色各異的性玩具看得出來——向來是令他們著迷的話題。雖然大部分的「成人玩具」從進料台一送進來，就被裹在黑色塑膠袋裡，偶爾被壓到會發出短促尖厲的聲音之外，根本沒人注意到。但有一位「露營車勞動力」的理貨員很是得意地回憶道，她有一次收到一箱裝有吸盤的假陽具，共六十個。她就把它們一個個用吸盤貼在存放櫃的正前方，讓它們全立在那裡。「只要你轉過那個角落，你就會看到那條通道上一整排雞雞，」她一邊說一邊大笑。「當然，我們都會奔相走告，跟每個人說：『快到C23那裡看！』」如果是平常，她會擔心主管不高興，但是「都剩下兩個禮拜就要走人了，誰管他們說什麼啊？」

10 把Amazon和zombie合在一起的英文諧音。

跟她的多數鄰居一樣計畫到亞利桑納州闊茲塞特附近的公有地紮營。那塊地位在索諾蘭沙漠（Sonoran Desert），是外地工人心目中的香格里拉，吸引成千上萬的冬季訪客。整個季節活動不斷，除了舉辦過成千上百場讓人放鬆的社交聯歡會之外，也會出現占地好幾英畝的易貨市集以及以奇石收藏家和露營車愛好者為目標的各式展覽。琳達等不及想見識一下其中一場聯歡會，也就是一月的橡膠浪人會。當她跟珍及艾許提到這個聚會時，後者雖然聽說過，但還在考慮離開亞馬遜之後要做什麼。最後她們決定加入她。珍回憶道「我從來沒有把RTR這件事排進我們的行程裡，不過當琳達提起時，我就想說，『好吧，我們去見識一下。』」希爾維安也計畫前往。

可是冬天不會這麼輕易離開。她們有幾周必須強制性加班，每周工作五十小時。隨著聖誕節腳步的接近，所有貨架上的存放櫃都塞滿了貨品，那是理貨員的惡夢。艾許說：「有近一個半月的時間，倉庫的容納量已經達到百分之一百二十。所以不管你什麼時候掃瞄存放櫃，想放東西進去，掃瞄槍都會出現伊伊歐歐的聲音，你就得等一下，再去試掃下一個存放櫃。大家走來走去像瘋了一樣。根本沒空間放東西，害你真的很想拿自己的頭去撞牆。」理貨員再怎麼受挫，還是得繼續尋找有空間的櫃子存放貨品。在此同時，主管們也要求他們動作快一點。速度要加快、一定要達標。根據亞馬遜後來的描述，那段時期是有史以來最忙碌的假日旺季。光是十二月二日當天（亦即網購星期一，也就是感恩節過完的第一個星期一），顧客就訂購了三千六百八十萬個商品。換言之，平均每秒下單四百二十六張。這使得該公司二〇一三年的總收入破紀錄地衝高到七百四十四億五千萬美元。

而在這段期間，琳達出現了健康危機。雖然她的右手腕因長時間使用UPC掃瞄槍而被拉傷，但她一直都撐得下去。可是十二月十五日那天，離她最後一天工作還有兩個禮拜時間的時候，她竟開始出現暈眩的毛病。她不知道是什麼原因引起。別的工人也會覺得暈眩，有人認為那是因為倉庫空氣不好。琳達硬撐了一個小時，可是再怎麼深呼吸也沒有幫助。於是一名同事送她去醫務室，那裡的醫護人員幫她量血壓：六十／四十八，血壓低到一定得叫救護車。

雷諾市的醫院位在亞馬遜倉庫的西邊，車程半小時，醫院幫琳達做了電腦斷層和X光，但還是沒辦法確診。「醫院的護士說可能是什麼東西壓迫到我的迷走神經，」琳達回憶道。「這會讓你昏過去，失去知覺。也有可能是因為太緊張的關係。」她語氣懷疑，因為她不認為有逼自己那麼緊。反正不管怎麼樣，他們的建議是，回去找她的主治醫師繼續追蹤。「如果我有主治醫師的話，我當然會去找。」她說道，同時大笑。我在平價醫療法案（Affordable Care Act）正式生效前認識的其他露營打工客也都跟琳達一樣沒有保險。由於沒有人載她回鼠尾草山谷露營車停放場，她只好花一百七十二塊美金叫計程車載她回去。後來那幾天，她人還是很虛，於是請了幾天無薪假。

「露營車勞動力」的工作快結束了。大部分的臨時工都在聖誕節前離開，好跟遠方的家人團聚過節。琳達志願留到十二月三十日，因為她想盡量多賺點錢。再說，她也沒有心情過什麼節。在熬過了四個多月的大夜班之後，她已經老僧入定到一種神遊的境界，只有右手腕的莫名刺痛會令她突然驚醒，原因是右手長時間拿著掃瞄槍。這種工作就是要你不用花任何腦筋不斷重覆同樣動作：把貨品放進架子；拿掃瞄槍瞄準一個又一個的貨品；扣動和托住板機；等出現嗶嗶聲，就表示紅色雷射光已經找到標識，也就是條碼，然後再續掃下一個。這種工作除了薪水之外，還能有什麼其他樂趣呢？琳達掃瞄的每一個項目都只是圖片裡的一個像素，這使得她情緒愈來愈消沉。有些「露營車勞動力」的臨時工會自稱是聖誕老公公的小精靈。這想法可以令他們感到自豪，因為他們是幫忙聖誕老公公送出禮物，散播歡樂。但是琳達並沒有被聖誕節沖昏頭，她不覺得自己是小精靈，反而比較像是在這世上一台超大型自動販賣機裡面的一個小齒輪。她已經做到麻木了。她說：「在看過這麼多垃圾禮物之後，我只想跟聖誕節徹底脫鉤。」她只寄了禮物給她的外孫們，除此之外，完全視這個節日為無物。當倉庫在聖誕節當天關閉時，她也把自己關了起來，一整天下來都獨自一人，躲在自己的露營車裡休息。

但其實在那股疲累底下，有一股得意也正逐漸甦醒。琳達完成了目標，她以露營打工客的身分熬過了前半年，做完了兩份季節性工作，也就是營地管理員和「露營車勞動力」的倉庫理貨員，同時也慢慢習慣了露營車的簡樸和游牧生活。她覺得她自給自足，很是自由自在。但這只是開始而已，下一步是找到一個屬於她的部族、一個社群，有些游牧族稱這個社群為「車居家族」。而車居家族最棒的聚會就是兩個禮拜後的冬日橡膠浪人會，即將在闊茲塞特舉辦。

「我要離開這鬼地方！」她心想道，「我們就油門踩到底，出發吧！」已做好準備，只想找個溫暖的地方好好休假的她，就這樣出發前往亞利桑納州。

正當「露營車勞動力」的臨時工都紛紛離開芬利鎮去迎接新年時，只有一個人仍留在原地。他是唐恩·惠勒，就是那位以前曾坐著噴射機到處飛的軟體工程主管。他曾經寫過一首跟露營打工有關的讚美詩給我，並以假名出現在我這本書裡。唐恩是我第一個認識的「露營車勞動力」臨時工。他頭腦聰明，很會逗人開心，也很會說故事，花了很長的時間告訴我公路上的所見所聞。他在「露營車勞動力」裡的班表原本是要在十二月二十一日宣告結束，而且已經想好離開之後，有哪些計畫要去做，包括前去體驗一下闊茲塞特那裡的活動（他稱那是「怪老頭們的火人節〔Burning Man for geezers〕」），還有要拜訪他在科羅拉多洛磯山（Colorado Rockies）的幾位老朋友。但沒想到亞馬遜竟然要提供唐恩整整一年的全職工作。「露營車勞動力」臨時工這個專題報導我已經做了快三年，還沒見過這種事。「嘿，我都七十歲了，還有誰可能這樣雇用我？」他在電子郵件裡開玩笑地說道。套句公司的行話，唐恩就要成為「亞馬遜的合夥人」了。他也將在倉庫裡面成為「露營車勞動力」工人和其他臨時工口中，帶點嫉妒，甚至嘲諷的語氣：「那個有別藍證的」。藍證就是指正式員工身上別的那種藍色工作識別證。

在另一封電子郵件裡，他拜託我不要寫出他的名字。他是這樣解釋的：

一個剛當官的人，是不敢冒著生命危險亂說話的，不然恐怕會被分屍或有更慘的遭遇。所以我現在有點擔心。以前不一樣，以前的我是露營打工客，面對這樣一個笨拙、沉悶乏味又公司化的美國，我愛怎麼漫不經心、無所顧忌都可以。但現在我成為他們的其中一分子。而我需要這份工作……

我承擔不起成名的風險。萬一我突然出現在全國新聞媒體上，就算只是花絮新聞，人資也會把我砍了，於是有一天，當我要進倉庫時，卻發現我的識別證不讓我進去。這就叫做「亞馬遜的冷對待」，簡稱ACS（Amazon Cold Shoulder），到時我根本沒有地方可以求援，因為我只是一個可以被隨意終止工作合約的員工。

很抱歉我看起來好像很多疑，但是人資不是我的朋友，儘管他們一再宣稱他們是。但他們的角色只有在擺脫壞蛋員工和麻煩製造者時才會受到肯定。我不像托洛孔尼科娃那麼勇敢，也沒長得那麼好看。*

不到幾個月，唐恩就還清了債務，補牙時不用再只能付現，另外還買了新的眼鏡，也開始存羅斯個人退休帳戶（Roth IRA），更打算存錢買台哈雷機車。

＊作者註：，俄羅斯有個很愛唱反調的龐客樂團暴動小貓（Pussy Riot），唐恩寫這封電子郵件時，它的成員托洛孔尼科娃（Nadezhda Tolokonnikova）才剛從西伯利亞監獄被放出來。

第六章　聚會所

這是一個平和的地方，這座營帳——猶如輪子上的伊甸園，有它自己的選擇，全年跟著和煦的天氣走，它是一個避風港，住在裡頭的人把自己的生活對好焦，全壓縮進這最小的空間裡，是空間收納與行動力的奇蹟。

——懷特（E. B. White）

當你開在十號州際公路上追著一月的落日往西行時，會看見沙漠裡的奇景。多姆羅克山脈（Dome Rock Mountains）的山腳下有無數個閃閃發亮的金色小點點，彷彿那幾座山峰被一塘波光粼粼的大水池包圍。近距離看，原來發亮的點狀物是無數輛露營車的擋風玻璃所捕捉到的最後一道日光。這裡是亞利桑納州的闊茲塞特。位在洛杉磯和鳳凰城之間的它，一年當中大多時候都處於休眠狀態，堪稱一座遺世獨立的偏遠小鎮，鎮裡有兩家卡車休息站，氣溫高到足以害你產生幻覺。在近乎煉獄的夏日裡，鎮裡只有不到四千名居民，地上風滾草的數量都比訪客人數來得多。但每到冬天，白天氣溫愈來愈宜人時，就會有成千上萬的游牧族從加拿大和全美各地陸續來到這裡，使小鎮頓時變身為一座大都會，大家都稱它為「聚會所」。來這裡的人有些是從寒帶來此避冬的候鳥老人，成天悠悠哉哉的（這些退休人士要不是有優渥的退休金，就是幸運到儲蓄存款沒被二〇〇八年的經濟崩盤給壓垮）；有些是倖存者，只能緊抓著社會契約那張破爛的紙，苟延殘喘。他們的境遇反映在那些流動住所沿著大街列隊行進的陣仗上。

一輛輛的汽車和卡車拖著各式各樣的流動住所來到這裡，從閃閃發亮的鋁製Airstreams露營車，到經過改造、加了門窗的改造貨櫃屋，以及尺寸等同三角帳篷的淚滴形活動房屋都有。你可能會看到一棟有人字形屋頂窗的迷你屋、雙車軸的底座上還有鏤空雕花。或者是一台卡車拖了一艘住了人的帆船，它離水上岸地停靠在這裡，充當臨時的豪華寓所。也有幾十輛已經停用的校車，其中幾輛的車身顏色還是跟二B鉛筆一樣黃，另外幾輛則用噴槍繪出荒野風景或極具迷幻效果的旋渦圖案。有些校車被精心改裝成一棟住所，內有沙發也有柴爐；少數幾輛則是住人兼做生意。有一輛叫做公車站冰淇淋和咖啡專賣店，車身像彩虹一樣五彩繽紛，頗有復古風，看起來車主可能是一位現代版的肯．克西[11]，義式濃縮咖啡是他首選的毒品；還有一輛校車是打鐵匠的工作室，上面繪有鐵鉆的圖案和一句標語：靠榔頭和手來回收利用社會上的廢棄物。此外也有破爛的小皮卡貨車，小棚屋就直接搭建在它們的後車斗裡。但最頂級的第五輪露營拖車也有，車上還配備衛星碟形天線。另外也看得到裝載了太多家當、車身不勝負荷到底盤

11 Ken Kessey（1935-2001），美國小說家。

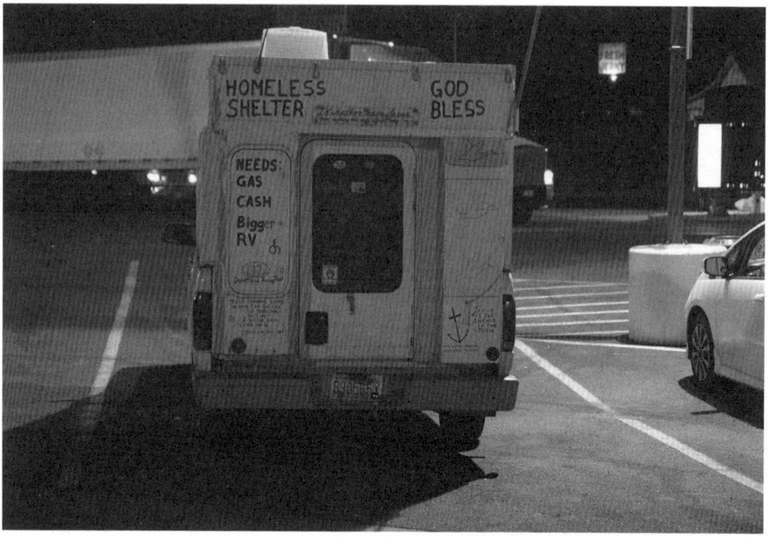

一輛露營皮卡車停在闊茲塞特的麥當勞停車場上，車後面印有宗教性文字，也有懇求援助的文字

都刮到柏油路的破舊汽車。有些車輛非常整潔、一塵不染，鍍鉻飾條在陽光下閃閃發亮。但也有的車子鐵鏽斑斑，排氣管冒出濃濃黑煙。有幾輛甚至懇求捐款。其中一輛旅行車在車頂綁了一個空的汽油桶，上頭漆了幾個大字「幫忙我家做個小生意吧」，然後還秀出「資助我活動」的網址。有一輛老舊的露營皮卡車在車的背後以乾淨俐落的黑色字體寫著「流浪漢之家」和「神的祝福」，下面是願望清單：「需要汽油、現金、更大的露營車」。

值得注意的是，你絕對不能憑露營車的大小來判斷車主的經濟狀況。比如說有些停在露營打工地點的露營車很像是高級遊艇，讓人誤以為是有錢人來這裡度假。我在剛開始訪問亞馬遜「露營車勞動力」臨時工暫棲的露營車停放場時，就曾經很好奇，那些裝著衛星碟形天線、全身閃閃發亮的陸上遊艇來這裡做什麼？後來我學到兩件事：第一，有少數的露營車停放場也是高薪的油田工人暫時棲身的地方，而他們有的是錢去買又炫又貴的東西。第二，很多人的露營車還沒還清貸款，這就跟住宅市場一樣，車主有可能透支，被債務追著跑。所以露營車也可能害你背債。

車流緩慢行進，但大家似乎都沒在趕時間。路上除了拖車式活動房屋之外，還有剛從沙漠裡玩回來、外觀風塵僕僕的全地形越野車。騎士們都披著頭巾、戴著護目鏡，看上去就像剛被糖果店灑滿糖粉。貨櫃車緩緩駛進擁擠的卡車站，把迴車道塞得動彈不得。在十字路口那邊，坐在電動代步車上的老人家和忙著把體形嬌小的愛犬塞進狗推車的中壯年人，都在等人行穿越道淨空。人行道路邊緣坐著綁著細髮辮的青少年和背著破舊背包的二十幾歲年輕人，他們自稱是硬殼龐克（Crust Punk）、髒小鬼（dirty kids）、旅者和彩虹族（Rainbows），彩虹族乃是引用自常有多人聚會的彩虹家族聯歡會（Rainbow Family gatherings）。這些小鬼當中有些人想搭便車出城，他們要去尤馬（Yuma）、去鳳凰城或任何地方。也有人拿著厚紙板，想索討一點現金。但他們不認為這是在討錢，這叫「舉牌」、「偷牌」[12]，或找零（spanging，找零錢〔spare-changing〕的簡稱）。當你沒有油錢的時候，就會這麼做。很多老人家看見他們在索討，都擺出一付臭臉。不過還是有人陪他們玩了起來。一位滿頭白髮、在一元商店（Dollar General）工

12 jugging，在橋牌中，為了贏牌，會先出小牌，保留好牌，這種手法叫做偷牌。

作的收銀員，拿了兩個六罐裝的美樂真釀啤酒給一個穿著棕色帽T、綁著金色髮辮的傢伙。後者沒給她錢，反而玩笑地給了一大把彩色石頭，收銀員大笑出聲。在郵局裡的排隊隊伍裡，有個侯鳥老人跟一個留著八字鬍、四處漂泊的年輕人吵了起來。人類的靈性存在究竟是超越了這個星球？還是把這地表搞得像垃圾場一樣？暮色降臨，年輕的孩子們都退回沙漠裡的營地，他們圍著營火輪流喝著一瓶威士忌酒，胡亂彈著吉他，烤熱狗，捲大麻煙，慢慢殺時間。

鎮裡多數餐廳在晚餐時間都擠滿了人，才傍晚他們就開始營業了。在一家人氣很旺，店名叫笨阿爾的店的披薩店裡，有很多老人家正在跳滑步舞（Electric Slide），他們聽著室內樂團演奏，其中一個曲目是裸體淑女合唱團的歌，歌詞一開始就是「如果我有一百萬，我會買棟房子給你。」在平常日的時候，這些老人家只能在店裡唱卡拉OK。一個乾癟的婦人戴著紅色草帽，騎著電動代步車，進入舞池，用顫音唱著〈從我的後門望出去〉（*Lookin out My Back Door*），這是清水合唱團的歌。吉他獨奏時，婦人就騎著電動代步車在場中央8字形地跑來跑去，把觀眾逗得大笑。

大街上的餐飲店和洗衣店全都人聲鼎沸，顧客們上門要填飽肚子、洗衣服，甚至想梳洗自己。在店的後面，沖澡索價七美元，再加上一堆規定，包括沖澡不准超過二十分鐘，禁止抽煙，不准在裡面染髮，還有不准穿鞋子進淋浴間。警察正在跟逗留在側門的彩虹族爭吵不休。洗衣店裡的一名顧客叫嚷著彗星就要摧毀宇宙（還有歐巴馬根本一籌莫展）。一個頭髮花白的老翁坐在停車場裡，背靠著鐵絲網圍籬，不停地拋丟石頭，讓一隻盡責的杰克羅素梗犬叼回來給他。「他是個石頭控[13]！」這男的看見我在看他們，於是放聲大笑地這樣說道（在沙漠裡搜找半寶石的人被稱為奇石採集者，也是當地的一種熱門活動）。

在這裡忙著撈錢的還不只餐飲店老闆而已。每一年都有眾多商販光臨闊茲塞特，他們搭起臨時攤位或者把淡季拉下來的店門重新打開，然後在全鎮裡張貼廣告。一名商品宣傳員大聲喊道：「我賣的自走式露營車是闊茲塞特最乾淨的露營車。」他的照片更出現在一堆海報上，那一嘴燦笑的白牙白到讓人看得心慌。一個叫做「少付一點錢的露營車」的競爭對手在廣告上叫賣：「這交易不是幻覺，是真的。」另一家車商拉麥薩露營車把「免費鬆餅早餐」的橫幅廣告掛在店門外，於是一個禮拜有六天早上，老人家們都會在一間叫做銀扣顧客招待所的房間裡排隊等熱騰騰的早餐，他們用餐的地方是一個不斷用電視播放自走式露營車廣告的空間，只不過大部分的人都買不起這種車（這些老人家索性把不斷播放的電視廣告，當成救濟食堂裡會出現的那種長篇佈道，只要無視它那強迫中獎的背景噪音就行了）。除此之外，還有幾十家露營車的物料供應站和維修站，無論是廢棄物傾倒站、太陽能板商、擋風玻璃流動維修店，應有盡有。有些店故意用很蠢的店名來凸顯自己：好打發加油站、一根腳趾卡車、露營車直腸科醫生。也有的採用較高姿態的訴求，譬如夏托爾車體線條彩繪店就搭了一座帳篷，頂上放了一個巨形的十字架和一個招牌，上面寫著「美國的希望，耶穌庇佑下的美國」。

---

13 rockhound，也是奇石採集者的意思。

每個人都想快速撈一票，所以都保證自己給的是史上最低價。其中一個招牌說「我們折價賤賣」，另一個說「全數出清」。在二手雜貨專賣店，也就是所謂的「瑕疵品」店裡，來購物的人會發現這些打折食品不是外盒曾被壓到就是罐頭被撞過，而且都過了賞味期限。另外有一家店叫「交易成癮」，店面外觀是很俗豔的粉紅色，你可以在裡頭買到三片十塊美元的DVD和過期的維他命。「這地方真是怪得離譜，」一個購物者在網路上這樣寫道，「活像是大學宿舍房間和被廢棄的凱馬特商場（Kmart）雜交生下的私生子，粉紅得像兒童喝的感冒藥水，然後再冠上一個阿狗阿貓的名字。」

闊茲塞特端不出城市佬心目中的那種文化水平，不過幾乎大部分的人都會去大街東端一家叫讀者綠洲的書店。這家書店的老闆是一個七、八十歲的天體主義者，他叫保羅．溫納（Paul Winer），他的皮膚就跟被拋光過的皮革一樣，經常穿著一條丁字褲在通道裡晃。天冷的時候，就再加件毛衣。保羅之所以有能力繼續經營這家書店，嚴格說來，是因為這不是一棟永久性結構物，所以稅賦很低。它沒有實牆，只是在混凝土板上搭個頂篷而已，然後地上鋪一層防水布，再連上幾個貨櫃和一棟拖車式活動房屋。《活動房屋生活》雜誌（*Trailer Life*）稱它是「終極版的闊茲塞特建築」。早期的時候，保羅是以甜派（Sweet Pie）這個藝名到處巡迴演出，他是一位裸體的布吉伍吉爵士樂（boogie-woogie）鋼琴師，向來以他的合唱曲〈去他的開不起玩笑〉（*Fuck'Em If They Can't Take a Joke*）聞名。他到現在都還偶爾會在店鋪前面的一台小型鋼琴那裡自彈自唱，那地方距離被小心遮蓋起來的成年書區不遠。這家店也有基督徒區，但是坐落在店的後面。保羅經常得幫顧客帶路，「他們都是跟著我的光屁股去找聖經。」他堂而皇之地說道。

比較崇尚舊派宗教的人多半是去大街的另一頭，也就是讀者綠洲的西側，那裡有一間紫色和白色的大帳篷屋，叫做帳篷牧師最後的感召。那裡的培靈會在準七點開始，一位巡迴講道的牧師會彈著一把金色的斯特拉托卡斯特吉它（Stratocaster）來宣揚耶穌的光。他喊道：「那道光會在全世界被看見！不只在這座帳篷，不只在闊茲塞特，不只在亞利桑納州，它是很大～～的光！更大更美的光！」禮拜過後，教友們就會走近講壇，等著被抹上油膏。牧師說著方言，抓住他們的肩膀，鼓勵他們用信心往後仰倒在會眾等候中的手臂裡——就連一名撐著拐杖的婦人也照樣往後仰倒。

每年都有成千上萬的游牧客參與闊茲塞特的冬季盛事。這座小鎮只有三間很小的汽車旅館，卻有七十幾座露營車停放場，它們的名稱都悠閒到令人很是嚮往：亞利桑納太陽、沙漠綠洲、假日棕櫚、唉呀幻覺、天堂島、冬日避風港、風景如畫路（最後一家店還有個座右銘：「在慢車道上享受慢活」——這句話堪稱推銷話術的代表）。他們的收費是一個停車位每晚三十美元，車位可能是柏油路面也可能是礫石路面，可以連上水電設施和污物排放管，有地方沖澡，也有洗衣間，有時還會附上WiFi和有線電視。很多停放場都禁止未成年的訪客進入，意思是「那些在艾森豪政府之後出生的人」請勿進入，甚至張貼警告標示，上面寫著：限五十五歲以上的人士方能進入。一名《蘇格蘭人報》（*The Scotsman*）的記者在描述這一幕時，戲稱它是「侏儸紀時代的露營車停放場」。

不過待在闊茲塞特的人大多懶得理會那些露營車停放場，反而聚集在租金低廉的地區，譬如鎮外的公有地，就活像現代版的拓荒者蜂擁擠進掏金熱的地點一樣（「是老人熱的地點吧！」那位《蘇格蘭人報》記者取笑道）。他們紮營在混雜著沙土和礫石的硬質地面上，也就是所謂的「水泥地」。他們不會為了取得便利的水電設施而住在付費營地裡，反而採原始野營方式，利用太陽能板和瓦斯驅動的發電機來取得電力，再用水罐和水箱取水。他們犧牲物質享受，靠大自然的美景來補償。沙漠裡有狀似張開雙臂的巨型仙人掌，體形猶如電話亭般粗壯高大。他們把露營車停在仙人掌旁，遠望之下，就像車子被拴在一根根巨型的拴馬柱旁。他們多半沿著沙漠乾河床的邊緣群聚紮營，在石炭酸灌木、牧豆樹、鐵樹、佛得角樹的林木裡尋找蔭涼的地方，但是能遮蔭的地方很少。長鼻袋鼠、鵪鶉、蜥蜴、蠍子，和到處遊蕩的土狼群會與他們為鄰，夜裡的吠叫聲剛好跟他們發電機的嗡鳴聲有得拚（這裡也有響尾蛇，但大多在冬眠，到了春天才會出來。那時熱浪將掃過整片沙漠，清空多數的人類訪客）。露營客進駐這裡的時候，會同時搬出自家的門墊、烤肉用具、戶外涼椅，並打開遮陽篷、人造草皮和防水地毯，再升起彩色的旗幟，甚至搭建出有護欄的狗狗運動場。看上去就像是掀背車打開後車廂後，一路往外擺出來的派對陣仗。這幅景象被《國家地理雜誌》（*National Geographic*）一度稱之為「美國最大型的停車場」。除此之外，還有其他許多別名，包括「老人家的春假」和「窮人的棕櫚泉」。

這些對外開放的沙漠都屬於聯邦直轄區，由國有土地管理局（Bureau of Land Management）負責管理，內有免費的露營場地，很歡迎游牧族前來紮營，但一次最多只能住兩個禮拜。兩個禮拜後，就得離開，遷移到距離至少要有二十五英里外的另一塊聯邦政府所屬沙漠區，再不然就得搬進拉帕薩長期訪客區（La Posa Long Term Visitor Area），它位在闊茲塞特的南側，占地超過一萬一千英畝，但是在那裡紮營必須每天付四十美元，至多待兩周，不然就得付一百八十美元，可以待七個月。紮營許可證是一張顏色很亮的貼紙，上面有一隻長鵑鳥的圖片和很大的雪花圖案。一旦許可證被貼上擋風玻璃，似乎就待在那裡原地不動了，它像某種祕密會社的徽章似地，可以在淡季期間為闊茲塞特那些相距遙遠的游牧族確認身分。

從十二月到來年二月，預估有四萬多名露營車車主會在闊茲塞特附近的沙漠地紮營。比爾・亞歷山大（Bill Alexander）總是看著他們來來去去，好像從來沒有歇止過。他是國有土地管理局尤馬駐地辦公室的戶外娛樂活動規畫員兼公園總管理員，在這裡已經工作了十七年。他說這麼多年以來，露營客的睦鄰友好態度最是令他刮目相看。「我們可能會看到一個傢伙騎著一輛自行車來到這裡，用牽繩牽著一隻狗，就地搭起帳篷，旁邊的鄰居赫然是一台價值五十萬美元的客製化自走式露營車，但他們完全能和樂相處。」比爾這樣告訴我。「這種能互相和平共存的基礎就在於，他們都想好好享用這塊公有地，而這塊地是平等屬於每一個人的，不管你是騎腳踏車來還是開自走式露營車來。」

他的觀察也呼應了艾莉絲・戈頓柏格（Iris Goldenberg）的看法。艾莉絲是我在芬利鎮

艾莉絲・戈頓柏格用手托住她的鸚鵡卡斯帕

認識的一位亞馬遜「露營車勞動力」臨時工。六十二歲的她住在一輛十英尺半的Carson Kalispell拖車式活動房屋裡，同住的還有西施犬麥迪遜（Madison），愛情鳥潘丘（Pancho），和一隻話很多的非洲剛果灰鸚鵡卡斯帕（Kaspar），後者這名字是以十六世紀的一位神學家來命名。她提到闊茲塞特這個地方的時候，我們都正擠在她的活動房屋裡聊天。那時我還沒聽過這座鎮。她就跟比爾一樣很是讚嘆那裡模糊的階級界線。其實要想對抗現代美國的社會環境氛圍並不簡單。用收入來做區隔的街坊社區正在崛起，它們會把有錢人隔離在窮人區以外。但闊茲塞特完全不一樣，「它是大家的後院，」艾莉絲解釋道，「不管你有錢沒錢，這裡都歡迎你。」

當艾莉絲第一次告訴我有闊茲塞特這

地方時，便很是盛讚那裡的乾燥天氣幫助她身體變得健康多了。還有她住得起那裡。除了營地不貴之外，在正值國內多數地區短缺臨時性工作的時候，它卻是一個很容易讓露營打工客找到短期工作的地方——畢竟臨時的城鎮會需要臨時的工人。而那時她其中一份工作就是在甜心達琳餐飲麵包店幫忙洗碗，時薪八美元（這家餐廳的口號是「餐飲好吃、價格合理」）。屬於早鳥族的用餐客會在每個禮拜五的凌晨四點就來排隊吃炸魚，廚房裡的髒盤子疊到快頂到天花板。除此之外，艾莉絲也在外賣中餐的活動房屋裡工作，這家餐飲店叫做搖滾工作，我去那裡找她的時候，她手裡抓了一把幸運餅乾就跑出來。

雖然沙漠會引出我們的公民魂，但平凡人終究是平凡的，還是會在草皮上畫記號，分割成不同部族。利用石頭繪出假地產的界線，是公認的傳統。此外，也會用石頭排成不同形狀和縮寫字母，猶如某種地景上的圖騰。露營客會利用一些名稱來營造社區感，譬如「土狼公寓」和「羅傑的二分之一英畝白日夢流浪漢營地」，然後再貼上自製的牌子。有些牌子看起來像是高中工藝課中規中矩製作出來的木製匾額，也有些只是紙盤，上頭潦草寫了幾個字，再用膠布把紙盤貼在木樁上。

既然部族形形色色，沙漠裡的「集會」當然也很多元，所謂集會是指擁有共同特質的成員成立的露營車社團所舉辦的聚會。其中一些是以年齡做為入會的標準。有一個社團叫做嬰兒潮社團，社員們都是戰後出生的人，但其實很多露營車車主都吻合這條件，所以為此特地成立一個社團好像沒什麼必要。另外還有叫做Xscapers和NuRVers的社團，鎖定的是稍微年輕一點的人。特點在於那有點古怪的英文拼字和英文大寫，是網路時代針對特定人士的一種隱性訊息。還有一些另類的社團，譬如釣魚客、賑災志工、或男同志跟女同志（彩虹露營車〔Rainbow RV〕，這跟那些自稱彩虹族、四處旅行的小鬼完全沒關係）所組成的社團。也有所謂的單身社團，包括流浪客網路、單飛客和車輪上的獨行俠，而最後一個社團的規定尤其嚴格。一位社員告訴德州的《維多利亞倡導者報》（*The Victoria Advocate*）：「如果你胡搞男女關係，就會被踢出社團。」這家社團的信條要求「你要表現出是一個正在跟別人交往的單身人士」，並言明「沒有血親關係的異性社員，不得同住在同一個紮營單位」。在沙漠裡也有天體主義者成立的團體。就在長住訪客區的南側有一塊七十五英畝的區域叫做魔法圈，它的四周有很多海報，上面寫著：請注意！不要靠近，否則可能遇到正在做日光浴的天體主義者（闊茲塞特的常客們都在網路上戲稱它是「皺紋城市」和「鬆垮的小鎮」）。[14]

也有的營地是由在設備上旗鼓相當的人一起入住。譬如幾十輛La-Z-Days露營車、Casita拖車式活動房屋，或Montana第五輪露營拖車停放在一塊，形成一個同溫層的族群，有別於沙漠裡那些雜亂停放的各式車輛。遇到這類團體，就活像是在一個前不著村後不著店的地方突然撞見外觀十分相似的成排郊區住宅一樣，家家戶戶的環境都像豆腐四四方方的。

* * *

倫敦的《金融時報》（*Financial Times*）稱闊茲塞特是「美國一處最古怪又最癲狂的地方」。但闊茲塞特絕非美國境內的一種反常現象。你其實很難再找到一座這麼美國化的小鎮，甚至過度美國化到就像漫畫版裡的美國一樣。在這裡原住民大半不見了，取而代之的是搶購紀念品的遊客，而這些紀念品要嘛是在巴基斯坦生產的捕夢網，要嘛是來自中國的珠飾軟皮鞋。這裡沒有冬天。不管是占卜者、靈修客、還是喜歡買折扣品的購物狂，全都是抱著同樣心態才齊聚此處，那就是都想逃避生活上的問題，而最好的方法就是把油箱加滿，出發上路。闊茲塞特一向是旅行者、外來者，和想重新改頭換面的人的收容所。經濟盛衰循環的藝術因它而臻於完美。

這座小鎮的起源可追溯至一八五六年，當時的白人移民建造了私人的泰森堡壘（Fort Tyson），好趕走莫哈維沙漠（Mojave）裡的印第安人。這座堡壘後來成了驛馬車的中途站，改名為泰森井（Tyson's Wells），遺址就位在當今一家小博物館的現址上，緊鄰笨阿爾的店（這座小鎮有兩家博物館：其中一家專門展覽來自全球各地的口香糖，另一家則以軍事收藏品為號召。但人氣好像都不太高）。一八七五年，傳記作家馬塔．薩莫海茲（Martha Summerhayes）在泰森井待了一夜，形容這地方是個「極度陰鬱又很不吸引人的地方，充斥著各種不潔的東西，包括道德上和生理上」。驛馬車中途站歇業之後，這處拓荒地就成了一座鬼

---

14 諷刺去那裡的都是中老年人。

城。一八九七年的採礦潮讓它再度起死回生，連郵局也重新開張，市政當局也有了一個新的鎮名：闊茲塞特（當年礦業開始興盛之後，它的英文鎮名原本是闊柴特〔Quartzite〕，多出來的那個s〔Quartzsite〕是打錯字之後將錯就錯下的結果）。

闊茲塞特最有名的歷史人物是一位叫哈吉阿里（Hadji Ali）的駱駝牧人，他在敘利亞出生，一九〇二年死後長眠於小鎮，最為人所知的是他的外號「嗨開心」（Hi Jolly）。這純粹是因為他的名字被美國人錯誤發音後，將錯就錯的結果。[15]一八五六年，阿里被徵召到美國陸軍的駱駝兵團，這在當時實屬短期的實驗，因為軍方想利用這種脾氣向來不好的動物在西南各地運送貨物（有某段時期，駱駝甚至被用來載送從土桑市〔Tucson〕寄到洛杉磯的郵件。但這計畫隨著美國內戰的開始而於一八六一年中止）。哈吉阿里的墓碑是一座用石英和木化石搭建起來的金字塔，頂端放了一隻鋼製的單峰駱駝，加起來總高度有十英尺。金字塔正面有塊匾額寫著：「嗨開心大約在一八二八年出生於敘利亞某地，而這裡是他的最後一座營帳」以及「三十多年來對美國政府盡忠職守」。有傳言說他的其中一隻駱駝塔普西（Topsy）的骨灰也跟他埋在一起。

除了那位不穿衣服的書販之外，哈吉阿里恐怕是闊茲塞特最著名的市民了。為了紀念他，這座小鎮甚至拿他的駱駝來當非官方的吉祥物。前來闊茲塞特的遊客會先經過幾座大小猶如紀念碑的歡迎光臨招牌，上頭都有像阿里墓碑上的那種金屬製單峰駱駝。當地有一座活動房屋停放場甚至取名為玩具駱駝。而在靠近大街的西端，有一座大型的駱駝雕像是用汽車鋼圈和其他廢棄物焊接而成。闊茲塞特每年都會舉辦嗨開心日（Hi Jolly Days）的遊行，在它的鼎盛期，那是很大型的嘉年華會，有撞車大賽和駱駝比賽，分別在不同年分舉辦。闊茲塞特遊艇俱樂部是一家有做場外下注的酒吧兼餐廳，它的口號是「好久不見海」（Long Time No Sea）。老闆的兒子以前經常會穿上全套的駱駝裝，等到樂團一開始演奏〈嗨開心〉（*Hi Jolly*）這首歌，他就在舞池上熱舞起來。而這首歌是新黑人賣唱劇團唱紅的，曲中描述這位駱駝牧人既是個工作狂也是個愛好吃喝玩樂的好色之徒。

闊茲塞特雖有奇特的歷史，卻仍阻擋不了小鎮的沒落。一九五〇年代中期，鎮裡的人口縮減到只剩十一戶。據說後來是因為有成堆的舊貨和漂亮的奇石才又絕處逢生。如今四處可見的跳蚤市場其實是起源於一九六〇年代時，有輛旅行車在十號州際公路上拋錨之後，才開始盛行的。那輛拋錨車的司機是一位母親，她載著四個年幼的女兒西行，由於負擔不起修車費，只好搬出孩子們的玩具求售現金。其他人也開始跟風，把他們的皮卡小貨車的後車廂打開，沿街叫賣各種玩意兒。這股風氣最後推波助瀾出一個雜亂無序的市集。一九六七年，負責改造小鎮的團隊利用不斷湧入鎮裡的購物者順勢推出一場稱之為交易會（Pow Wow）的寶石礦物展，結果空前成功，以至於現在有許多人都把闊茲塞特的起死回生歸功於它。而隨著時間的過去，這裡的二手市場和以貨易貨市集愈來愈多。每到冬天，就會出現在其他季節渺無人跡的柏油路和

---

15 把ji和A合在一起發音而成了jolly，意思是開心。

已經硬化的沙地上，面積廣達好幾英畝。這些市集包括葛律斯伍臨停拍賣場、探勘者全面拍賣場、大活動、泰森井的賣拉瑪。它們給人的感覺很像是收藏家們的清倉大拍賣，桌上擺的有牛的頭蓋骨、鑄鐵炊具，和可以藏匿槍枝的女用手提包。

我是在大街上一個叫做嗨阿里舊貨交流會的販售區認識了七十歲的雪倫・彼德森（Sharen Peterson）。大家都叫她雪莉（Chere），發音跟 Sherry 一樣。當時她是用一塊老舊的木門充當桌子，在上面陳列她想拍賣的物品，包括一把武士刀、一張駝鹿皮、幾件夏威夷花襯衫、還有一些自從她住進福特 E 350 露營車之後就不再需要用到的家庭用品。除此之外，還有好幾張汽車保險桿貼紙散置在這些待售物品之間，上頭雋永的文字全出自於她：「有鑑於彈藥費愈來愈貴，別再指望先鳴槍示警」、「我們不是來南方溫暖地帶避冬的老人（snowbirds），而是隨風吹的雪花（snowflakes）」。有人逛到了這裡，其中一個人花十七塊美金買了四件襯衫。「如果每個人都穿上夏威夷襯衫，這世界一定會變得更美好！」雪莉這樣大聲說道。另一個人付了二十五美元，買了一套棕色和青綠色的刀叉湯匙，那是雪莉在聖塔芭芭拉（Santa Barbara）花二十美元買下來的。「只有這種成癮症可以讓你把以前花的錢都賺回來！」她在談到二手店購物這件事時，曾這樣說道。

雪莉戴著一頂棒球帽，上頭別滿各種金色和銀色的海馬別針，以及其他海洋生物，帽子下方露出兩條金色的麻花辮。她的眼角布滿皺紋，身上肌膚早被晒成了永不褪色的古銅色，很可能是一九六〇年代她老愛在洛杉磯南邊的曼哈頓海灘（Manhattan Beach）衝浪所留下的痕跡（她到現在都還保留了幾張當年留著小潔頭[16]，穿著比基尼，側身走向一塊黃色沖浪板的照片，有的照片尺寸小如皮夾，有的大如海報）。在她的回憶裡，那時候的日子比較好過。當時她完全奉行二毛五美金的生活哲學：「漢堡、香煙和汽油，每加侖兩毛五、一包兩毛五、一磅牛肉餅兩毛五。」

自從雪莉被迫賣掉她在明尼蘇達州的房子之後，就一直住在旅行車裡。她在一九八九年買下那棟屋子，有二十三年的時間，她都在當房東，將多出來的房間分租出去，貼補開銷。但是因為分租房間這件事未經政府許可，後來被抓到，就只能中止了，這也意謂她即將失去房子。「這些政府官僚實在可笑。」她悲嘆道。她本來計畫賣掉房子之後，可以靠它的淨值過活。沒想到這棟在二〇〇二年的鑑價仍有三十萬美元的屋子，在房市崩盤之後，竟跌到十四萬美元。再扣掉貸款和仲介商的費用之後，就所剩無多了。但她還是盡力而為。她的旅行車原本有十五個座位。她告訴我，這就像住在一棟可以四處移動的屋子裡，四周都是觀景窗，只不過窗外的景色一直在變化。她的社安退休金是每個月六百美元，扣掉一百美元做為老人健保。「這樣我好像還有錢加油。」她大笑道。「如果錢不夠，我就停在原地。」她把她所有衣服都塞進車子裡的三個塑膠箱裡，另外還租了一個年費六百美元的個人倉庫。她說她每個月得付三百美元才能在舊貨市場上有個攤位，然後再付五十美元拿到小鎮的販售許可。要是她不在闊茲塞特的舊

16 Gidget haircut，小潔是一九六〇年代美國電視劇 *Gidget* 裡鬼靈精怪的女主角。

貨市場做生意，就是到海邊的聖塔芭芭拉去賣珠寶，那裡一整季下來的販售許可證才一百美元，但是不含淩晨兩點到早上六點的時間，因為那時候海灘是關閉的。她在那個時段會去哪裡呢？「我會躲起來。」她老實說道，同時解釋那兒有很多不怎麼顯眼的停車空間，更何況她現在車子的顏色是白色，不太引人注意，不像她以前那輛老嬉皮旅行車，車身貼滿了各種貼紙。

我們認識了一兩天之後，就約到闊茲塞特遊艇俱樂部吃晚餐。雪莉點了一份雙層漢堡，但只吃了其中一片牛肉餅，第二片被她小心地用餐巾紙包起來，打算帶回去給史奇多（Skittles）吃，那是她幫另一個攤販照顧的狗，因為對方到鳳凰城短途旅行一陣子。她還用漢堡裡面的配料：萵苣、番茄和洋蔥，做了一道配菜沙拉，上頭再放點番茄醬和美乃滋，看起來就像千島沙拉醬。她喝了兩罐不含酒精的O'Doul's啤酒，還一小口一小口地喝著一杯有加檸檬的冰水。用完餐後，她拒絕我幫她付帳，然後把喝剩的水小心地倒進保麗龍材質的外帶杯裡。因為它很冰涼醒腦。冰塊對她來說絕對是小小的奢侈品，畢竟在車上是不可能有冰箱製冰的。

我們一起朝嗨阿里舊貨交流市場走回去。當我問她晚上睡哪裡時，她說睡在車上其實很方便，因為車子就停在她攤子的對面，沒有人會打擾她。她告訴我，我是瘋了才會住在紐約，她很感恩自己沒被卡死在「水泥叢林」的角落裡。

「要是小鳥可以住在公園也可以住在城市裡，為什麼我不行？」她說道。「我們不必因為大家都住在哪裡，就跟著住——這才是重點所在。」

＊＊＊

闊茲塞特就像美國多數小鎮一樣也有生意經營不下去的時候。哪怕大街上熱鬧鼎沸，你還是會看到一些撐不下去的店家。有家餐廳已經用木板封住。其中一家加油站，油漆都龜裂和褪色了，就連加油機台看起來都廢棄不用了幾十年。

老一輩的人說以前旺季時，來闊茲塞特的露營車多到你可以踩著車頂穿越整片沙漠，但最近幾年來的來客數跌得很兇。好像沒有人真的知道原因是什麼，不過大家都有自己的一套理論。有人說是當地的政治內訌，也有人說是地產稅上漲還有跳蚤市場擺攤費漲價的關係，再不然就是美加之間的匯率問題和油價老在波動。也有人認為本來有數以千計的奇石採集者會來闊茲塞特看寶石和礦物展，但現在都轉向土桑市，因為那裡也有類似活動。但也有人相信這是經濟蕭條的一種症候，意思是很少有人有那麼多閒錢開得起這種耗油的自走式露營車，一路長途跋涉，更別提還要很閒很有時間才行。

「我是闊茲塞特的在地人，我還記得一九八〇年代初期，旺季時候的闊茲塞特會有一百多萬名遊客，但現在只有三十幾萬吧。」當地商會會長菲利普．庫什曼（Philip Cushman）在電子郵件裡這樣告訴我。

「諷刺的是，在空調問世之前，就算在沙漠裡露營六個月，大家也都很樂意。但現在只要溫度超過華氏一百度，就全都飛也似地逃到別地方。」他說道，同時又補充：「冬季遊客的人口結構正在改變。二次世界大戰那一代的人只要玩賓果遊戲、跳跳舞、到戶外蒐集奇石，還有到我們的社區服務組織當當義工，就心滿意足了。現在他們被戰後嬰兒潮取代，但我們發現戰後這一代想要做的事情更多，不然就會覺得無聊。」他不願相信闊茲塞特的鼎盛時期已經過去。最近幾年，這個社區嘗試性地推出新的活動，譬如祖字輩盛會（Grand Gathering），那是一場為期四天的祖父母慶祝活動，共有六百三十一位長者站著（和坐著）排成一個巨型的Q字母，創下用人龍排出最大型字母的金氏紀錄。

儘管做了這些努力，但其實到闊茲塞特一遊的人，很多都是在經濟上吃緊的人，不是那種出手揮霍的觀光客來幫忙振興這座小鎮。從摩托車騎士轉行來當牧師的麥克・哈比（Mike Hobby）和他的太太琳達（Linda），在南月山大道（South Moon Mountain Avenue）上的以賽亞五八計畫教堂（Church of the Isaiah 58 Project），成立了季節性的救濟食堂來幫助他們。這對夫妻曾親身經歷過無家可歸的窘境（一場健康危機害這對沒有醫療保險的夫妻被無力償還的帳單完全淹沒），後來才在二〇〇三年創辦這間教堂，把幫助無依無靠的人當成使命。結果規模愈滾愈大，如今每年從十一月到來年三月，都得準備數千份餐點給老人和無家可歸的人享用。但它不像多數教堂，必須等到聽完整場佈道，才有餐點可以享用（去過那種食堂領餐點的人都說佈道是「對耳朵的轟炸」），但這裡沒有這種要求。

麥克告訴我，打零工的老人家之所以會蜂擁來到闊茲塞特，是因為它是「一座低收入的退休小鎮」，而且是「一個可以躲藏的地方，生活成本又較低」。我問他，躲什麼呢？他的回答是：躲羞愧、躲貧窮、躲寒冷的天氣。他說在沙漠裡，「他們不用擔心受凍，所以他們可以告訴他們的孩子，他們過得很好。」

有天晚上我來訪，大家正拿著塑膠托盤排隊，等著吃上面會淋一層番茄燴雞肉的肉醬義大利麵，然後還有沙拉、蒜味漢堡麵包和酥烤蘋果。用餐者就坐在教堂後面倉庫裡的長桌上，那裡可以通到停車場。現場氣氛很歡樂。退休人士、貨運列車上的跳車客、自行車長征客互相交換公路上的見聞。在他們頭上有一幅手繪的橫幅廣告，上面是一個火柴人正往一道門走去，門的左邊是紅色火燄，右邊是金色的雲。「時候到了！」上面的文字這樣寫著，「你選擇哪一邊？如果你不選耶穌基督，你就選擇了地獄。」

我在食堂裡認識了李奧納德．史考特（Leonard Scott），他以前是一家加油站的老闆，小名叫史考弟（Scottie），稀疏的灰髮扎成馬尾，頭上戴了一頂卡車司機帽，帽子上寫著「耶穌是主」。六十三歲的他住在一輛一九九五年分的 Winnebago 露營車裡：「我是在經濟崩盤時失去了我的帝國。」那個帝國包括兩棟房子和他買來當投資的一棟雙層公寓。史考弟在亞利桑納州托諾帕（Tonopah）一家湯屋裡工作，這是除了每個月微薄的五百九十美元社安退休金之外的另一筆收入。他正計畫去找他在西北岸的朋友，打算跟著他們在那裡採集羊肚菌菇，因為他聽說採收價是一盎斯十美元。最後他還說，他希望可以搬到可愛島（Kauai），住在那裡靠樹上的水果為生。*

教堂離這座小鎮的公益食品倉庫很近。我待在那兒陪了卡蘿．凱利（Carol Kelley）一會兒，卡蘿是個八十歲的寡婦，不辭辛勞地管理著這裡，平常就坐在一張堆滿東西的辦公桌前，上方牆面掛滿各種跟營養有關的海報。「我總有一天會死在這張椅子上。」她玩笑道。橫倒在路上的一箱貨櫃為他們帶來了一筆橫財，滿地都是成箱的糖、甜豆、小黃瓜、青豆和芒果。於是她擺出一種類似正在舉辦清倉特賣會農產品直銷店經營者的熱情姿態，哄騙那些客人接手變質的貨品。有對來自奧勒岡州的夫妻來到店裡。他們住在一輛旅行車上。那女的告訴我，她的咖啡店生意垮了，他們得從頭開始。她很擅長畫狗，所以正要去附近的跳蚤市場，希望能賣掉一些她的作品。

卡蘿給了他們一箱蔬菜，送走他們。他們走後，她表情看起來很不安。她解釋道，要配合闊茲塞特在地居民的需求就已經夠吃緊了，更別提還要滿足訪客的需求。「我們的小鎮得餵飽所有趁冬天來此地遊盪的人，」她說道，「這並不公平。」其中一位常來當志工的人接著插話，似乎想幫她穩定情緒。

「我們來者不拒，」他小聲說，「對所有人都一視同仁。」

＊＊＊

我連續三個冬天都在闊茲塞特附近的沙漠上紮營，一開始是住在帳篷裡，後來改住旅行車，目的是要熟悉在這裡一待就好幾個月的游牧族。而且在這三趟旅行裡，我都設法去探訪同一批人，其中包括芭芭拉．史塔特和恰克．史塔特，就是我最初在內華達州訪問過的音樂老師和那位麥當勞的前任副總裁。

芭芭拉和恰克首度出現在闊茲塞特時，還沒從「露營車勞動力」那為期三個月的勞動工作裡完全復元過來。他們就像其他臨時工一樣曾經歷三重考驗。第一重考驗來自於體力上的筋疲力竭（芭芭拉回憶道：「我那素昧平生的肌肉在經過了十小時的抬舉、扭轉、深蹲、伸展之後，正在對我咆哮。」）；接下來的考驗是卡夫卡式的瘋狂狀態（在倉庫裡花了四十五分鐘才找到一個有足夠空間的存放櫃，芭芭拉必須不停靠「吸氣再吸氣」，才不會抓狂。她都戲稱那地方其實是「亞馬動物園」〔Amazoo〕。[17]）；最後一重考驗是全力活下來。因為在氣溫零度以下的環境，住在一輛專為溫帶地方所製造的旅行車裡，那壓力是難以想像的（那輛

＊作者註：他不是第一個考慮搬到那裡的落魄客。在夏威夷，有一家根模最大的遊民收容中心是由人性服務學會（Institute for Human Services）在經營，它一年會接到或收到一百到一百五十通（件）的來電或電子郵件，「全都是想到夏威夷來當遊民的人打來或寫來的」該機構的一位代表曾這樣告訴當地的電視記者。最近幾年，遊民人口數成長了百分之三、四十，按人口平均來算，甚至比美國其他地區還要高，這使得州長不得不宣布該州進入緊急狀態，連檀香山市（Honolulu）市長也開始發動「反遊民戰爭」。同時，夏威夷的觀光業也在資助一項新的方案，打算把遊民送上飛機，讓他們飛回美洲大陸。

17 Amazon和zoo兩字的結合。

車在過濾器結凍爆裂之後，供水系統就斷了，接著幫浦也壞了。恰克只好請一天假專程修理它）。

有過這些經歷之後，他們決定去亞利桑納州迎接陽光。但因為是第一次造訪這座Q鎮，所以並不知道在那片廣大的沙漠裡，哪裡可以原始野營。有對夫妻好心邀他們參加一個叫做同路人闊茲塞特集會的一年一度聚會。於是他們決定前去一探究竟。結果發現有超過八十五輛的Bluebird Wanderlodge豪華露營巴士並排圍成一個很大的圈圈，停放在被這些車主稱為「巢穴」的一個地方，看上去就像小朋友畫的太陽所射出的光芒一樣。每輛車的前保險桿都朝著裡面，完全對準他們事先在沙地上繪製出來的X形，完美保持二十五英尺的間隔距離。集會開始時，有塊寫著「歡迎光臨Q鎮」的白板會更新每日的活動表，包括「女士們的競走」（標題上寫著「快走，婊子，快走，婊子……」）、「男士們的科技漫遊」、叫做「戰術射擊」的輕武器小聚、以及「雷依的頂極肋排晚餐」（上面還貼了一張半帶玩笑的便條紙，警告大家如果忘了繳牛排錢，來吃晚餐的時候就會發現「雷依已經把你那一份上好的牛肉捐給了鎮裡的流浪漢了！」）。

史塔特這對夫妻很快就明白他們那輛一九九六年分的National Seabreeze露營巴士只是一個S.O.B——意思是「俗ㄅㄧˋㄚㄅㄧˋㄚ的品牌」（Some Other Brand），根本不夠格加入這個圈子。他們得把車停在邊邊一點的地方。有幾個晚上，甚至得自己升營火。

雖然史塔特夫婦覺得自己跟那一幫人格格不入，但也很快就找到跟他們一見如故的另一個族群，這個族群之間的情誼來自於體力勞動。一個非官方的「露營車勞動力」校友會竟然在一塊叫做史卡登沖刷地（Scaddan Wash）的沙漠區裡憑空出現，裡頭的成員是九位老亞馬遜人和一名退休的警官，他們結伴玩樂，坐在折疊椅上回憶倉庫裡的種種，同時大啖豬皮、墨西哥玉米片、小紅蘿蔔，和芭芭拉做的素食蛋沙拉三明治。他們唱著「亞馬遜的十二天」[18]，用模仿秀把這首聖誕經典歌曲裡的歌詞「跳躍中的男人」改成了「嗶嗶叫的喇叭」，暗指倉庫的噪音，也連帶改編其他歌詞，從「一個保全的識別證」、「兩雙手套」、「三件橘色背心」，一直改到「十塊痠痛的肌肉」，然後還用帽子來抽獎，並保證人人有獎，所有的獎品都是從亞馬遜搜刮來的，包括鑰匙圈、開瓶器、識別證的掛繩、隨身碟（我抽到一把美工刀，但我敬謝不敏，並向他們解釋我晚一點得搭飛機回去）。有人丟出一只藍色的塑膠飛盤，史塔特夫婦養的澳牧混種犬希德尼（Sidney）追了上去。大家都在思考為什麼在亞馬遜的時候，他們是度日如年地熬過一個季節，但在闊茲塞特，卻輕鬆自在到完全忘了時間。

芭芭拉和恰克很是享受闊茲塞特的生活，把它當成每年的朝聖之旅。他們跟艾莉絲一樣在那裡找到短期工作，在露營車展示會上打零工：撿拾地上垃圾，看守廠商才能進出的入口，擺攤賣釣魚客的器具、運動飲料托架和其他新奇玩意兒。芭芭拉最喜歡擺攤子，她的身上一定同時流有夜市叫賣小販和電視購物台主持人這兩種人的血液。她會遞給你血腥瑪麗調酒的試喝

18 改編自聖誕節兒歌〈聖誕節的十二天〉（*Twelve Days of Christmas*）。

杯，也能靈巧地示範釣魚線的繩結裝置。她的老闆很鼓勵這種現場表演。有一次，一個坐著電動代步車的老太太把車停在櫃台前瀏覽商品，她老闆立刻抓起一個Liquid Caddy Ultimate Mug飲料托架，用魔術貼固定在她的義肢上，芭芭拉隨即跟著應和。「這東西適用任何地方、任何時間、任何東西！」她大聲說道，然後指著她的老闆。「他沒在開玩笑，他可沒唬弄你的腿哦！」

上一次我在闊茲塞特見到史塔特夫婦時，他們已經是第三次到那裡過冬。如今他們是老資格的游牧客了。坐在營火旁的他們正在進行一種發洩性的儀式——焚燒以前的破產文件。

第七章　橡膠浪人會

加州尼德爾斯鎮（Needles）的鎮名起源自於峰峰相連的花崗岩，峰頂尖銳猶如參差不齊的牙齒。當年史坦貝克在《憤怒的葡萄》裡寫到它的時候，曾形容這地方就像它地理名稱上的涵意一樣充滿敵意。約德一家人[19]在尼德爾斯鎮停下來休息，住進科羅拉多河的帳篷營地，結果遭到副警長的驅趕。他叫他們「奧克佬」，不耐煩地對他們說：「我們不要你們在這裡住下來。」結果約德媽拿著一把平底鐵鍋出聲威嚇。「先生，你有白鐵徽章和一把槍，」她反嗆道。「在我老家，你才不敢這樣大小聲呢。」

琳達是在去橡膠浪人會的路上順道停在尼德爾斯鎮。她是從芬利鎮的亞馬遜倉庫那裡直接過來，已經開了八個小時的車程。就像約德一家人一樣，開到尼德爾斯鎮的她已經筋疲力竭，希望能在這裡好好睡上一晚。但她跟他們不同，她打算盡量避人耳目，免得遭警察驅趕。這表示她得找個適當的地點通宵停放這台二十八英尺長的自走式露營車，而且必須是免費的，又不

19 小說裡的主人翁一家人。

能太引人注目。尼德爾斯鎮沒有渥爾瑪商場，只能退而求其次找間通宵營業，停車場不會打烊的店家。琳達停靠在著名的六十六號公路上，查看尼德爾斯鎮市中心商店街的一家巴夏超市（Basha）營業時間有多長。它關得很早，但離它數百碼之外有一家二十四小時營業的健身房，看起來不會特別車來人往，但還是會有人車經過。最後她停在它的入口對面，就爬上床睡覺了。

琳達睡了一整夜，早上醒來時，心裡一直掛念著一件還沒做的事。她在亞馬遜工作的那段期間，不小心讓她的自走式露營車註冊證明過期了——「我真是個傻蛋！」——她必須在繼續上路前先去換新證。於是她用手機裡的GPS搜尋了當地的車輛管理局（DMV），結果它要她繼續往前開，然後要求她迴轉，接著又要她再開一段路，等到路線導引停止時，琳達發現她又回到了剛剛的起點。她又試了一次，結果還是一樣。她只好開進加油站求助。加油站員工指著商店轉角附近一間辦公室。「原來我一整個晚上都停在它前面，」琳達一邊回憶一邊大笑。「我只是沒看到它而已。」沒多久，她就換好了自走式露營車的證件，然後開上九十五號州際公路向南行駛，如今闊茲塞特離她不到兩小時的車程了。

「來參加橡膠浪人會，可以順道上課學習，也可以交到很多很厲害的朋友，」在鮑勃・威爾斯的網站上有這樣一段邀請文字。「我們這群現代的車居族在很多方面都類似以前住在山區的漢子，需要獨處和不斷移動，但也需要偶爾聚在一起，跟志趣相同、懂我們的人共同交流。」

對琳達來說這聽起來太棒了，因為她渴望有人陪伴。當她在七個月前開著露營車出發上路時，她的目標並不只是熬過錢關而已，她也夢想加入一個更大的社群，在這個社群裡，大家是為了追尋圓滿和自由而願意徹底改造自己的生活。可是在亞馬遜的時候，大夜班的生活一直很緊張、很孤單。她放假的日子大多是在恢復體力而不是社交，所以沒什麼時間去結交其他游牧客。內華達州一旦進入嚴寒的冬天，也就是當氣溫陡降到零下兩度時，玫瑰沙漠露營車停放場裡的鄰居就幾乎全躲進自己的車子裡，不會到公有的戶外空間閒晃。琳達受夠了這一切，她準備要好好迎接闊茲塞特的溫暖氣候以及華氏七十度的午後時光。

當然，沒有人可以擔保未來一定有美好的時光。琳達從來沒來過「Q鎮」，所以根本不知道身處在小鎮四周那一望無際的沙漠裡，方向究竟何在，甚至也不知道該往哪裡去找營地。其他新手都會上飽勃的網站，加入對話，和RTR這個族群先交個朋友，琳達從沒進去過。她唯一認識的一個RTR成員就只有希爾維安（珍和艾許去展開別的冒險了，要等到這為期兩周的活動都過了一半，才會趕過來）。於是琳達就像個第一天到新學校上課的小朋友一樣。她想認識新朋友，她想學習新事務。可是要是她無法融入該怎麼辦？畢竟那裡大部分的人都是奉行極簡主義的車居族，他們能容忍她這台又大又吃油的露營車嗎？

不過她也沒有花太多時間去擔心這個，趕緊上網向人請教。「嗨，這是我第一次參加RTR。有地圖告訴我去哪裡找營位嗎？有活動的日程表嗎？感恩任何協助。」她到RTR的臉書專頁貼文求救。結果有人貼出一個日程表來回覆她。汽車汪連結了一個很像拼貼藝術的藏寶圖給她，上面有前往RTR的路線，而且那路線是用鮮豔的黃色來標明，終點畫了一個紅色叉叉，旁邊寫著「我們就在這裡」。

於是琳達出發尋找夢想中屬於自己的部落。她的自走式露營車沿著多姆羅克東路（Dome Rock Road East）行駛，車身劇烈抖動，離小鎮愈來愈遠，路上景色看上去也愈來愈像劫後餘生的慘狀。有些路面破舊龜裂到汽車駕駛只能放棄，改開路肩。在她右邊是史卡登沖刷地，那是公有地，可以讓你免費紮營十四天。成排的大型露營車齊聚邊緣，這使它看起來不像是荒郊野外，反倒像是盛大的車尾野餐會。她繼續沿著僅餘的柏油路往前開，最後被一個橘白相間的路障攔住，於是她的車在這裡大幅右轉，開進米歇爾礦業路（Mitchell Mine Road），這條顛簸的礫石路就穿梭在灌木叢之間。車子繼續往南挺進，經過擁擠的人群，開進了很荒涼的地方，然後又開了一英里半左右，一個黃色的看板現身路邊，上頭寫著「橡膠浪人會」，還有一個箭頭指向右邊（這個看板讓白天找營位這件事變得容易多了。但是天黑後要找到那裡，對沒經驗的人來說恐怕很難。我第一次到闊茲塞特過冬時，有天晚上曾試圖要去參加聚會，結果迷路了。我瞄見遠方有營火，以為是RTR，於是驅車過去，卻發現原來是彩虹族和硬殼龐克正在那裡喝著威士忌、抽著大麻，嬉戲作樂。我索性坐下來聽吉他手引吭高歌一首基米亞·道森（Kimya Dawson）的歡樂歌曲：「我早餐灌的那瓶啤酒害我起酒瘋，我的標準1.0視力立刻打對折！」）。

琳達緩緩開進營地，廣闊的沙漠上約莫有五、六十輛車子星羅棋布，就像眾多迷你屋共用遼闊的後院似的。琳達看見形形色色的旅行車：有小型旅行車、客貨兩用旅行車、高頂的改裝式旅行車、附升降平台可載送輪椅的旅行車、盒狀旅行車。其中一輛是租來的，車身兩邊有U-Haul租車公司的標識（琳達後來才知道，這輛車是一個還在接受培訓的車居客的臨時住所，那人是特地從芝加哥飛到鳳凰城，再租用這輛車做為這次活動的交通工具和居所）。在這些旅行車當中，也出現了一些旅行拖車、皮卡野營車和露營車，再加上幾輛休旅車和轎車，甚至有一台豐田混合動力車Prius，全都為長期的移動生活做好了

有一幅看板指出橡膠浪人會在哪一個方向

準備。有一個單車浪人就更簡單了：只有兩個輪子和一個帳篷。除此之外，更有少數幾輛帶有異國風味的交通工具，包括一棟手工打造的木製吉普賽篷車，或稱為瓦爾德屋（Vardo），車身被漆成了海藻綠。這種篷車是仿自十九世紀羅姆人的傳統馬車，只是現在改由皮卡來拉，而且還是一位六十五歲、來自奧勒岡州的造船專家的居所，他熬過了腎細胞癌，現在僅靠每個月四百七十一美元的社安退休金在過活。

在這個無政府狀態的聚落正中央，有一座大型營火，這裡也是群眾集會的所在。琳達在離這兒不遠處，找到一個地方停放自己的露營車，旁邊還有幾株稀疏的樹木。然後她開始紮營。

整個行動住所的陣仗很是驚人，鮑勃後來在他的網站上貼了照片，引得一名讀

路．布羅歇堤（Lou Brochetti）站在他手工打造的吉普賽篷車裡

者驚嘆道：「要是我是無意中看見你這些照片，上面又沒有說明文字，我或許會以為這是一篇跟未來的公路戰士有關的報導……因為經濟崩盤後，大家都開始以車為家。」

這是鮑勃第四次主辦冬季的橡膠浪人會。要當大師並不容易。他已經花了好幾個月的時間規畫和傳播消息。隨著活動的開展，他的工作內容也開始趨於實際。他得沿著馬路在粗重的木樁上張貼RTR的告示牌，而這些木樁都是他用大錘捶進地上的，才能抵禦得了沙漠裡的風勢。他還把有各種社交活動的行事曆以及打算親授的研討會時間表全影印出來。並搭起一座尖頂帳篷，裡頭有一個五加侖容量的水桶、垃圾袋、濕紙巾和衛生紙，算是對新來的人善意的表現。他也在營火旁堆起木柴，旁邊還鋪了藍色的防水油布，邊角用石頭壓住，就像地上的野餐毯一樣。這裡會成為自由堆放區。車居族一向喜歡清理東西，才能把車裡有限的空間騰出來。所以每天都有新玩意兒出現在自由堆放區：毛毯、書籍、寬邊草帽、汽車零件、夾腳拖、數位相機、帳篷固定釘、塑膠杯、《背包客》優勝美地特刊、T恤、長褲，還有很大的陶盆。陶盆的新主人把它填滿柴薪，上頭再擺一個金屬架，用它來煮沸一鍋湯。琳達一定會去那裡找書看，總是隨興抓一本她喜歡的，她還給我看她的其中一件戰利品，那是一本平裝書，叫做《美鈔的神祕符號：探究你每天用的錢裡所藏的魔法和涵意》（*The Secret Symbols of the Dollar Bill: A Closer Look at the Hidden Magic and Meaning of the Money You Use Every Day*）。

鮑勃是不從RTR裡獲利的。他的熱情與好客讓這場盛會變得一點私心都沒有，也吸引了許多純粹想要分享自己技術、資源和經驗的人紛紛響應。一位有照的美髮美容師在她的雪佛蘭Astro旅行車旁邊提供自由打賞的剪髮服務，她和她的老公以及兩隻狗就住在那輛車裡。還有個露營車車主用霓虹燈招牌、草地上的紅鶴模型和可以亮起來的棕櫚樹，搭了一座夏威夷風情酒吧。史汪奇則是示範她的太陽能烤爐——基本上就是一個裝著吸熱板的箱子，幫大家烤布朗尼、香蕉堅果麵包和藍莓馬芬。做技工的則把基本的修車技術傳授給大家。木匠們幫剛裝潢好的露營車合力打造出尺寸相符的床架和架子。擁有大型太陽能板的人不吝分送他們多餘的電力，拉出電線的延長線，方便經過此處的人幫自己的小裝置充電。一名聾婦女即興開了一堂美國手語課。有個傢伙在示範如何修理輪胎，甚至帶來一個包覆鋼絲的輻射層老舊輪胎做為練習之用，供大家戳破它，再把胎補起來，不停

鮑勃一年一度的剪髮大事就交由美容美髮師金多・戴蒙（Kyndal Dimon）處理

反覆習作，接著又互相交流可攜式十二伏特的空氣壓縮機使用經驗。琳達認為這些技術尤其重要，後來她又去當營地管理員時，就曾現學現賣地拿出來活用，救援輪胎扁掉的森林巡守員。

每天早上太陽升起時，有一個叫萊薩．奈史密斯（Lesa NeSmith）的車居客就會起床去升營火，然後煮上一鍋牛仔咖啡[20]給拿著杯子到處逛的人喝。這對萊薩來說是一個長久養成的習慣。早年她還住在維吉尼亞州里奇蒙（Richmond）的一棟大樓裡的時候，每逢星期天早上，她都會早起用電熱水壺煮咖啡，再打開自己的公寓大門，讓鄰居們知道咖啡已經煮好，可以來享用了。

在RTR也常有大夥兒聚餐的時候：比如自帶淋醬的烤馬鈴薯之夜，又或者是每個人都可以往大鍋子裡自由加料的辣熱湯大餐，這不禁讓人想起一九三〇年代經濟大蕭條時，流浪的失業工人集體吃大鍋飯的情景。每天太陽下山後，都會有人去點燃營火，不過通常到九點、十點就熄了，因為這時大家的眼皮都重了，而且夜裡寒氣開始降臨。

這裡的人普遍有一種自豪的傲氣。我在這兒遇到的每一個人幾乎都有跟阿爾．克里斯坦森（Al Christensen）同樣的心態。阿爾六十二歲，以前做過廣告藝術總監，他告訴我，他喜歡自稱「無屋可歸」而不是「無家可歸」。他以前是做廣告的，所以很能言善道。娓娓道來他是如何看著廣告案子的數量在短短幾年間慢慢枯竭，僅剩少數機會給更年輕一代的創意人。他說他

20 cowboy coffee，不加糖的濃咖啡。

從「實際上（virtual）在廣告代理商」工作，一直做到最後「幾乎（virtually）沒有工作」。不過喜歡獨來獨往的阿爾，也只能跟人打交道到這個程度而已。因此在一場探討生活費的研討會上，阿爾半途離席，先行離開RTR，還給自己獨處的時間和空間。不過幾天後他又回來了。他喜歡RTR裡的人，覺得這裡讓人對游牧生活充滿嚮往，「你會覺得好像是有希望的，是體面的，而不是住在河邊露營車的我，終有一天會被人遺忘。」

琳達也很喜歡這種同樂聯歡的感覺。她想盡可能多學點東西，因此只要是早上十點的研討會，她幾乎都參加。很多RTR的老會員對鮑勃教的東西其實已經耳熟能詳了，可能是得自於他們自己生活上的經驗，也可能是去年上過類似的課，再不然就是曾看過他的書《如何在汽車、客貨兩用車或露營車裡生活……然後擺脫債務、旅行，找到真正的自由》（*How to Live in a Car, Van or RV……And Get Out of Debt, Travel & Find True Freedom*）。鮑勃的書相當務實，可是有一些作業練習雖然可以幫忙那些有志於以車為家的人，但又很像是表演藝術。因為書裡建議：「先在你的公寓裡練習。首先，搬進自己的臥房，不再使用屋裡的其他空間。」然後書裡又說，再來是決定你未來車居空間的大小。假設你預期那會是一個六十英尺的空間，你就根據這個尺寸建立一個作業模式。「先找幾個大的紙板箱，然後利用它們在臥室角落裡製作出六尺乘十尺平方的空間，」書裡這樣解釋道。「現在搬進你的紙板『露營車』裡，你不再住在臥室，而是住在你的小紙板露營車裡。」（如果有誰本來就對搬進露營車這件事不是很自在，那麼應該會無法想像在裝過冰箱的空紙板箱裡演練車居生活，是能多提振自信）。

但幾乎包括老會員在內的每個人，還是拿著折疊椅出現在會場，坐下來好好聽人家講。有些人會寫筆記，也有些人只顧著抵禦晨間的冷空氣，雙手塞進連帽T的口袋裡，或是啜飲馬克杯裡熱騰騰的咖啡。少數幾個人試圖要管好會員們養的狗，牠們四處閒晃，什麼體形都有，有吉娃娃、有浣熊犬，甚至也有脾氣溫和的狼狗。研討會進行的時候，牠們會到處走來走去，互打招呼，索求零食，嗅聞火坑裡的灰燼，在灌木叢裡小便（有一次還小便在我的錄音機上），偶爾也會突然開打。

其中最有人氣的一堂研討會，是教他們怎麼祕密停車，對象以都市裡的車居族為主，因為他們經常碰到對露營車極不友善的法律條文。所以這堂課是在教他們如何融入所在環境，以免聽到恐怖的敲門聲，包括警察的叩門，醉漢的捶牆，甚或有路人隔窗瞇眼窺看，嘴裡還一邊喊道：「有人住在裡面嗎？」幾乎每個人都對這種「敲門聲」耳熟能詳。它是大家共同的敵人。史汪奇甚至因此作噩夢。「我的夢很怪很離奇，有人在敲我的露營車，」她有一次這樣寫道。「只要我對自己停車位置或野營位置不是很有把握，就會作這種夢。我覺得很討厭，因為根本沒有人在敲門。有時候也是有啦，但如果是警察或保全，通常都會出聲。」

鮑勃的第一個建議是找個安全的地點。由於他以前在食品百貨業工作，再加上他過去在工作地點停車場的紮營經驗都還不錯，因此十分推薦車居族到二十四小時營業的超市停車過夜，他還補充說，有些城市的渥爾瑪商場禁止停車夜宿，如果是這樣，游牧族可以找其他大型連鎖超市，比如凱馬特商場、山姆會員商店（Sam’s Club）、好市多、家得寶和勞氏。至於像戶外用品店Bass Pro和卡貝拉這類會迎和討好戶外活動愛好者的零售商，也可能是不錯的選擇。兼賣雜貨的餅乾桶餐廳也向來能夠容忍露營車車主。甚至像商店街以及Denny's這類通宵營業的小飯館，也都算友善。有時候最好的辦法是把車子停在兩個商家中間，這樣兩邊都以為你是去對方店裡光顧。但不管你把車停在哪裡，都最好是倒車停進去。這樣一來，你的車頭就會對著馬路，萬一遇到什麼狀況，可以火速離開。萬一你要待在某地一陣子，尤其那地方很靠近住宅區，最好是白天停一個點，晚上停另一個點。白天的點必須是一個你可以在那裡把例行要務都辦完的地方，包括你上床睡覺前該做的所有事情。而晚上那個點是你天黑後去停的地方，純粹是為了睡覺。然後第二天早上的第一件事就是離開那裡。如果你的車已經在晚上的那個點停好了，但又一定要用燈，最好使用紅色頭燈，才不會太刺眼。

此外鮑勃也強調你一定要先準備好一套說詞。要是你停的位置就在醫院附近，那麼你的說詞是你來探訪病人。若是停在汽車修護廠，就說你要修引擎。不過因為這只是藉口，所以他提醒大家要清楚自己的底線，不要太誇張。「如果你不擅長編故事，就不要編。」他說道。

另一個重點是偽裝，意思是保持車身的整潔，將乘客座位上要洗的衣物和其他雜亂的東西清乾淨，還有避免一些可能引人注目的裝飾品，譬如插在天線頂端的裝飾，還有車窗貼紙或保險桿貼紙（最後這一點引發了大夥兒半帶玩笑式的歧見。如果是「你可以跟我一起探討耶穌」這種貼紙呢？那不是剛好可以讓大家對我敬而遠之嗎？有一名游牧客並無宗教信仰，卻在自己皮卡野營車上貼了這張貼紙做為實驗，不過這也是內行人才懂的笑話）。鮑勃建議，住在旅行車裡的人在外觀上可以打扮成工人的樣子，留一件安全背心在車內座椅上，讓人可以隔著擋風玻璃看到，或者在車頂裝一個梯架。至於那些開白色旅行車的人，可以找找看有沒有當地商家的車隊跟你的車款類似，譬如做水電的或外燴的，這樣你可以試著混在它們裡面。偽裝的意思也意謂不要把你的車窗完全封起來，如果你的旅行車是用簾子把車窗完全蓋住，別人就會好奇裡頭有什麼。另外它也意謂去公廁梳洗時，盡量避人耳目，聰明一點，譬如你可以穿身上有很多小口袋的狩獵背心或戶外活動背心，方便裝一些盥洗用品。

鮑勃也強調，警察不見得是敵人。有些車居客和露營車車主都提到曾被好心警察「叩門」的經驗，他們只是上門詢問車主還好嗎？有俄亥俄州的某位車居客說，有位很和氣的警察有時候會買咖啡過來請她喝。事先調查一下你要去的市鎮或者先跟其他車居客探聽一下，可以讓你大概知道當地人對車居族的態度是什麼。如果那地方很友善，最好的方法或許是直接到警察局跟他們說一下自己的倒楣經驗，再請教他們若要在這裡停車過夜，停哪裡比較安全。還有千萬記住，不管你的行動多隱祕，當地警方還是有可能清楚你的行蹤。「警察是很聰明的。如果你過去六個月來都『只是路過而已』，那一定有什麼問題。」

但是每個人都承認最好還是盡量避開警察。有些人的方法很聰明。比如說網路上有個車居客說他在行動電話裡下載了一種警方截聽器的 app，可以竊聽當地執法頻道的對話內容，這樣一來，要是有誰舉報他非法紮營，便能趕在警察出現前先落跑。這套方法也是為了另一個目的，要是有地痞流氓來找碴，他就把警方頻道的音量開大，嚇跑他們，因為它會發出靜電聲和低量的噪音，讓他的車聽起來像是臥底的執法車。

另一個人氣講座是鮑勃開講生活費運用方法，強調的是簡約主義，反對消費文化。鮑勃告訴大家，雖然他們是市場經濟的奴隸，但可以靠縮減對物質的需求和削減支出來極大化自己的自由。他說：「從社會的標準來看，我是個窮光蛋，但從車居族的標準來看，我過得很富足。」他建議大家可能的話，盡量用汽車共乘的方式進城，節省汽油，減少不必要的開車機會，也可以查看手機裡像 Gas Buddy 這類 app，找到較便宜的加油站。他也奉勸大家要存一筆大概兩千美元左右應急的錢，就算存得慢，也要另外準備一只信封，每天放三塊美元進去。他知道有人一個月的生活費是兩百五十美元。然後他問：「這裡有多少人一個月的生活費是以五百美元為上限？」結果只有幾個人舉手。「有多少人是零債務？」這時舉手的人不再稀稀疏疏，反而十分踴躍，結果引發現場聽眾的哄堂大笑和歡呼聲。有個傢伙站起來拍了一張快照，並驚嘆道：「你在美國其他地方絕對看不到這種場景。」

當有人提到如何邊旅行邊賺錢這個主題時，有位車居客當場透露他其實是個到處旅行的發牌員。全國各地的賭場都會雇用短期的發牌員來因應聯賽時的人手短缺問題，而且這工作很容易就有三十美元的時薪，工作日還有免費的餐點可吃。他在拉斯維加斯撲克牌世界大賽裡打第一份臨時工時，才短短七個禮拜就賺了一萬一千美元。他們的招聘流程好像對年長者並不介意，因為他遇過七、八十歲的發牌員。目前為止，這個工作他只想到兩個壞處：第一就是有望成為發牌員的人得先上培訓課程，有時候賭場會提供免費的培訓課程，不然就得先繳數百美元才能上課，第二是你必須每天洗澡。

聽過跟生活費有關的講座之後，琳達告訴我她不太確定自己要不要再回亞馬遜，因為發牌員的工作聽起來棒極了。這使她想起當年在河岸賭場當香煙女侍和酒吧女招待的經驗。「我可以很快上手！」她說道，「我要去做發牌員！」

其他講座還會教你如何安裝太陽能板，如何露營打工，如何利用有限的廚房空間烹調食物，如何在公有地上原始野營。在一場匿名的Q&A講座上，與會者用紙條寫下各種疑難雜症，丟進一只錫罐。主持人再將寫在紙條上的問題大聲念出來。如果我的家人不接受我的生活方式，我該怎麼辦？我要怎麼找到人跟我約會？偶爾也會有人開玩笑問，要如何在旅行車裡做愛？

鮑勃還教我們要怎麼到洛斯阿戈多內斯（Los Algodones）找便宜的牙醫看牙齒。洛斯阿戈多內斯是墨西哥的一個小鎮，就在下加利福尼亞州（Baja California），別號「臼齒鎮」（Molar City），因為在那裡才短短幾條街上，就齊聚了三百五十名專業牙醫。琳達也想找個時間去那裡修補她的上排假牙。有一次她彎腰要拍她的小狗摳摳時，假牙竟從她襯衫口袋裡掉出來，被她不小心踩到。鮑勃當初會去那兒，是因為他從內華達州的一名牙醫那裡拿到一張兩千五百美元的報價單，根本遠遠超過他的負擔範圍，最後他只花了六百美元就在洛斯阿戈多內斯做好了牙齒。雖然兩地看牙齒的價差不是每次都那麼誇張，但牙科手術的費用通常會比美國本地少一半左右。

從此鮑勃開始每年都到洛斯阿戈多內斯花二十五美元洗牙。由於在那座鎮上也有比較便宜的驗光師和藥局，於是也順道到那裡屯些藥品，好控制自己的高血壓毛病。那地方不需要處方籤，所以就付個一百美元做個視力檢查，配付新眼鏡。有一次我跟他一起踏上這場一年一度的短途旅行。我們一夥人共乘一輛車，從闊茲塞特附近的史卡登沖刷地開了八十英里路到尤馬，然後再往西開一段路，就抵達一座叫做安德雷得（Andrade）的邊界社區。我們把車停在一家賭場旁邊，那是在地的奎查恩族（Quechan tribe）開的，然後我們徒步穿過邊界，經過一面招牌，上面一排大寫字母BIENVENIDOS，意思是歡迎光臨；下面一排小寫字母警告來訪的美國人：在墨西哥，持槍是非法的。

鮑勃帶我們走進一棟外表嶄新的大樓，正面是玻璃帷幕和大理石。一幅橫幅廣告沿著右牆懸掛，上面有多張笑容燦爛大多是白人的病患照片，而這些照片就疊印在一張植牙的圖片上。我們穿過像鏡面一樣的前門，裡面的員工穿著藍灰色筆挺的醫院工作服，請我們先坐在牆上掛滿文憑和執照的候診間裡。鮑勃容許我跟他一起進入一間整潔到近乎無瑕的辦公室，他先前拍的X光片已被下載到一面顯示屏上。後來我離開大樓去城裡探索時，他仍仰坐在強光底下的診療椅上，張開嘴巴，讓他的牙醫往裡頭探看。

在街上的我經過了古玩店、賣酒的店鋪、助聽器打對折的幾面招牌，以及一家用白板在打折促銷威而鋼和減肥藥的藥店。某家店鋪前面，有兩個牙模技師坐在工作檯前，其中一個臉上敷著面膜，正用一把小弓鋸切割著石膏齒模。頭髮灰白的觀光客坐在戶外露台上吃著蝦餡玉米餅，啜飲著瑪格麗特，時而隨著現場音樂起舞。一位吉他手正低吟淺唱〈亡命之徒〉（*Desperado*）。轉過街角，〈加州旅店〉（*Hotel California*）的旋律從一間酒吧裡飄送過來。後來我看到一位游牧客在部落格裡的貼文，他也曾在RTR之後造訪洛斯阿戈多內斯，當時他來這裡洗牙和照X光片的時候，從頭到尾都有立體音響在播放〈達到巔峰〉（*Take It to the Limit*）和〈虛偽之眼〉（*Lyin' Eyes*）這兩首歌。看來在這兒不管走到哪裡，都很難不聽到老鷹合唱團的歌。

我們一直等到下午一點到三點的午餐尖峰時間過去，才去邊界崗哨排隊走回亞利桑納州，因為尖峰時間可能得排上一個多小時才能出境。

＊＊＊

我和琳達第一次碰面，是在聽完生活費的講座之後，那時琳達正在全心享受她初次造訪的橡膠浪人會。我問她有什麼收穫。「我的老天鵝啊，」她說道，「前幾天是我這幾年來第一次覺得喜樂。是喜樂哦！這比快樂要更上一層樓。」她說她跟希爾維安一起去城裡旅行，說到這裡時，笑到眼角都皺了起來。「我們只是開著她的小巴沿路找地方丟垃圾，我當下就有種感覺『這才是我們要的生活方式，實在太美好了。』」

過了幾天後，琳達感覺還在飄飄然。她告訴我她當初找到鮑勃的網站時，覺得自己仍處在求生的模式裡。「但現在我不只活了下來，而且還茁壯成長！」她驚嘆道。「你應該懂這感覺，你希望在老年的時候有更多的成長，而不只是一天拖過一天地苟活下去。」

在倉庫裡忙了幾個月後，她終於可以好好放鬆。她平常討厭的事情現在都變得有趣了，就好比那個老是打電話來找另一位女士的收帳員，因為那位女士以前的電話號碼是琳達現在的號碼。先前琳達總會很盡責地向對方解釋始末，但現在她的回答一概是：「你等一下，我去叫她！」然後把電話擱在一旁，讓對方等上二十分鐘。她被自己的玩笑逗得好樂。

珍和艾許一直到一月中才來RTR找琳達。她們做完亞馬遜的工作之後，便回科羅拉多州探訪家人，也去了大峽谷的南緣健行，還到新墨西哥州參觀各種地球方舟。她們一找到琳達，就把那輛Manatee停在她的露營車正後方。剛來到這裡的她們，發現她已經交了很多新朋友，等著要介紹給她們，但她們一點也不覺得意外。

其中一個新朋友是六十一歲的露易絲·密德爾頓（Lois Middleton），她就在附近紮營，住的是一輛十英尺長、一九六五年分的Aloha拖車式活動房屋，取名為甜蜜的家（Home Sweet Home），或稱小露家（Lil's Homey）。露易絲跟琳達一樣以前都當過建築稽核員。可是在華盛頓州的溫哥華市（Vancouver）做了二十幾年的建築稽核員之後，竟然在二〇一〇年那場陰森逼近的裁員風暴裡被硬生擠了出來。禍不單行的她，父親隨後也過世，她的車子被收回，她的房子被法拍。她宣告破產。本來她希望能搬去跟她兒子住，結果連她兒子的房子也被法拍。露易絲開著小露家出發上路時，根本不知道接下來會發生什麼。或者就像她告訴我的：「我的計畫就是沒有計畫。」

當時琳達還不知道她已經認識了一位後來成為她密友的女士（她們才剛認識就戲稱是彼此的BFF〔best friend forever，最好的朋友〕，只是那一開始聽起來很像是半開玩笑的千禧世代語言，過了一段時間之後，玩笑消失了，剩下的便是最真誠的友誼了）。拉雯妮．艾利斯（LaVonne Ellis）是一位六十七歲的作家，自十月起便開車上路。她以前是做新聞廣播的，曾擔任過ABC的電台通訊記者，最後落腳在明尼阿波利斯市（Minneapolis）的電台。可是後來來了一個新老闆，把新聞部撤了，她被拔擢到管理階層，但她做不下去，只好走人。她本來以為很快就會再找到工作，卻發現五十幾歲的她要再回到職場很難。「我應該是超齡了。」她回憶道。為了找工作，她先搬去跟她姊姊住，後來終於有人給了她一份臨時的工作：三十秒的路況報導，時薪十美元。她接受了。先是在洛杉磯做，後來在聖地牙哥。她手頭吃緊——尤其因為她是單親媽媽，小兒子還住在家裡——但她設法撐了下去，直到偏頭痛的毛病擊倒了她。有很長一段時間，她發現自己對化學製品和香味很敏感。她盡量在家裡改用無氣味的清潔用品，但是在辦公室裡連待幾個小時總是令她劇烈頭痛。最後她只好辭職，靠社會福利金和殘障補助過活。雖然她好不容易在網路上找到按件計酬的工作，但收入一直不夠多。她只能搬去跟她兒子和媳婦合住，那是一間只有一個臥房的公寓，晚上她只能睡在客廳的行軍床上。她覺得自己好像是賴著他們。她討厭這種感覺，可是她又不知道自己能去哪裡。但這樣下去也不是辦法。這時她讀到一本有關車居生活的書，於是有了點子。

二〇一三年夏天，拉雯妮租了一輛車、借了一頂帳篷，跑去參加亞利桑納州弗拉格斯坦夫附近一個縮小版的橡膠浪人會。她在她的部落格「就是怪咖」裡這樣形容這個轉變性的經驗：

我找到屬於我的族群了：這是一群不太適應這個環境的人，但他們用愛和包容陪在我身邊。我所謂的不太適應環境，並不代表他們是魯蛇或離經叛道。這些人都是很聰明、很熱情、工作很認真的美國人，只是他們不再把社會階級看在眼裡。在追求了一輩子的美國夢之後，他們得到了一個結論——美國夢只是一場大騙局。

她太喜歡那次經驗了，於是買了一輛旅行車。那是一部二〇〇三年分、紅褐色的GMC Safari，里程表已經跑了十二萬九千英里。她是在埃爾卡洪市（El Cajon）的一家二手車行以四千九百九十五美元買下的，她幫它取了一個跟她一樣的名字拉雯妮，從此後座成了她的沙發和床鋪，她甚至在掀背式的後車門那裡弄了一個廚房。她靠自己的社安退休金過活，並著手寫自傳，還訂定了目標要還清債務、付清汽車尾款，以及存一筆平常可應急的錢。她是在遇見琳達的兩個月前，才搬進車子裡住，然後就開車去找鮑勃。這樣的改變其實一開始並不輕鬆，尤其因為夜裡非常冷。鮑勃好心借她溫暖的睡袋，並堅持不用還，他的說詞是：「我本來就不喜歡這個睡袋。」如今拉雯妮是以完全合格的車居客身分在享受第一次的RTR經驗。她新交到的兩個朋友幫忙她把太陽能板裝在車頂上。她自願擔任這個團體的每日健行領隊，每天一早八點半就從營火處集合出發。有一次她公開邀請大夥兒到她的營位享用炒蛋馬鈴薯早餐。我帶了柳橙汁和雞蛋過去。當時拉雯妮用懷疑的目光看我一眼，她說那是因為大家都不確定有個記者在旁邊晃來晃去，這樣到底好不好。他們擔心我會害他們看起來像是「一群無家可歸的流浪漢」。我告訴她，我沒打算那麼做，然後就去找其他也來吃飯的人聊天。

那段期間，拉雯妮和其他營地裡的人都在巴望著參加另一場跟RTR有點重疊的活動，那個活動每年都會吸引數以千計的游牧客參加：闊茲塞特運動、假期和露營車秀（Quartzsite Sports, Vacation & RV Show），活動名稱長到大家索性簡稱它為「大營帳」（Big Tent）。由於活動現場有超過兩百家參展單位，所以感覺很像是電視購物台的一場超大型節目。戴著耳麥、大聲招攬生意的廠商現場示範Vitamix生機飲食果汁機和魔術拖把。攤位上兜售著琳瑯滿目的藥物，從焦慮症（anxiety）、關節炎（arthritis）、背痛（backache）、姆囊炎（bunions），痛風（gout）、足跟骨刺（heel spurs），到肌肉痠痛（sore muscles）和坐骨神經痛（sciatica），像英文字母表一樣ABCD……一路排下來。還有個廠商承諾幫那些因購買自走式露營車而負債的車主們，在招牌上寫著：「我們有辦法幫你擺脫露營車的債務。」現場也有美國天體娛樂協會、雙峰露營車保險公司和美國郵箱前來擺攤。若有流動工人急需一個南達科他州的住址，美國郵箱這家公司可以提供「郵件轉送和戶籍地址服務」。除此之外，也有賣黏毛滾筒、超級強力膠、寵物名牌、槍械訓練課程和按摩枕頭的各種攤子。

另外也有攤位在召募露營打工客。亞馬遜就派出業務代表在現場幫想參加的人登記名字，同時致贈便利貼做為紀念品，紀念品上面還印有「露營車勞動力」的微笑標識。美國林務局的特許經銷商也來了，只要有誰經過攤位，便被極力鼓吹申請營地管理員的工作。有幾個人正在面試求職者，當場分派工作地點。有個代表正要拿制服給新進員工。一家叫做專業人才快雇的人力派遣公司正在為一年一度的甜菜採收季召募工人。「如果你願意填寫這些表格，就是下一季的採收工人了，」召聘專員這樣告訴我。「我們今天就可以雇用你。」

其中一個最搶眼的攤位，它的招牌還裝了背景燈，上面寫著：「冒險樂園」。招牌下面是三折式的展示板，貼了很多銀髮族工人的照片，他們穿著一式的藍色馬球衫、別著塑膠名牌，滿臉笑容地或坐在雲霄飛車的前車廂裡，或搭乘老式火車頭，或閒逛Chicken Shack速食店，或抱著遊樂場裡贏來的超大型絨毛玩具。另外還在這些快照當中放了很多卡通做點綴，包括黃色的笑臉符號、一隻垂著舌頭的狗狗吉祥物，上面印著廣告標語：

好像又變回了小孩！

嘿！露營打工客，玩樂時間到了！

露營＋工作＋微笑＝玩樂!!!

位在愛荷華州奧爾托納市（Altoona）的冒險樂園以前就曾派出召募專員，找來三百名左右的露營打工客幫忙操作園內的遊樂設施和遊戲，以及販售商品，時薪從七塊兩毛五到七塊五毛美元。這座遊樂園擁有一座活動房屋停放場，就在園區附近，因此鼓勵他們的員工把露營車停在那裡，但是要收費。從六月到九月的月租是一百六十美元，但員工如果待到整個季節結束，就可以退八月和九月的月租費。

這個冒險樂園近二十年來都是雇用年紀較長的勞工，管理階層最是欣賞這些勞工的樂觀心態。「我覺得有些露營打工客很健談，連跟一根電線桿都可以聊得起勁，」該樂園的人力資源總監蓋瑞・帕德庫柏（Gary Pardekooper）曾在二〇一二年接受《露營打工客新聞》的視頻專訪時，很是誇張地這樣說道。「我們欣賞他們這一點，我們的客人也是。」

我自始至終就只認識一個曾在冒險樂園工作過的露營打工客。她在芬利鎮的亞馬遜倉庫工作時，我曾跟她聊過。她不喜歡冒險樂園。「管理階層很可怕，客人真的真的很糟糕，天氣也很嚇人，那裡是愛荷華州，天氣熱到爆。」六十二歲的婦人脫口而出，而且還說她很多同事也覺得工作待遇很糟，後來都辭職不幹。「有個老兄氣到當場跳進他的自走式露營車，雨篷都還沒收，固定樁也還卡在地上，他卻硬是把車開走，」她止不住大笑地形容那個頂篷在風裡不停翻飛的樣子。

我當時還沒去過那家遊樂園，不過隔年七月中的時候，因為一趟橫越全美的公路之旅，我剛好順道經過那裡。那天下午很濕熱，氣溫大概華氏九十幾度，地上熱氣騰騰的，那座主題樂園看上去就像是糖果色的海市蜃樓，夾在大片綠色玉米田和「北美大草原」中間（北美大草原是一家賽馬場的建物名稱，就在它隔壁）。員工駐紮的營地種植了多株白蠟樹，多輛露營車刻意秀出美國國旗，就地展示來自美國心臟地帶——愛荷華州、內布拉斯加州、明尼蘇達州和南達科他州——的車牌。有一兩頂帳篷紮在營地後方。有少數游牧客看來已經成為那裡的長期居民，因為有幾輛車子的輪胎四周長出了雜草，五加侖裝的水桶裡也種出已經熟透的番茄。

園區裡的員工似乎被明顯畫分為當地高中生和銀髮族兩派。那裡有很多賣紀念品的店。其中一家賣的是T恤，T恤上面印著Wanna Taco 'Bout Jesus? Lettuce Pray[21]，和上帝比任何失敗的計畫、債務、疾病、軍隊或天大的困難都來得偉大的字樣。在另一家店裡，一個六十幾歲的店員正在興奮地談論最近的加薪令大家很驚喜。他們現在的時薪是八塊五毛了。她和她的同事都揣測這應該是同行調薪的壓力，畢竟渥爾瑪商場現在的時薪已經是九塊美元了。她還說雖然她只是來這裡兼差，但因為遊樂園人力短缺，所以都幫她排全日班（也難怪旺季都過了一半，園區裡竟還在到處張貼徵人廣告。「急徵人手！充滿樂趣的夏季工作。與你的朋友一起歡樂共事！」）。我換了個話題，問她最喜歡的遊樂設施是什麼。「我最喜歡有人開高爾夫球車讓我搭便車回家。」[22]她語帶雙關地說道。

另一個七十七歲的店員說她以前是冒險樂園的召募專員。她很驕傲的是，縱然她的同事們都年事已高，而且有些行動不便，但還是阻止不了他們對工作的熱情。她還說她現在就有個很要好的同事已經高齡八十。「以前我部門還有個同事已經八十六歲，」她說道。「也有一個男同事是坐輪椅的，他會用計時器算人數，於是就把他派駐在水上樂園那裡。我們還有一個獨臂男同事，負責監管所有的遊樂設施。」而在龍捲風雲霄飛車那裡，負責操作設施的是一個戴著金邊雙焦眼鏡和寬邊草帽的老先生，他告訴我他八十一歲了。

但再樂觀的心態也攔不住悲劇的發生。我造訪過冒險樂園後不到一年，有名露營打工客就在那裡殉職了。他是已經退休的郵差兼牧師，六十八歲，名叫史帝夫．布赫（Steve Booher），當時因為載送橡皮艇的輸送帶提早啟動，他還在幫忙滑浪飛船的乘客從橡皮艇下來，橡皮艇突然往前晃，他的一隻腳仍踩在橡皮艇裡，結果害他從水泥平台上跌進輸送帶，頭殼破裂。

冒險樂園第二天就重新開放滑浪飛船。偵查工作完成後，州政府一個負責監管工作環境的機構，在兩個月後寄出了一張違規通知給這家遊樂園，要求他們進行安全升級，同時處以四千五百美元的罰鍰。

＊＊＊

大帳蓬活動一開幕，橡膠浪人會裡的氛圍就起了變化。在那之前，日子過得有點懶洋洋，

---

21 這裡故意玩弄文字遊戲，正常英文應該是Wanna Talk About Jesus? Let's Pray（想跟耶穌談話？來禱告吧！）。故意用Taco 'Bout取代Talk About，Lettuce取代Let's。Taco是墨西哥玉米餅，Lettuce是萵苣。

22 ride是遊樂設施的意思，但也是搭便車的意思。

現在卻感覺速度飛快。很多人消失不見，到城裡一日遊去了。他們一回到營地裡，各種提問跟著滿天飛。你接下來要去哪裡？我會再見到你嗎？你找到工作了嗎？免費紮營的十四天期限就要到了，今年沒有人可以躲得掉。橡膠浪人會的第一天，土地管理局就來了一個專員簽發許可證，再記下每個人的牌照號碼。沒多久露營客就得遷移到至少二十五英里外的地方。

大遷移即將開始。有少數人會自行離開，也有人自組小隊，集體行動。有時候若是夠幸運，身上既有護照也有夠多的油錢，墨西哥巴賈半島（Baja）的海灘就會成為首選。通常都會有一隊人馬前去造訪板城（Slab City），那裡以前曾是軍事基地，就坐落在薩爾頓海（Salton Sea）的附近，曾自稱是「最後的自由之地」（那裡有個RTR前哨站，別名叫「鮑勃之友」），聚集了很多違建戶、素人藝術家和避冬的候鳥老人。但也有人會去尤馬。另一個人氣很旺的紮營點是福圖納水塘（Fortuna Pond），白天的時候它是寧靜的水塘，但天黑之後，就像電影《暮光之城》（*The Twilight Zone*）的場景，因為會有無人機整夜嗡嗡作響地噴灑濃藥，大片田野在它的強光下泛著慘綠的光。

RTR結束後，鮑勃就拆掉了看板。希爾維安把自由堆放區裡剩下的東西，包括那頂沒人要的寬邊大草帽，全數打包捐給當地的慈善舊貨商店。琳達煮了咖啡，我陪她喝了一杯，然後她就秀給我看新的電磁閥，那是一個朋友幫她裝的。這玩意兒可以讓她在開車的時候幫露營車的屋子充電，並關掉她汽車電瓶溢流出來的電。然後沒多久，有消息傳來說鮑勃的下一個目的地是埃倫伯格（Ehrenberg），歡迎有志一同的人結伴前往。於是琳達火速拔營，與珍和艾許相擁道別。這兩個女孩打算先去西南部晃晃，再去接下一份工作。她們會在山裡頭的七號搖晃農場打工，農場就在薩利納斯山谷（Salinas Valley）的東邊，艾許稱它是「史坦貝克的國度」，是一個叫WWOOF全球網絡旗下的一個單位（World Wide Opportunities on Organic Farms，有機農場的全球性機會的簡稱），裡頭的成員會交易食物、住所，以及由志工授課的勞工培訓課程，會員都自稱自己是WWOOFers。等到在農場打工完之後，她們要到比較內陸的地方去接另一份支薪工作，在紅杉國家森林公園擔任營地管理員。

琳達循著十號州際公路西行，朝科羅拉多河的方向前進，然後在一家飛J卡車休息站附近，亦即還沒出加州州界之前就駛離州際公路，轉向一條臨街的道路，然後經過一面「此路不通」的招牌，繼續往前開。這裡的景色荒涼空蕩，地面上覆滿礫石，只零星散布一些綠色植被。相較之下，闊茲塞特四周的沙漠倒像是伊甸園了。幾輛久經風吹日晒的老舊露營車藏身在這條沒鋪柏油的道路兩旁，扁平的輪胎和年久失修的外觀，讓人一看就知它們幾年前便停在此處，再也沒離開過，裡頭的住戶已經完全安頓下來，一年到頭守在這裡。理論上來說，土地管理局對此地有十四天的紮營上限規定，但這條規定以及這塊地方，總的來說，泰半被訪客和巡守人員視而不見，原因可能是這裡真的太鳥不拉屎，鮮少有露營客會想待下來，於是就讓少數喜歡離群索居的露營客占了這點便宜。我來過此地數次，但從沒見過巡守員，也沒聽說過有誰被要求離開此處。

停放在這裡的露營車會把彼此間的距離拉得比RTR那裡還要遠。本就個性內向、不喜與人交往的車主們，在經過兩個禮拜的密集社交活動之後，現在個個都在修身養性，讓自己慢慢恢復過來。但有些人還是會一早起來一起喝咖啡。有一次喝完咖啡後，我找到了還待在車裡沒出來的希爾維安，有愛貓雷拉作伴的她正在讀一本書，書名是《哈姆雷特的磨坊：調查人類知識的起源以及透過神話的知識傳播方式》（*Hamlet's Mill: An Essay Investigating the Origins of Human Knowledge and Its Transmission Through Myth*）。

「你認為有多少人在這裡紮營？」我問道。

「沒人知道！」她開心地回答我。「這樣才好啊。這裡是美國的化外之地。」雖然大家的營位分得很開，而且露營客不時來來去去，但數量似乎都維持在十五個左右。我在這裡也碰到了拉雯妮。她比在RTR的時候熱情多了，心情上輕鬆了不少。她放聲大笑，對她上次說局外人可能會把這群人視為「一群無家可歸的流浪漢」這件事聳了聳肩。

「為什麼無家可歸這想法會讓人這麼情緒化？」她沉思道。「有些人會認為我無家可歸，但我不是，我有地方可以住。」但她也解釋說，她一想到她幫自己做出不同的歸類，便覺得有罪惡感，活像這可能會加深那種被誇大的社會烙印。

這時候的拉雯妮和琳達兩人已經要好到決定要試著一起去工作。琳達的下一份工作是營地管理員，春天就得報到，地點是猛獁湖的舍溫溪營地。而這時候的大營帳活動還沒結束，加州土地管理局的召聘專員在那裡設有一個攤位。拉雯妮和另一個也在找工作的游牧客：住在一輛Nissan Sentra車裡、現年五十九歲的崔西・海依（Trish Hay），在琳達的建議下，計畫去那裡求職。

那天下午，我坐在琳達旁邊，當時她正在用茶壺燒洗碗水。她說她本來可以要用熱水立即有，可是內華達州那個人賣錯了電池給她，她原本是要買來幫露營車的屋內電力供電……結果她買到的是引擎啟動式電池而不是深循環電池，意思是不會有足夠的電力把她沙發底下水箱裡的水打進洗碗槽裡。她很高興能來埃倫伯格，但她不打算像拉雯妮那樣待那麼久，後者計畫跟著剩下的幾位RTR成員繼續追隨鮑勃。而鮑勃照往常的慣例會待在埃倫伯格直到天氣變熱，響尾蛇從冬眠中醒來，才會移往海拔比較高的卡頓伍德和弗拉格斯坦夫。可是琳達在做下一份工作之前，還有一些重要的事情得先處理，包括找一塊地，以及清空以前租用的個人倉庫。所以沒多久，她已跟大家說再見了。

她離開後，拉雯妮在她的部落格裡貼了一張琳達的照片，同時寫道：

又一個新朋友離開我，繼續往前走，我又得難過一次了。他們一個接一個地前往別處。我相信我會再見到他們，但這種悲傷是游牧生活無法擺脫的苦果。人們在你的生命裡來來去去。你不可能永遠留住他們。

這位是琳達．梅依，她就像大家的乾媽一樣總是用法國吐司把我們餵得飽飽的，令我們捧腹大笑。沒有人不喜歡琳達。她出發去找一塊地，打算在那裡蓋一棟不破壞生態平衡、水電自理的地球方舟。我答應她要去幫她蓋（不過就是幫忙把土敲進廢輪胎裡而己），才能與她再次相聚。

＊＊＊

琳達離開她的朋友後，又往東南方開了三百八十英里，來到亞利桑納州的科奇斯郡（Cochise County），這地方的建築法規很鬆散，土地很便宜。她希望能在這裡找到幾英畝的地來蓋地球方舟，可是在經過幾個小時的探索之後，她大失所望。才剛體驗過橡膠浪人會，情緒還在高點的她（整個聚會很溫暖，給人心連心的感覺）實在對遺世獨居的隱士生活不怎麼感興趣。「不會有人跑到這裡來找我，」她心想。「我最好還是找個家人可以來拜訪我的地方，這才是最重要的。他們要能見到我，一家人才能團聚啊。」她在墨西哥邊界附近一處停車場夜宿了一個晚上就開車回去了。

然後她去了鳳凰城的郊區清理那個租了四年的個人倉庫（「我真想丟根火柴進去。」她稍早這樣想道）。最後她把東西全裝進一台搬家卡車裡，再前往她朋友位在亞利桑納州新河市一處占地五英畝的莊園。她先留下她要的紀念品，包括外孫朱利安念幼稚園時畫的水彩，畫作裡的動物很像是貓；她小女兒薇樂莉（Valerie）送給她的生日卡，上面是一個穿著仙人掌比基尼的海報女郎，卡片上的文字打趣道：「你還是很有型！」至於其他所有東西，包括老式的錄音機、燈罩飾有簇毛的玻璃燈、成堆的炊具全都不要了。她舉辦後院大拍賣。在扣除搬家卡車的搬運成本之後，第一個周末只淨賺九十九塊七毛五美元。「我再也不要租個人倉庫了。」琳達發誓道。不久後，她寫信給我，分享了一則她在網路上看到的文句，她覺得挺有意思的：「砍掉約束自由的所有束縛，奮戰在所難免，沮喪隨時奉陪。」

這時候的橡膠浪人部落已經離開了天氣開始熱到讓人不舒服的埃倫伯格，遷往卡頓伍德附近的普雷斯卡特國家森林區（Prescott National Forest），這裡的海拔高了三千多英尺，氣溫涼了十度左右。車居客各自拉開距離，開始紮營。有人把車停在空曠處，有人為了觀賞陽光下斑駁的高地美景而停在山上，也有人在林木叢生、吹不到風的山腳下悄悄安頓下來。鮑勃、拉雯妮和希爾維安都在那裡，還有琳達新交到的幾個朋友，包括三十四歲的阿特勒·博莫爾（Atli Pommer），他以前是接駁巴士的司機，現在住在一輛雪佛蘭Astro旅行車裡，並以一九六〇年代歌手多諾萬（Don-ovan）的名字為它命名；還有六十五歲的薩米爾·阿里（Sameer Ali），他以前擁有一家飼羊場，養的都是伊斯蘭教律法下可做為合法食物的羊隻，卻因西部旱災造成乾草價格飆升而失去了一切，如今他跟他的吉娃娃皮可先生（Mr. Pico）住在一輛旅行車裡（薩米爾是務實的伊斯蘭教教徒，他靠著iPone手機裡的app把信仰變得可以隨身攜帶，因為這個app會每天五次提醒他禱告，他也會利用app裡的指南針確認麥加的方向，所以他停車時，車頭總是對準敬拜的方向。他曾驚嘆道：「我有個萬能的app。」）。

等到後院大拍賣結束後，已經是三月底。於是琳達駛往卡頓伍德，剛好趕上他們的披薩派對。鮑勃花了二十八塊美金用小凱薩餐廳的餡餅設法餵飽了十一個人。派對過後，他們靠散步來消化食物，在粉嫩色彩的落日餘暉下徒步健行。這群游牧客大多是女性，七個女的，三個男的，再加一個十幾歲的男孩。鮑勃後來說，在一個長久貶抑女性獨立自主的文化氛圍裡，女多男少似乎不是壞事。

第二天來了一個森林巡守員。他一臉困惑地詢問這個團體是個社團嗎？薩米爾回答：「我想應該是吧！」巡守員又問他們在這裡待了多久。鮑勃說了一個善意的謊言：他們才來這裡四天（事實上，已經超過兩個禮拜）。最後巡守員記下他們的車牌號碼就走了。這表示免費紮營十四天的上限規定開始倒數計時，所以現在這個部落裡的人得決定下一站要去哪裡。他們後來落腳在弗拉格斯坦夫附近的凱巴布國家森林公園（Kaibab National Forest）。那裡海拔七千英尺，氣候更為涼爽。但這段時間，琳達露營車的車頂狀況不太好。她希望趕在搬遷之前把車頂修補好，因為液態橡膠在天候溫暖時乾得比較快。RTR部落裡有一個叫做韋恩（Wayne）的專業畫家，他爬上車頂，用長手把的滾筒把密封膠敷上去。車頂的修補工作即時完成。

來到弗拉格斯坦夫的他們，把車停在林相高聳的松樹林裡。琳達還在臉書上貼了照片，好讓她的親友可以看見她的近況。「狗狗們和我都很喜歡這裡，」她寫道。「這麼漂亮的園子，你願意付多少錢去買呢？它是免費的哦！」琳達親自下廚燒了晚餐請韋恩吃，謝謝他的幫忙，菜色有漢堡牛排、馬鈴薯泥和肉汁，用來裝盤上菜的是她在某遺物出售會上買到的一九三〇年代堪薩斯城鐵路瓷盤。她心想既然這些盤子能完好無缺地挺過四分之三個世紀，那應該夠結實，就算放在她的露營車裡一路顛簸，也不會破損吧。除此之外，琳達也開始常跟洛莉．希克斯（Lori Hicks）一塊出去玩，洛莉是個單親媽媽，有心臟病，跟她十三歲的兒子羅素（Russell）還有他們的狗狗凱莉（Kaylee）一起住在一輛一九九五年分、暱稱為寶貝兒（Babe）的藍色雪佛蘭Tahoe旅行車裡，這名字來自於保羅．班揚[23]所養的牛。她們常一塊探索這兒的新環境。有一次羅素和凱莉到琳達的營位造訪時，竟意外找到一顆很巨大的麋鹿頭骨。同時琳達也給了洛莉一本《查理與我》（*Travels with Charley*），洛莉津津有味地讀完它。約翰．史坦貝克開著皮卡野營車跟他的法國貴賓犬展開公路旅行的這段故事深受游牧族的喜愛，成員之間經常傳閱這本已經被翻得破爛的書。*

幾天後，琳達就得走了。她的下一份在東賽拉山猛獁湖擔任營地管理員的工作，得開始上工了。她第一天開了十個小時的車，晚上停在內華達州托諾帕一家德士古加油站（Texaco）過夜。琳達那晚有帶狗狗們去散步，回到露營車後，摳摳竟然癲癇，全身僵硬抽搐，然後就癱軟在地，沒了呼吸。琳達嚇得趕緊口對口地大力吐氣進去。沒多久，摳摳醒來，身體還是很僵

---

23 Paul Bunyan是美國傳說中的伐木巨人。

* 作者註：在橡膠浪人會的營火會上，有個傢伙很驚愕我竟然沒讀過《查理與我》。於是第二天他來到我停車的地方，借了一本平裝本給我。另外還有幾本書也被囊括在這個次文化的文學經典裡，包括威廉．劉易斯．特羅格登（William Least Heat-Moon）的《藍色公路》（*Blue Highways*）、愛德華．艾比（Edward Abbey）的《沙漠隱士》（*Desert Solitaire*）、強．克拉庫爾（Jon Krakauer）的《阿拉斯加之死》（*Into the Wild*）、亨利．戴維．梭羅（Henry David Thoreau）的《湖濱散記》（*Walden*），以及雪兒．史翠德（Cheryl Strayed）的《那時候，我只剩下勇敢》（*Wild*）。

硬，但已經有呼吸。琳達拿了一袋冷凍蔬菜壓在小狗背上，她聽說過冰袋可用來緩解犬類的癲癇，然後再打電話給她女兒。奧黛拉對精油頗有研究，她建議她使用乳香精油。琳達敷了一些在摳摳的腳掌上。狗狗的肌肉終於放鬆，沒多久便開始打呼。琳達又觀察了幾個小時，兩眼一逕盯著牠那上下起伏的胸膛。第二天早上，摳摳看起來一切正常。餘悸猶存的琳達再度開車上路，駛過一百五十英里的最後一段路，來到猛瑪湖。

琳達四月中抵達舍溫溪營地時，那裡仍一片寂靜，唯一的訪客只有野鹿和一輛載著雪橇犬要去拍攝電影的卡車。可是不到一個禮拜，寒流就來襲。幾近一英尺長的冰柱垂掛在她的自走式露營車駕駛室外面，車頂積滿厚厚的雪，這是自從琳達住進露營車以來從沒見過的景象。但還好車內乾燥溫暖，新修好的車頂沒有漏水。摳摳似乎也身體無恙。琳達那時心想，整體來說，她的生活是美好的。四月二十八日當天，是她戒酒滿二十四年的週年紀念，她為自己慶生。「我在寫這段文字時，其實已經感恩到淚流滿面，」她在臉書上貼文寫道，「我最大的外孫已經二十一歲，他從小就像見證奇蹟一樣，擁有一個頭腦清醒又可愛的外婆。禱告應驗了，我很快樂、很歡喜、也很自由。」

琳達曾經妙語形容，恭喜一個酒鬼不喝酒，就像誇獎一個有痔瘡的牛仔不騎馬一樣。話雖如此，親朋好友的熱情留言還是灌爆了她的網頁，為這個重要的里程碑同聲慶賀。「我們這一家人世代以來備受酒癮折磨，謝謝你挺身對抗，為我們帶來希望的光與自我的覺醒，」奧黛拉寫道。「我好愛你。」

雖然手頭吃緊，但打擊不了琳達的樂觀心態。備糧儘管愈來愈少，她卻盡情發揮料理上的巧思，充分利用僅剩的食材，把走味的墨西哥薄餅煮成鹹味炒餅，把過期麵包做成焗烤法式吐司。最後那些不易腐敗的食品幾乎都快被她吃光，冰箱裡只剩下四顆蛋、半加侖牛奶以及一些調味料：番茄醬、美乃滋、芥末醬和果醬，她戲稱「這全都是用來塗在食物上的食物」。後來她領到了薪水，就又把食物補齊了。

琳達和我在五月底時通過一次電話。「今天天氣很好！我的營地都客滿了，」她開心地說道。我問她找到合意的土地了嗎？琳達卻跟我說，上次的探勘結果很失望，她現在已經把目標轉移到加州的胡利安鎮（Julian）附近，就在聖地牙哥的東邊，只有一小時的車程。她告訴我：「那地方在山區裡，以前是一座採金礦的小鎮，很漂亮。而且萬一就像那些有備族[24]想的一樣遇到了什麼倒楣事，那裡也離水源很近。萬一碰上旱災，還是有水可用。畢竟天氣的變化誰都抓不準。」此外琳達也希望能快一點存到錢買地。她的營地管理員工作會做到初秋，然後再回「露營車勞動力」那裡工作。她上次在亞馬遜打工時手腕的工傷還沒完全好，可是因為還有好幾個月才要回去那裡工作，所以琳達相信應該來得及好起來。幾個禮拜前，她才幫忙召募了一個想去那裡打工的車居客，不過對方很擔心自己無法承受得了那麼繁重的工作。琳達跟她說：「別擔心，我們可以互相幫忙。」

24 preppers，有備族是因當今全球災難頻傳而形成的新族群，會對各種潛在性的災難做出一些本能性的準備工作。

琳達也告訴我她現在好得不得了。「我這一生起起伏伏，」她解釋道，「但是我最快樂的時光卻是我幾乎什麼都沒有的時候。」我們談到她的狗狗們，也談到她希望怎麼整修露營車。但沒多久，她就有事先掛電話（「好像有露營客在敲我的門欸！」），回去工作了。

第八章　我的海倫

琳達在舍溫溪營地工作的同時，我其實一直在訪談露營打工客，而且已經進行了六個月左右。那時候我也同時在搜索網路、平面和廣播媒體，只要跟這個次文化有關的任何資訊，都在我的範圍內。但是我找到的內容大多把露營打工這件事說得像是一種很陽光的生活方式，或甚至很古怪的嗜好，而不是美國人因負擔不起傳統住宅而出走，所使出的一種靠微薄工資勉強度日的求生策略。

在美國國家公共廣播電台（NPR）《新聞面面觀》（*All Things Considered*）的其中一個單元裡，記者的開場白就是：「聖誕老公公當然需要小精靈來幫忙他準時送達禮物。亞馬遜網站需要露營打工客！」然後這位記者就介紹露營車勞動力裡的一位臨時工，後者住在堪薩斯州科菲威爾的大酋長露營車停放場裡。在這三分鐘的單元裡，他們聊的大多是橫越全美的旅行和一路結交新朋友所帶來的種種樂趣。這場談話有四次被大笑聲打斷。

其他則報導就沒那麼歡樂了，不過還是很強調公路旅行的刺激與好玩，以及志同道合者之間堅定的情誼，完全迴避公路上那些會讓人重新思索人生的艱難挑戰。在某方面而言，其實不能怪那些記者片面接受我剛做訪談時也曾有過的類似印象。畢竟一個只空降一個下午的採訪記者，鮮少能近距離聽見足夠真實的聲音。我第一次接觸露營打工客時，一樣也是遇到這種陳腔爛調的歡樂說詞。但還好我也聽到了警告聲。有一個在「露營車勞動力」裡打工的露營車車主同意見我，但是有個但書：我最好不要把他和他的伙伴們描繪成面臨經濟危機的美國人。「你可以很容易找到許多好逸惡勞、游手好閒的懶惰傢伙，他們對於任何事情都喜歡抱怨，但我不是他們。」

我在《露營打工客新聞》裡看到了類似「不准抱怨」的觀點，它是一本雙月刊，目標鎖定游牧族，標題上寫道：「你需要心態調整嗎？」然後下面的內文就在敦促那些工作上遇到問題、心情不好的露營打工客可藉由內省的方式找到解決的對策。作者在文中建議：「看看能否用類似以下說法來安慰自己、改變心態，不再被消沉的情緒擊倒：『我們又不是要在這裡工作一輩子，這只是一種達到目的的手段。我們就要去旅行了，會花點時間好好探索這地方（或者去探訪家人），活出我們的夢想。』」

這些激勵人心的話很不真實，但也不會令人太意外。畢竟正面思考一向是典型美國人的應對機制，幾乎成了一種全國性活動。作家詹姆斯・羅帝（James Rorty）曾在經濟大蕭條期間注意到這個現象，當時他正周遊全美，訪談那些被迫上路尋找工作的失業勞工。一九三六年，他出了一本書叫《一個生活更美好的地方》（*Where Life is Better*），在書中他很失望竟然有這麼多受訪者似乎都樂觀到無可救藥。「在這長達一萬五千英里的旅途上，我遇到最噁心又最令人驚駭的事情莫過於這種美國式『假裝相信』成癮症。」他這樣寫道。

我沒有那麼憤世嫉俗。雖然這種在動盪時代一定要拿出來、而且要刻意表現給陌生人看的樂觀心態，實屬人類的天性，但是在那些游牧客身上，還有一些其他東西。在我看來，人類其實是可以一邊掙扎求生、一邊保持樂觀心態的，哪怕是正在經歷最能考驗靈魂的那種挑戰。這並不表示他們刻意否認，反而是證實了人類在面對逆境時，顯然有能力自我調適、尋求意義和互相取暖。誠如蕾貝卡・索爾尼特（Rebecca Solnit）在她的著作《建在地獄裡的天堂》（*A Paradise Built in Hell: The Extraordinary Communities That Arise in Disaster*）中所指出，人們處於危難時不只會振作起來，還會用「鮮明又激烈的喜樂」態度來自我提振。遇到困境的我們，意志是有可能被動搖，但也能在那些有人分享的時刻裡找到快樂，譬如跟其他露營打工客圍坐在星空下的營火旁。

換句話說，我過去幾個月來一直在訪談的游牧族，他們既不是軟弱的受害者，也不是毫無牽掛的冒險家。這裡頭的真相其實很微妙，但是我要怎麼抽絲剝繭呢？那時候的我已經不再是一個一天來回的旅客，反而會花好幾個禮拜的時間與露營打工客近距離相處，長途跋涉橫越五州，詳細記載他們的故事，並在他們冬季聚會時，夜裡溫度降到華式三十幾度，還繼續待在闊茲塞特的一頂帳篷裡。只是那時我對他們的瞭解仍無法達到我所希冀的那種層面，我跟他們的距離還是不夠近，無法真正抓住他們的真實生活。要做到這一點，我必須更全面融入他們，花好幾個月與他們打成一片，日復一日，在營地裡成為一名常客。

當時我攜帶的帳篷可以讓我住在沙漠自備電力和飲用水，無法像我多數的訪談對象那樣在極為偏僻的地方原始野營。帳篷露營客只准在有戶外廁所的地區紮營，這表示我只能睡在離橡膠浪人會的營地約四英里外的地方，然後每天通勤過去探訪他們。但若要真正融入游牧族，我需要一個更耐用且攜帶方便的住所。我可以在裡面睡覺、煮飯和寫東西，而且至少要有基本的衛生設備。套句露營車車主的行話，我的車子必須「設備齊全」。

好幾個月來我都在分類廣告網站上搜索二手休旅車。很多車子乍看之下都很不錯，但其實已經生鏽和破爛，譬如有一台老舊的RoadTrek露營車，賣主告訴我，他曾在這輛被他暱稱為波塔派對（Porta Party）的車子裡度過好幾年的快樂時光。最後是一輛一九九五年分、車身上有時尚青色條紋的白色GMC Vandura休旅車吸引了我的注意（一個朋友後來指出，這個車款跟《天龍特攻隊》〔*The A-Team*〕怪頭T先生的那部箱形休旅車一模一樣。所以懷舊風或許能發揮一點影響力）。這台車已經有十年車齡，但車況還不錯，里程表上的里程數只跑了六萬四千英里。以前它大多被停在加州沿岸各地，沒經歷過嚴寒的冬季，而且已經被改成露營車的內裝。

我第一次踏進這輛休旅車時，車內空間竟然比外觀上給人的感覺大上許多，就像《超時空奇俠》（*Doctor Who*）裡那台Tardis時光機[25]一樣完全不符合物理原理。車內牆面是粉藍色絲絨襯墊，車尾處有一個小餐桌可以折疊成一張床。車艙內有一台電壓十二伏特的迷你冰箱、小汽爐和可攜式的化學廁所，這對原始野營來說是很便利的設施。頭頂上的車頂可以往上推，當我解開插銷，向上推開車頂蓋時，就能在車內站直身子。不過如果你想採用隱密式的停車方式，被往上推開的車頂蓋會洩了你的底。因為從外面看，就像車頂上架著一頂帆布帳。

這台休旅車需要一個名字。我遇過這麼多的車居客，也同時認識了很多有自己外號的車子：車仔（Vansion）、車去也（Van Go）、唐老車（DonoVan）、叭叭車（Vantucket）和白蝴蝶（Vanna White），這個次文化顯然很愛用雙關語。有朋友建議我把車子取名為「貝多芬」（Beethoven），意指那個叫做貝多芬營（Camper Van Beethoven）的樂團。但這會讓我想到〈翻滾貝多芬〉（*Roll Over Beethoven*）那首歌，而翻滾這兩個字對車輛駕駛來說不是什麼好兆頭。最後我把車子取名為海倫（Halen）。因為我是在一九七〇年代末出生，那時搖滾樂團范海倫（Van Halen）的第一張專輯剛好熱賣。接著我試著用一些避邪物來裝飾海倫，包括我在闊茲塞特舊貨交易市集上找到的一幅黑色天鵝絨的海明威肖像，還有琳達在當營地管理員時發現的松鼠頭骨。我還收過一個禮物，是一串像邪惡之眼（evil eye）的藍色玻璃珠，我把它掛在後照鏡上，這是我所能找到最像防盜鈴的東西了。

海倫是加州一個車主賣給我的。我的好朋友戴爾．馬哈律奇（Dale Maharidge）是個記者，他陪我去拿車，然後再一起前往他叔叔位在北聖地牙哥郡峽谷裡的那座農莊。一路上我開著海倫，努力適應這輛十九英尺長，兩噸重的龐然大物。它開起來像艘船，老往旁邊偏，我得

25 外形像英國藍色電話亭。

不斷調整方向（為了不讓車子偏離方向，我開車變得很緊張，結果頭幾次開的時候，才開幾個小時，我的肩膀就痠痛死了）。

我們一抵達農莊，就把海倫停在橘子園的旁邊，然後開始工作。清掃這部分算是最簡單的，我們用鋼絲刷搓洗掉被滴在車艙裡、已然變硬的陳年楓糖漿，再清除小塊面積的鏽斑。最難的部分是架設一百瓦的太陽能板。很多游牧客會利用車頂上面有側支架的貨架幫車子加裝太陽能板。但這一招對海倫的上拉式車頂來說不管用，我們得用別的方法，但這讓我有點怕怕的。我們得在原始車頂後面一點的部位鑽出兩個洞，才能架設鋁框，再用鋁框去撐住太陽能板，然後向上傾斜到某個角度，這樣一來，海倫被停好時，才能捕捉到更多陽光。於是一等到插銷栓緊，我就趕緊在鑽洞的地方敷上厚厚的強力防水膠，在心中禱告千萬不要漏水。接著戴爾和我在車裡加裝一個充電控制器。我們用線材接通太陽能板，讓它運轉，再插進一對六伏特的高爾夫球車電池裡，電池就塞在小餐桌底下。這些電可供我野營時使用。最後我們又裝了一個變壓器，一樣塞在小餐桌底下，以便我在需要為筆電和相機充電時，可以轉換成一百一十伏特。

我有點擔心這些東西被架設得太過頭了，可是當我發現接下來那兩年我會不定期住在海倫裡面撰寫報導，而且每次旅行都得花上兩個月的時間，就覺得這一點也不過頭。我的旅程會在南北邊界（輪跡不時到墨西哥和加拿大）和東西海岸之間橫跨一萬五千多英里。

我在公路上領悟到的第一件事就是，縱然我訪談過幾十位游牧客，但要住在一輛車子裡，

我的旅行車海倫在埃倫伯格附近的沙漠上留影

我還真的什麼都不懂。整個學習曲線不是陡降就是陡升，從來沒有緩坡，因為周遭環境總是變化不斷。在沙漠裡開車的我曾害海倫卡住兩次，每次都讓輪胎陷在柔軟的沙地裡空轉，直到有好心人開吉普車經過，用絞盤的繩索將她拖出來。也曾在山上遇到大風雪，無法前進，馬桶和水箱雙雙結冰。還有一回深夜裡開在空蕩蕩的堪薩斯公路上，交流發電機突然爆掉，海倫失去電力，儀表板上的燈跟著熄滅，我只好小心開到一處休息站前面停下來。

更有一次在德州沃斯堡（Fort Worth）附近，我停車下來買咖啡，那時天空已經變成綠色，龍捲風警報跟著響起。咖啡店服務生告訴我，如果看見龍捲風，就趕緊躲進自家的地下室。我指著窗外的海倫——沒有地下室——我們相視大笑。那天後來下暴雨，我躲在海倫裡面，驚恐地看著雨水滲進後車門的防水膠，洩進車內，漫上我的床，毀了我辛苦建造的電力系統零件。還有一次，我回家休息一陣以後，又回去可以長期停放海倫的停車場開車，結果發現海倫被闖了空門。有人拿一顆馬鈴薯大小的石頭砸破駕駛座的側窗，車內到處是碎玻璃。還好車裡除了黑色天鵝絨的海明威肖像和一瓶真的很好吃的辣醬，沒什麼值錢的東西。但都沒被偷走。

我還害海倫出過很多次糗：我曾經要倒車，結果撞上一塊大圓石；我還沒收外拉式的車頂，就把她從營地裡開出來；還有我開了幾條街才發現她的底盤卡了一根很大的交通錐，一路被我拖在馬路上。有一次，我為了要使用WiFi，刻意停在星巴克附近，並順手把一個火災和一氧化碳的二合一警報器試著裝在車子裡（游牧族的基本安全守則是：只要是用來充當住所的車子，都該加裝滅火器和一氧化碳外洩警報器）。可是每次我把警報器放上牆面，就會出現響亮的機械化女聲：「失火了！失火了！快淨空！快淨空！」害我的偽裝式停車完全洩了底，陌生人全都放下手邊的咖啡，瞪著我看。

有一次我要進行一趟為時甚久的採訪旅行，得先把處方藥備齊。我的醫師打電話給一家藥房，後來他告訴我，藥劑師跟他要我的住址，他不知道該怎麼回答，便脫口而出：「她住在一輛旅行車裡！」藥劑師沒計較這件事，還是給了藥。不過這件插曲讓我覺得在美國，如果你沒有住址，你這個人就不是真的。

我住在海倫裡的時候，並沒有固定住址。我睡過飛J卡車休息站、渥爾瑪停車場、一家叫威士奇皮特的賭場，還有廢棄的加油站。我也睡過貧瘠的沙漠、荒涼的山區和郊外的街道。其中住宅區的經驗最糟，因為好奇的鄰居可能會找你麻煩。有一次我在米申維耶霍偷停了一個晚上，結果早上被電動籬笆修剪機的鬼叫聲吵醒。有個庭院設計師正在兩三英尺外工作。我躺在睡袋裡，動也不敢動地待在海倫裡面，直到對方把差事做完。琳達和拉雯妮後來得知後，都取笑我太緊張多疑。

這些經驗都成了我寫這本書的背景佐料。如果沒有海倫，我想我不可能有機會這麼近距離觀察游牧族，聽見他們最真切的故事。不過說句公道話，起初我並不沒有指望海倫能帶給我什麼幫助。我完全不知道自己會涉入到什麼程度，但我打心底知道我一開始其實是有點害怕的。

戴爾和我在旅行車上跟太陽能板搏鬥兩、三天才搞定。等到一切都準備就緒，再也沒別的事好做時，就只能出發上路了。戴爾與我相擁道別，當時天色已黑。我爬進駕駛座，把海倫一寸寸移出他叔叔的農莊，從橘子園幽暗的婆娑樹影底下駛出來。車道很陡，這台兩噸的旅行車頓時讓人感覺無比笨重。我緊抓住方向盤，一路踩著剎車往下開，到了坡底的時候，我的眼睛被突如其來的淚水模糊了視線，我用袖子一把抹乾眼淚，心裡納悶我真的能自在駕馭海倫嗎？更遑論還要住在她裡面？

我告訴自己，你現在只需要專心看著路，你已經喝了一大杯咖啡，GPS就在手機裡，而且還有一個你嚮往了好幾個月的目的地。於是這輛旅行車緩緩穿過峽谷，原路回去造訪琳達。

* * *

二〇一四年在過聖誕節之前，琳達是在聖克里門的一間小公寓裡當沙發客，這公寓是她女兒和女婿租的，同住的還有她十幾歲的外孫。公寓的後窗可以看到海軍陸戰隊的基地彭德爾頓軍營。太陽下山時，這裡常聽到〈熄燈號〉（*Taps*）的旋律，偶爾也有實彈炮火演習的聲響劃破夜色（這時候這一家人還沒搬到下一處租屋，就是位在米申維耶霍的那棟房子，也是琳達買下和搬進塞塞屋時住的那一間）。

琳達的露營車就停在街上，不停收到罰單就算了，浣熊還把油管咬破了一個洞。她是在加油的時候發現的，她驚愕地低頭一看，發現腳下竟有一灘油。琳達本來想趁這一季回芬利鎮的亞馬遜倉庫工作，但是她的手腕從去年到現在都還沒好，所以只能取消計畫。手頭於是又開始吃緊。

那天下午我抵達時，琳達無視我的反對，堅持請我跟她家人到一家墨西哥餐廳吃晚飯。我們離開時，外頭有個街頭藝人正在演奏蘿兒的熱門歌曲〈貴族〉（*Royals*），路邊放著蓋子被打開的小提琴盒，琳達左右手各牽著一個外孫女，走過去往裡面丟進一張一美元的紙幣。回到公寓後，這家人說很歡迎我到他們屋裡過夜。不過沙發已經有琳達在睡，另外還有個外孫女睡在一個大壁櫥裡。於是我說我睡在車上就行，語氣活像我有多習慣獨自睡在車上似的，而當時我的車就停在公寓大樓旁邊的停車場上。晚上琳達用牽繩帶著她的兩隻狗和她女兒養的吉娃娃小精靈（Gizmo），外出做那天最後一次的散步。我們相偕穿過停車場，但愈走近海倫，我就愈焦慮。那個時候的我其實只在車上睡過一夜，就是聖地牙哥郡農莊的那一夜，那兒至少沒有陌生人，附近也沒有車輛行駛。所以這是我把海倫停在戶外的第一個晚上。要是鄰居叫警察來怎麼辦？要是有人趁我睡著時闖進來怎麼辦？

這時一股刺痛把我從思緒裡拉了出來。小精靈的尖牙咬進我右大腿的後面。我假裝一笑置之。稍早前，奧黛拉曾說牠是「愛咬腳踝的小狗」，我當時以為那只是她寵狗狗的玩笑話，沒想到是在警告。那傷口好痛。我刻意不當一回事，但其實心裡的擔憂已經惡化為恐慌。這隻狗到底有沒有定期打預防針？我不想開口問，因為我怕得罪人。

我道了晚安，就鑽進車裡，拉上簾子，趕緊探頭在我LA朋友送給我的補給箱裡翻找東西。OK繃和用了一半的外傷抗菌藥膏Neosporin就塞在一面很小的美國國旗和愛爾蘭春天牌香皂的底下。我脫下牛仔褲，以為會看到一個正在流血的小傷口，但竟然連皮都沒有破，只有一點瘀青。照理說，我應該鬆了口氣，但我沒有。我刷了牙，鑽進睡袋，想著鮑勃．威爾斯曾在他書裡寫過一段話：「對多數人來說，他們睡在車子裡的第一夜等於完全遠離了自己的舒適圈，所以會很難適應。你的恐懼會因為每一個聲響的出現而被放大（而且有好多聲響），於是你可能睡不好。等你早上醒來，你會突然方向大亂，不知道自己身在何處。」

我以前沒想過這些話會應驗在我身上。畢竟我只是一個帶著數位相機、錄音機和筆電的作家，並沒有要在生活方式上做出什麼重大的改變。我只打算住在車裡幾個月，而不是一住好幾年。

有幾輛車子調頭穿過停車場，頭燈跟著掃過海倫。每次一有車輛駛近，簾子就瞬間刷白，並隨著車子的經過褪成暗紅，有黑影在車內繞圈。那個司機是車速慢下來了嗎？那輛車會停得離我很近嗎？他們知道我在裡面嗎？我閉上眼睛試圖放鬆，可是花了幾個小時才睡著。

＊＊＊

一陣叩窗聲驚醒了我。已經早上了，有個熟悉的聲音在喊道：「哈～囉～哦！」琳達又在遛狗。她已經在樓上煮好咖啡。我蹣跚套上幾件衣服，跟她去公寓。她告訴我淋浴間在哪裡，然後給我一條粉色圖案的浴巾。「拿去，剛從烘乾機裡拿出來的，」她說道。「這是圓點點圖案，因為圓點點會讓人有好心情。」

我們一起開著海倫出去。琳達同意我請她吃早餐，於是去了她最喜歡的外賣店買墨西哥捲餅。我們把早餐帶到海灘上邊吃邊聊，看著衝浪客乘著一波波浪頭上下移動。後來回到車上，她簡單地教了我一些停車技巧。歸功於琳達當過六個月的專業卡車司機，指揮一台十九英尺長的載貨旅行車對她來說不是難事，不過她看得出來我還是嚇壞了。接著她帶我到一家二手商店，幫這輛車添購廚房用具。我在一整箱不成組的餐具裡翻找，琳達則幫忙我討價還價一個荷蘭烤鍋和一個滲濾式咖啡壺。然後那天下午，我們分手道別。

我的下一站是闊茲塞特，我計畫在那裡的沙漠原始野營一兩個月，順道參加橡膠浪人會。不過浪人會還有幾個禮拜才開始。在它開始之前，我根本不知道自己該把車停在哪裡。

結果臉書寄來一封百味餐邀請函，是夏琳．史汪奇也就是別名「汽車汪」的七十歲車居族大師寄來的。我們一年前有過一面之緣，我曾在鮑勃．威爾斯的網站上讀過她的冒險故事。我興奮極了。史汪奇的營地一定很舒服。再說她是原始野營專家，我剛好可以向她討教。

「順便把琳達綁架過來吧。」史汪奇玩笑道。但我跟她解釋我沒辦法，琳達身無分文，而且沒有機能性強的代步工具，我雖然提議載她一塊去，但她禮貌性地拒絕我。於是史汪奇要我改帶些熱狗過去。

一抵達營地，我就看見史汪奇正在熟練地指導一批新來的車居客。她這一季收了一個門徒：二十七歲的文森．摩斯曼（Vincent Mosemann）。沒多久，他就說起他的故事。

兩個月前，文森還跟他母親同住在蒙大拿州的比林斯（Billings）。那時雖然他很想獨立，但他根本沒錢租公寓。儘管他曾為了養活自己，在念大學的時候同時打兩份工（實驗室助理和咖啡廳服務員），手頭緊時，就做個一英尺長的潛艇堡三明治吃上兩天，但學位沒拿到，身上卻仍扛著兩萬五千多美元的學貸。他大三時父母離異。當時文森要重新申請助學金，需要他父親簽名，卻怎麼也找不到人，文森只得輟學。搬回家後，他在一個成人自閉症的病友之家找到工作，可是薪水不高。他認為只剩下一個方法可以讓自己獨立過活，於是他買下母親的旅行車，那是一九九五年分的Plymouth Grand Voyager LE。他拆掉內裝，鋪上油氈地板，裝上窗簾、架子，還有一個床鋪。他把車子取名為提利（Tillie），就是《小火車做到了》（*The Little Engine That Could*）裡頭那輛小火車的名字，它在書中總是說：「我認為我可以做到，我認為我可以做到。」然後文森出發上路，展開他的旅程。

「我開上公路，學習如何自力更生。」他解釋道。

文森朝闊茲塞特前進。他計畫去那裡找史汪奇，他是在游牧族的臉書專頁裡與她認識，成為朋友。她邀請他來她的營地附近紮營，而不是住在她的營地，地點就在闊茲塞特南邊沙漠的拉帕薩長期訪客區，後來我也在那裡加入他們。

史汪奇邀請了他之後，就開始憂心和後悔了。史汪奇喜歡獨居的感覺，甚至因此買了一面骷髏旗，不想見訪客時，就把它插上去。但文森完全相反，他超級愛社交。他形容自己有「LPS」，全稱是Lost Puppy Syndrome，意思是走失小狗症候群。

文森是在萬聖節前一天到的，他把車停在乾涸的溝壑旁邊，剛好就在史汪奇營位的對面，而後者看起來就像是戶外的起居室，有防水地毯、椅子、貨廂式後掛車和遮陽篷。她的箱形旅行車停在旁邊，裡面有床、電腦桌、冰箱和微波爐，只要發動車子的引擎，便可以靠換流器來使用微波爐。車頂上裝了一艘獨木舟和一個太陽能板。後車門上有一張星球健身館的貼紙，她參加這家連鎖健身館的目的是為了方便進去沖澡。

史汪奇把一個多餘的帳篷送給文森，好讓他在裡頭存放食品和用品。他則幫她在後掛車裡裝上一個櫃子充當食品儲藏櫃。她全程指導他架設太陽能板。文森將太陽能板拴上自己的車頂時，用的是有鑽洞的小硬幣，因為小硬幣比墊片便宜。史汪奇也大方讓文森使用她在郵局租的信箱。這舉動的意義重大。她說反正她家人也不再收她的郵件。但是對於身為變性人的文森來說，郵件住址至關重要。他的變性療程需要每兩個禮拜在大腿上注射一針睪丸素，針劑是郵寄過來的。除此之外，還有別的好康也會出現在郵箱裡，譬如他母親寄來的聖誕節愛心包裹，裡頭有很多自家做的小餅乾，還有一個用蘇打餅乾盒做出來的紅磚壁爐迷你模型，上面還放了一棵迷你冷杉樹。

史汪奇和文森兩人還滿配的。這位活力充沛、滿頭銀髮的車居客站起來至少比她那位留著鬍鬚的年輕徒弟要高出一個頭。後者的手腕上有刺青，是一個睪丸素分子圖，他的笑容淘氣，但右上角缺了一顆牙。文森告訴我，拔那顆牙花了他二百五十美元，若要裝上牙冠，得再花一千美元。在我認識的游牧客裡頭，有很多都認為缺牙是他們最引以為恥的一種貧窮象徵。有些游牧客在我拿出相機時，會盡量避免張嘴笑，要不然就是要求我不要把他或她的缺牙照分享出去（令人難過、但並不令人意外的是，牙齒在這個國家已經成為一種地位象徵，每三個美國公民裡頭就有超過一個以上沒有牙醫保險給付，因為這不被涵蓋在標準的醫療保險裡）。不過文森說他缺牙的那個洞剛好可以幫他在嘴裡固定住吸管。這是他靈光一現的點子，他自豪得很呢。「對我缺牙有意見的人，我根本不想跟他們交往。」他這樣說道。

文森和史汪奇有一個共通點，他們都無法忍受勢利的人。史汪奇回憶有一次晚上她在沙

文森和史汪奇正在享受闊茲塞特的營火

漠裡跟一群住在豪華自走式露營車裡的人聊得正起勁時，他們突然問到她開什麼露營車，她回答她開的只是一輛旅行車，結果所有的玩笑話和客套話突然嘎然而止。「他們立刻起身，離開營火，」她說道，同時搖搖頭。還有一次，史汪奇加入一個叫流浪個體戶網絡（Wandering Individuals Network）的社群，結果他們一直沒把她的部落格放進社群的會員網站線上列表裡。理由是什麼？理由是她的部落格有放一個教程，教人家怎麼把五加侖裝的水桶拿來當馬桶用。她索性退出那個社群。

史汪奇也像文森一樣不需要那樣的朋友。她的營地其實很熱鬧。第一天晚上晚餐過後，我就把車子停在那裡過夜。范倫鐵諾夫婦凱特和麥克（Kat and Mike Valentino）也一樣留下來過夜，這對夫婦兩人都四十七歲，住在一輛一九九一年分的藍色Ford Econoline裡，車子的小名叫凱特文度（Katvandu），九歲的兒子亞歷斯（Alex）和一隻叫羅尼（Ronie）的寵物雪貂也跟他們同住車上。幾個月前他們仍住在華盛頓，當時具有退伍軍人身分的凱特本來在艾伯森超市（Albertson）當經理，被診斷出患有多發性硬化症，有一次病發被送上救護車，從此丟了工作。她現在還在申請殘障津貼，但這得花三年時間才能辦好。那時候，麥克還在一家冷凍蔬菜加工食品工廠工作，時薪九塊四毛美元，但工作合約快到期了。他們都對未來感到憂慮。

凱特有很長一段時間常在網路上查看露營車和車居生活這方面的資訊。她在臉書上寫道：「我在各露營車社團跟人聊天，社團裡有很多人因手頭拮据而必須做全天班的工作，我不知道這現象是令人難過呢？還是讓人充滿希望？我想應該是苦樂參半吧。畢竟這種新的自由……可以讓人脫胎換骨重新開始。還好有這麼深藏不露的社群願意提供這麼多諮詢、建言、知識，也願意傾聽。這難道是前中產階級的進化嗎？我們是在見證現代版狩獵採集階級的崛起嗎？」

范倫鐵諾這一家人後來輪住了幾家環境髒污的汽車旅館。裡頭有些鄰居不是販毒就是在賣春，根本不適合居家。於是他們買了一輛旅行車，比文森開始大冒險還早兩三個禮拜出發上路。而到目前為止，感覺都還不錯。凱特告訴我，亞歷斯有接受「馬路自學教育」（Roadschooled），也就是游牧族的「在家自學教育」的意思。亞歷斯是個很聰明、很好學的孩子，有少年老成的幽默感，但因為患有亞斯伯格症，所以社交上出現問題，在公立學校念書時曾被霸凌。現在他告訴每一個人，他想建立一個屬於他自己的民主國家，首都就叫做「車居客城市」。

有天晚上，闊茲塞特一夜之間，氣溫陡降到華氏二十幾度，這是最艱難的時刻之一。凱特和麥克車上的油位表壞了，他們根本不知道油箱還剩多少油，但為了保持車內溫暖，他們只能不斷發動引擎，結果油被用罄。當時他們就紮營在史汪奇和文森營位的附近，後者也跟他們一樣不時發動引擎。我也仿效他們，讓海倫的引擎怠速運轉，將暖氣打出來，再爬進睡袋裡睡覺。睡了幾個小時之後被凍醒，再開一次引擎。整個晚上我都不斷聽到附近車子此起彼落發動又熄火的聲音，彷若是在合唱。

後來我買了Buddy丙烷加熱器，這是很受車居客歡迎的一種暖氣機，但它不能通宵使用，畢竟入睡時開著一台獨立的丙烷加熱器並不安全。因為在狹小的空間裡，若因加熱或烹調而造成不完全燃燒、再加上通風不良，便會在車內快速累積無臭無味的致命性一氧化碳，所以要很小心才行。有一次，我才剛熄了我的Buddy，迷迷糊糊快要睡著，突然有高分貝的尖叫聲劃破夜色，原來是一氧化碳警報器響了。車內通風不良，我趕緊打開門窗下車，穿著睡衣，全身發抖地站在沙漠裡，直到確定空氣已經流通，可以安全無虞地回去車裡為止。

范倫鐵諾一家人為了取暖而把汽油耗完的隔天早上，文森就開車載他們到城裡用桶子裝汽油回來。只是他們帶回來的東西比原先計畫多了很多，搬了許多闊茲塞特食物銀行裡的過期品回來，包括蘋果、香腸和一大袋尺寸堪比枕頭的春季綜合沙拉。

聖誕節過後兩天是亞歷斯的十歲生日，史汪奇幫他辦了一場冰淇淋生日派對。也大約在這時候，文森在一元商店找到兼職工作，時薪九美元。他另外還有一個副業，兼賣圍裙和可重複使用的購物袋，這些都是用他的縫紉機做出來的，他還把縫紉機改裝成靠腳踏板而不是電力來發動。他拿了一條圍裙送給亞歷斯當生日禮物，再加上一本《魔戒》（*The Lord of the Rings*）。

後來凱特寫信謝謝大家「這麼有心地贈送禮物，還製造了這麼多歡笑聲，而一切都來自於這一群只認識了一兩個月的朋友。我很感動，也覺得受之有愧，有點不知所措。感覺大家就像是一家人一樣……」

這番話有點呼應史汪奇稍早前說過的一段話。「只要你待在史汪奇的營地十二個小時以上，」她曾這樣告訴我，「你就成了我的家人。」她的確有辦法讓新來的人覺得自己被接納。有一天，她帶領我們一群人開車去看附近崖面上被雕刻出來的壁畫。那趟旅行很是歡樂，車隊一字排開地跟在她後面。我開著海倫，望著前方車輪捲起的漫天風沙，感覺就像一群馬背上的騎士，朝廣陌的沙漠馳騁而去。那天稍晚，有位成員的車被卡進溝裡，史汪奇就用她的車和一條尼龍織帶將對方的車拉上來。

等到橡膠浪人會的聚會時間到了，我們就全開到史卡登沖刷地後面人跡較稀少的地方。這是我第二次參加浪人會，但卻第一次注意到前年不曾留意的一些現象，尤其是被我半帶玩笑說的「一片白花花的車海，快讓人受不了」的那個現象。

史汪奇稍早前也開過玩笑地說，RTR給人的感覺很像是「白色旅行車大集會」，事實上，她說得一點也不假。大部分的旅行車都是白色的，在烈日當空的沙漠裡閃閃發亮。由於一般商家的業務車通常都使用白色箱形客貨車，所以白色的交通代步工具在市面上非常普遍，很容易從二手車的來源買到，也因為很好融入周遭環境，所以成為車居族的首選。不過住在一輛白色的旅行車裡，也有自己得面對的難題，在RTR有個傢伙就說這裡頭含有一種「毛骨悚然的因素」，因為在一般人的刻板印象裡，都會把他們跟兒童猥褻犯和其他惡名昭彰的掠食者聯想在一起。有一個來自奧勒岡州塞勒姆（Salem）的五十三歲包商，在他的公司垮了之後就搬進一輛白色的Ford E150爬山虎裡，他告訴我從此以後他的朋友給他取了一個綽號叫「很姦的車居丹」（Rape-O Van Dan），而且開始跟他要糖果吃。這些朋友沒有惡意，只是他們的玩笑讓他很不舒服。

此外對車居族來說，不管你車子的顏色是什麼，被路人騷擾是很司空見慣的事，因為都會被認定是圖謀不軌。我在寫到這一段的時候，有個傢伙才剛在線上論壇細數他有多少次半夜被陌生人莫名其妙的騷擾給驚醒。他們會搖晃他的旅行車，大聲吼道：「快滾出來，你這個色狼！」不然就是說：「我們要把你踢得屁滾尿流！」

但我腦袋裡想的不只是多到不計其數的白色旅行車而已，我也留意到別的現象，而且在RTR之後還繼續不斷思索。後來過了一陣子，我把我在浪人會上拍的幾張快照秀給一個朋友看，我這位朋友是一位非裔的美國攝影師，在工作上經常處理種族和殖民主義這類議題。他對照片的評語是：「這些照片裡的人幾乎都是白種人。」他想知道原因是什麼。

我也想知道。在這之前，我已經遇過好幾百位游牧客，有的是露營打工客、有的是橡膠浪人、也有的是在東西岸之間跑來跑去的露營車車主。雖然這當中有少數的有色人種，但在這個次文化裡，有色人種顯然只算是微少數。

為什麼這個族群的膚色這麼白？游牧族的成員也對這一點很納悶。在亞馬遜的官方「露營車勞動力」臉書專頁裡，員工照片幾乎清一色是白人面孔，於是引發一位黑膚色的露營車車主在上頭留言：「我相信非裔美國人也有來求職過，可是我在亞馬遜的員工照片裡沒看到他們。」

我好奇這種種族多元化的缺乏，是否跟露營這類活動吸引到的白種人總是不成比例的高有關，而這可是美國林務局的研究調查所證實過的一種現象。也許是因為你得具備某種優勢才可能把戶外「因陋就簡的生活」視為一種度假。有個叫做「白人喜歡的東東」（Stuff White People Like）的嘲諷網站曾做出以下結論：

> 如果你發現自己被困在林子中央，沒有水電、也沒有車，你可能會把這種情況形容成「一場噩夢」或者「最悲慘的遭遇，就像飛機撞毀這類災難過後會出現的場景」。但白種人卻說這是「露營」。

又或者這根本就是種族歧視？我問過一些游牧客有沒有在社群裡遇過種族歧視的事情？

大部分人都說沒遇過什麼太公然的歧視。但有一位車居客回憶道，有位長期參與RTR的會員曾侮辱她的一個黑人朋友，當面叫她「黑鬼」。當時其他游牧客挺身指責對方，但傷害已經造成，那位女士還是離開了營地。大家對這起事件的關注久久不散，從此埋下不安的種子。在鮑勃．威爾斯網站的論壇上有一個基本規定是：絕對不准攻訐、貶抑或毀謗任何人。要是游牧族在他們離線下所共同創造的臨時社群裡都做不到這一點，那在真實世界裡呢？

琳達在亞馬遜認識的那個叫艾許的朋友，曾在臉書上語重心長地寫道：「我們車居族絕大部分都是白人，原因很多，從顯而易見的理由到很瞎的理由都有，不過另外一個理由是這個……」貼文底下連結了一篇文章，談到「如果是黑人在旅行」的經驗。這令我不禁想到：美國這個國家對那些在公路上游牧而居的人，無論種族是什麼，就已經夠不友善了。在住宅區裡祕密紮營更是超出主流社會的容忍範圍，這表示你把不准睡在車上的當地法令視為無物。避開麻煩——包括警察的盤檢和猜疑路人的騷擾——本來就夠難了，哪怕因為你是白人而有一張白人優勢的無敵通行證。在一個手無寸鐵的非裔美國人不過是停車接受臨檢就被警察一槍打死的年代裡，對任何人來說，住在車裡都是尤其危險的策略，因為你隨時可能成為種族貌相（racial profiling）下的受害者。

而這一切也不免令我想到自己曾幾次碰到麻煩卻又化險為夷的經驗。有一次夜裡，我在北達科他州路邊停車寫報告，結果警察上門盤問我從哪裡來，建議我把車停在當地的觀光景點，然後只給了我一個警告，就讓我走了。一般來說，我在開海倫的時候，不會有人找我麻煩。我希望我能把這一切歸因於我是善有善報或宇宙的大愛，但事實明擺在眼前：我是白人，白人優勢顯然有它的功用。

橡膠浪人會後，我跟著部落前往埃倫伯格。有天晚上，我在一個鄰居的車裡一起吃晚餐，我才知道我們是用她的糞便桶（密封蓋好）在放我們的食物托盤。如果是在平常的家裡，這樣一張湊合用的桌子可能會令我耿耿於懷。但在這兒，這只算是一種不拘泥的小節。畢竟我們的空間很小，只能物盡其用了。

過了兩三個禮拜，我先找了一處可以長期停放車輛的地方安頓好海倫之後，便飛回紐約的家。重新住進我在布魯克林的公寓，那種感覺很怪。如果你住的是一個像旅行車一樣小的空間，你的幽閉恐懼症最後一定會因為它像窩一樣溫暖而消失不見。牆壁很近，窗戶全關著，你需要的東西幾乎都在伸手可及的範圍內。它就像一個子宮。早上醒來時你會很有安全感，哪怕你無法立刻想起自己昨晚把車停在哪裡。

而這樣的經驗也讓我的返家變得比預期中更難以適應。有好幾天的時間我在床上醒來時，完全是方向大亂。全尺寸的床墊感覺太寬了，牆面之間的距離太遠了，天花板太高了。這些格外空蕩的空間會令我感到焦慮，像失去了保護。洩進臥房裡的陽光也似乎太亮了。有一次還在半睡半醒的我，一時之間竟把房裡的窗戶誤認是旅行車後車門的擋風玻璃窗。

等到在家待了一個禮拜之後，這種混淆感才慢慢消失，取而代之的是：我想念海倫和那群游牧客。我想再回到公路上。

第九章　擋不住的甜菜經驗

野外紮營只是一個起點，沒多久我的旅行車就開始往其他領地探索。我最後一次前往沙漠旅行的那段期間，曾去造訪「大營帳」，也就是露營車展。那裡有來自全國各地的召聘專員在找想當臨時工的露營打工客。當時有一位笑容滿面的女士遞了一張傳單給我，上面寫著「擋不住的甜菜經驗等你來體驗！」

每年一度的甜菜採收季曾令我困惑很長一陣子。這工作聽起來對上了年紀的人來說很辛苦，並不適合那些頭髮花白、被露營車秀吸引而來的流浪客吧。我仔細研究手中的傳單，上面引用了一個不具名的臨時工描述這工作「雖然有點費力但也不是那麼辛苦。」這說法令我一頭霧水。我對它的瞭解其實僅只於我在闊茲塞特和別人聊天時聽來的內容。

「那裡很冷，會下雪，而且濕氣很重。」有一次我和葛雷琴・厄柏（Gretchen Erb）坐在她那輛一九九九年分 Fleetwood Bounder RV 露營車裡時，她這樣告訴我。她還說在明尼蘇達州值大夜班時，她得站在氣溫零度以下的戶外，收取卡車司機的資料以及「取貨樣」。所謂收取貨樣就是把三十磅重的甜菜裝進扎實的塑膠袋裡，再把它拖進工作站，工作站整批收齊之後，再

大營帳的召聘專員正在找露營打工客參加每年一度的甜菜採收工作

接駁載送到一間實驗室去檢驗甜度。

另一個工人是六十二歲的布萊恩・戈爾（Brian Gore），他告訴了我在蒙大拿州是如何採收甜菜。他在那裡會開著一輛車門有點脫落的小山貓堆土機，但不時會有甜菜從功能失常的輸送帶那裡飛過來，砸進門的缺口裡，有的大小甚至如葡萄柚。他扯著嗓子說：「我被甜菜連環攻擊欸！」他還比喻那就像是「自動馬鈴薯槍」在掃射一樣。但他還是繼續工作，而且可能再回去接同樣的工作，因為他需要錢。「那是短期工，忍一下就過去了，」他補充道，「但如果你想做長久一點的工作，卻還在那裡被丟甜菜，你的腦袋一定是壞了。」

於是我拿了那個召聘專員給我的

求職申請表。我心想，為什麼不拿呢？我已經跟游牧族聊過無數個小時，瞭解他們季節性打工的工作內容，但從來沒有機會親眼目睹他們的工作場所。我沒有抱任何幻想：去試做這種工作並不會讓我奇蹟地變成露營打工客，但至少融入或許可以幫忙我更深入瞭解這些我已耳熟能詳的生活方式。

過了幾個月後，負責美國冰糖公司雇用工人的短期工仲介商，也就是專業人才快雇公司，接受了我的求職申請。於是我開始研究這個產業。美國是全球最大的製糖生產商之一，甜菜占產出量的百分之五十五（剩下的來自於甘蔗）。這個國家的甜菜田有一半以上（種植面積大約六十八萬英畝）分布在紅河谷（Red River Valley），範圍涵括明尼蘇達州的西部和北達科他州的東部。這塊區域是美國冰糖公司的產地所在，而該公司正是全美最大的甜菜製糖公司。而這塊區域也是美國境內一個較反常的地方，自稱就業率幾乎百分之百，所以要找到工人很難（這裡的巴肯油田〔Bakken oil fields〕急速發展，更是讓找工人這件事難上加難）。也基於這理由，美國冰糖公司索性把目標轉向外地來的流動工人——他們可以把自己的家當帶來——來採收秋季的甜菜。

備齊這些資訊和帶了兩雙厚工作手套的我，趕在九月的最後一個禮拜抵達德雷頓廠區（Drayton Yard），那地方位在北達科他州，靠近加拿大邊界，是一座規模很大的甜菜倉庫和加工廠。對紅河谷裡的生產商來說，十月分的頭兩周是一場跟天氣對決的比賽。套句軍隊裡的術語，這是一場「戰役」，始於十月一日的午夜。農民會趕在地面結冰之前搶收田裡的甜菜，並希望繼續保持這樣的低溫，以延緩甜菜腐爛的時間。當地的公路一天二十四小時都有載著好幾噸重甜菜的卡車一輛接一輛地快速駛向倉庫，後車斗裡的貨已經滿到溢出車斗邊緣，甜菜隨處掉在路邊，可以綿延好幾英里。睡眠不足的卡車司機為了保持清醒，香煙一根接一根地抽。交通堵塞，意外頻傳。在地人把這些車禍全歸咎於州政府的法規，因為它竟然准許經驗不足的農場工人開卡車載送好幾噸重的農產品，哪怕他們根本沒有多數卡車司機該有的商業駕照。旺季時，美國冰糖公司旗下有三、四十家集貨站，每天可以接收五萬輛次卡車的甜菜量。

我被派到十二小時的班，在「一號堆垛機」那裡擔任地面工作人員。我們的工作站是在「棚子」裡面，它是有水泥地的大型冷藏設施，很像開放式機棚。棚內已經有一堆甜菜快頂到天花板。訓練新人的講習員估算那一堆甜菜大約有二萬噸重，只算是豐收季前的一碟小菜。他還說，這一季的甜菜個頭兒會比往年來得大，他們已經有看到像籃球那麼大的甜菜了。

其他工作站大多在戶外。我們被告知算是幸運的一群，因為不會被雨淋也不怕下雪，可是另外有個壞處：這裡聲音比較吵，氣味比較糟。在棚子裡，沾了泥巴的甜菜會釋出甜到令人發膩的味道，並混雜著粉塵和柴油味。

卡車抵達德雷頓廠區時，都會先在一個叫過磅區的棚裡秤重，接著在我們的工作站排隊進廠。我們會招手讓卡車一輛接一輛地進來停在堆垛機旁邊。堆垛機是一座鏗鏘作響的巨大裝置，看上去就像是在坦克履帶上裝了一座小型工廠。有大型漏斗會先在每輛卡車的後方就定位，接收它載來的甜菜。甜菜再從漏斗那裡被送上輸送帶，進入一個滾筒裡把多餘的沙土甩出來，沙土被倒回卡車，甜菜則繼續沿著一根長吊杆上的輸送帶往上走，離堆垛機愈來愈遠，那根吊杆外形很像建築工地裡的吊車手臂，最後甜菜從吊杆的開放式末端飛出來，掉在一座三層樓高的甜菜山頂端。在整個採收季過程中，這座甜菜山會愈堆愈多，變成連綿的山脈。為了給甜菜山增長的空間，堆垛機會不時把履帶往後移個幾寸。等到採收季快接近尾聲時，甜菜山已經堆成兩艘波音七四七頭尾相連的長度，寬度也大概有飛機機幅展開那麼寬。棚子裡有一台加壓空氣系統，是要讓甜菜山的溫度保持在冰凍狀態，以利等候後續的精煉作業。

整個輸送過程像打雷一樣隆隆作響，現場雜亂急促。我們的工作就是不斷清掃地面，把掉在地上的甜菜用耙子或鏟子鏟起來（有些個頭兒像冷凍火雞那麼大），送回漏斗裡（光站著不做事是會讓人嫌的。一位經理最愛喊的口號是：「能彎腰，就能掃地！」）。要是抬舉鏟子和耙子的動作做了太多次，覺得累，我們就會丟掉它們，改用手撿。但如果動作不夠快，有一個穿著粉紅色牛仔靴，濃妝豔抹來上班的女工頭就會在架高的控制台上猛按喇叭，那聲響活像二次世界大戰潛水艇在裝魚雷時的號角聲一樣，然後她還會隔著窗戶朝我們的方向瘋狂比出拿鏟子舀的動作。而這時正從我們頭上騰空而過的輸送帶不時噴出甜菜屑和沙土石塊，只要在它射程內的所有目標，都無一倖免，連我們的黃色安全背心和綠色頭盔也會遭殃。有一次我舉起左手示意同事有輛卡車正要進來（機器的聲響很吵，就算我們用吼的，也很難聽到彼此的聲音），我的手腕竟被一顆蘋果大小的甜菜猛地擊中。我的另一個差事是拿雪鏟鏟除地上的沙土，不要讓它積出太厚和太濕滑的泥巴。但鏟子常常被卡在泥巴裡，使盡力氣才能把鏟子拔出來。此外，我們也要負責收取貨樣，就是葛雷琴告訴我的那種工作。只是她沒提到得站在堆垛機的直洩槽底下，拿著有開口的塑膠袋來接從上面直墜而下的甜菜。要穩住這個姿勢，就表示你必須做好準備迎接甜菜墜下的強大作用力，感覺就像是用枕頭套接保齡球一樣。

最難的地方是清理堆垛機。我們的工頭會把那台大機器先斷電，好讓我們爬進去用鏟子清理槽溝。槽溝裡的泥巴很難清，被清出來的泥巴會像是輪胎胎面的皮帶一樣剝離。工頭會對我們大喊，要我們「多使點力」，然後警告我們只剩十五分鐘的時間，停機成本很高。

經過兩天的新人講習後，我開始上十二小時的班。上了班後，我摸黑開車回自己的營位，路上經過一面上頭寫著「擋不住的甜菜經驗」的徵人看板。我全身都在痛，尤其是我的背和肩膀。以前的舊傷這下又死灰復燃。這令我很驚訝，因為我才三十七歲，身體算還不錯。而在我的工作站裡，有些臨時工甚至已屆退休年齡。我想沖個熱水澡，當初他們保證我們可以使用沖澡設施，但問題是營地的沖澡設施還在蓋。我在車裡煮了晚餐，衣服沒脫就睡著了，而且頭痛欲裂。第二天天剛亮，我醒來，準備要去值班，但那是非常多事的一天。有一批甜菜裡頭藏了一根七尺長的鐵棒，聽說是從某台破損的收割機上掉下來的，結果連同甜菜一起被吸進堆垛機裡。等到我們的工頭緊急關機時，那根鐵棒已經在第一條輸送帶上爬了一半的路，就快要到專門幫甜菜甩掉泥沙的大滾筒那裡。要是掉進去了，這台機械恐怕會嚴重受損，而且還可能傷及附近地面的我們。那天稍晚，有個同事在溼滑的水泥地上跌倒，膝蓋腫了起來，必須提交意外事故報告。

在我營位那裡有幾個鄰居也是我的同事，其中六十九歲的丹恩（Dan）本來是渥爾瑪商場的卡車司機，二〇〇六年因健康問題離職。丹恩告訴我，他必須拜託工頭不要排他大夜班，因為他的右眼即將失明，必須靠白天的光線才能走動和工作。他太太艾莉絲（Alice）也住在他們的自走式露營車裡，可是她在一月的時候被診斷出有漸凍人症（ALS），所以無法工作。在營地裡還有其他年長者，但也有五十幾歲的人，還有跟我同年或者比我年輕的人。在我旅行車右邊紮營的是一對二十幾歲的硬殼龐克族，他們住在一輛車身霧面黑的皮卡貨車裡，掛著新澤西州的車牌，他們吃著杯裝的日本拉麵，睡在車裡。此外，我也遇到一個留著山羊鬍鬚的工人，他騎著自行車穿梭露營車營地，自稱是超速檔。他淺談了一下他的人生哲學。「早上如果下雨，你醒來的時候可以告訴自己今天一定會很倒楣，但也可以告訴自己這一定是很棒的一天，」他說道。「我選擇告訴自己『今天一定是很棒的一天。』」

我既緊張又全身痠痛，身上都是沙土，但部分的我又自覺對這群朋友有責任，我很想咬牙撐下去，挺到最後。但不管我能待多久，這個經驗都不會讓我晉身為真正的露營打工客——我最後還是得回家寫稿。而截至目前為止，我覺得我已經見識夠了，尤其也有足夠的感受知道我認識的這群工人並沒有誇大不實他們的經驗。所以有天晚上我值完班之後就告訴工頭我不會再回來了。她似乎並不驚訝，做到一半就不幹這種事在這裡似乎很稀鬆平常。幾天後，我就聽聞我那個集貨站的同事有大半都辭職不幹了。此外我也聽說在另一個工作站上，有個婦人的手腕斷了，我慶幸那人不是我，但這想法令我有點罪惡感。

我在夜色中駕車離開德雷頓廠區，經過與我反向而行、大排長龍的卡車。在後照鏡裡，煉糖廠的紅色霓虹招牌大剌剌寫著「美國冰糖公司」，招牌上的紅色燈影在工廠大量冒出的水氣裡熒熒閃爍。那天晚上，我在格蘭福克斯（Grand Forks）找了問飯店投宿，然後在客房享受了熱水澡，抽了一根大麻煙，還試著看一部電影，但看到一半就打起瞌睡。而這其中有一件事情，事後證明我錯了。

＊＊＊

我大約是在申請甜菜採收工的同時，也向「露營車勞動力」寄出了求職函。要想被亞馬遜雇用，是需要做職前毒品篩檢測試的，這一點總令我有種被冒犯和被貶低的感覺。我每次想到來自全國各地那些有點年紀的露營車車主為了爭取一份不怎麼牢靠的低薪臨時工作，竟然還得交出體液或組織供資方檢測分析，就覺得格外荒謬。

我在網路上已經調查過亞馬遜的檢測方式，發現大家說的都是「取用口腔檢體」的檢測法。如果是這種篩檢，包括大麻在內的多數毒品幾天後便無法從口腔裡檢測出來，所以我想我應該可以過關，因為我曾經告訴亞馬遜，我要到十一月初的時候才能報到上工。

回到家之後，我收到「露營車勞動力」的電子郵件通知我十一月四日開始上班，地點在德州哈斯利特的亞馬遜倉庫，離沃斯堡很近。過了兩三天，已通過前科調查的我又接到了另一封電子郵件，要求我七十二小時內到大西洋大道（Atlantic Avenue）的一家實驗室完成毒物檢驗測試，那地方離我公寓很近。我心想，沒問題。不過這封電子郵件也帶來了一個令我意外但同時很不爽的消息：我要去做的是尿液檢驗。

抽完大麻一個多月後，還是可以從尿液裡檢驗出來，因為它的代謝物會潛伏在脂肪組織裡。我的尿液檢驗時間是在北達科他州抽完大麻一個半禮拜後進行。如果是取口腔檢體，應該驗不出來。但如果是尿液檢驗，就難說了。我從亞馬遜網站訂了十盒的四氫大麻酚檢驗試紙（THC test strips），拿出一片試試看。結果試紙上面出現藥物呈現陰性反應的線條，可是那條線淡到令人沮喪。雖然它的說明是，不管濃淡如何，只要出現線條都表示通過檢驗。可是我那條線幾乎看不見。我不想冒這個險。

所以只有一個方法可以萬無一失地通過檢驗，那就是偷偷帶乾淨的尿液進去。還好我還有九片沒打開的試紙，於是分寄幾位親朋好友。沒多久我就找到一個捐贈者，對方提供了乾淨的尿液檢驗樣本，我趕緊把它倒進旅行用的洗髮精迷你瓶裡。到了尿液檢驗的那天，我將瓶子藏在內褲裡，再穿上緊身牛仔褲固定好。等我偷天換日好了之後，一名技師說我在四十八小時內會收到檢驗結果。

但我一直沒接到實驗室給的報告，倒是幾天後，來了一封「露營車勞動力」的電子郵件：我通過檢驗，可以去上班了。於是沒多久，我又重回旅行車上，出發前往德州的哈斯利特。

＊＊＊

新人講習是在一個禮拜三的早上，我們一行三十個人在亞馬遜倉庫的教室裡集合。「你們要做的是很耗體力的工作，」我們的講師警告道。「可能一天得蹲上一千次，我沒有誇大其詞，保證會練出翹臀。」

幾個訓練講師咯咯笑了起來。我們像學童一樣按名字的英文字母順序坐在一張長桌上。大部分的人都超過六十歲，我是唯一不到五十歲的，也是沒長白頭髮的其中三位之一。據說哈利特的經理人需要八百個「露營車勞動力」工人，結果有九百多人來應徵。可是附近的活動房屋停放場沒有足夠空間容納這批游牧族大軍。而另一個點子，租用當地養牛的牧場則當場被否決（你能想像那片牧場被德州冬季素來惡名昭彰的冰風暴全面冰封時，那裡仍住著數百名銀髮族工人的情景嗎？那地方缺電、缺水、也缺乏污水排放系統。這會是一場公關夢魘吧！）。

最後管理階層設法在倉庫半徑四十英里內的十幾家活動房屋停放場裡，找到了數量有限的露營車營位，然後雇用了兩百五十一名「露營車勞動力」工人。營位容納得了多少工人，他們就雇用多少。有些新來的人光是通勤時間就被卡了九十分鐘，然後再上十小時班。有個住在一輛白色福特旅行車上的婦人告訴我，為了節省油費和時間，她計畫在亞馬遜的停車場一周祕密紮營兩次。

我的訓練講師她自己也開露營車，是「露營車勞動力」裡的資深員工，為這場混亂致歉。她說亞馬遜非常歡迎我們。「眾所皆知，露營客向來為人正直、出勤率高、工作品質有保證。」她解釋道。「而我們也明白要扛起這麼艱難的工作，需要什麼樣的人才。這也是亞馬遜倚重你們的地方。我們要找有經驗的人來做大家的表率。」她還說，我們這批員工是「露營車勞動力的正面代表」：肯做肯拚，具備艾森豪時代的工作道德，而這也是比較年輕一代的資淺員工所欠缺的。但是開始工作之後的那幾天，我們這群人似乎對愛發牢騷的千禧世代同仁沒發揮什麼影響力。因為我們也跟那群二十幾歲的年輕人一樣，表現出一付這工作「很累」、「很無聊」的樣子。

不過至少我們帶來了形形色色的經驗。坐在我左邊的基斯（Keith）是個六十幾歲的牧師，他有十個孩子（五個已經成年，另外五個還住在他的露營車裡）。而七十七歲的查理告訴我，他的膝蓋幾年前就壞了，那時他還是一家銅礦公司的技師。艾德（Ed）和派翠西亞（Patricia）結婚超過四十年，在一九九〇年代接近尾聲時，各自從騎警和郵差的工作退休下來。

我們一起受訓，準備到一個叫做庫存品質管理（Inventory Control Quality Assurance，簡稱ICQA）的部門工作。這部門名稱聽起來很不賴：掃瞄貨品，比對數位庫存紀錄。但是沒多久我們就發現我們的倉庫是一座危險的迷宮（根據訓練講師的說法，它是亞馬遜倉庫系統裡最大型的一座，相當於十九座或二十座的足球場）。倉庫裡運送箱子的輸送帶長達二十二英里，聽起來很像是貨運列車，而且很容易塞車。我們被告知頭髮一定要扎好，還有不要把運動衫綁在腰間，以免被滾輪捲進去。另外掛在我們脖子上的識別證可以立刻跟索帶解開，以免被勒住。此外不時有喇叭聲在吵雜的倉庫裡響起，我問別人怎麼會有喇叭聲。結果一位同事說是因為有條塞車的輸送帶剛修好，又開始運轉了。

我上次在闊茲塞特見過的那對點火燒掉破產證明的史塔特夫婦，他們也在哈斯利特工作。有一次恰克被派駐在離輸送帶很近的地方，結果一個硬紙箱飛出來，把他打趴在地，害他的頭撞上水泥地。亞馬遜急救部門AmCare的救護人員立刻趕來，蜂擁而上。他們說他沒有腦震盪，可以回收貨部門繼續工作，聽說那裡的臨時工一天要走十五英里路（我和恰克還有芭芭拉有一次趁沒值班的時候約在水牛城雞翅餐廳敘舊。他們說在我到德州之前，工會組織者一直在倉庫的停車場舉辦活動。結果有兩個禮拜的時間，亞馬遜的管理階層每天訓話兩次，警告工人跟他們保持距離，最重要的是，不要簽署任何東西，因為只要把個資給了工會，就會被存進工會的資料庫裡，日後用來「追蹤」和聯絡他們。恰克記得這是經理跟他們說過的話）。

在新人講習會上，我們得知亞馬遜有十家發貨中心配備有雪巴機器人（sherpas），我們是其中一家。這台重達三百五十磅的奇特橘色機器，看上去就像是一台大型的Roomba自動掃地機，技術上來說，它們是「傳動單位」，但大部分的人都叫它基瓦（Kiva），就是廠商印在它們側面的那個名字。它們會在一座幽暗的大籠子裡四處疾走（畢竟機器人在行動上不需要照明），而它們活動所在的那個區塊被稱為「基瓦場」（Kiva field）。它們的任務是：把裝滿貨品的開放式柱型層架運往人工作業的工作站。可是基瓦場是不准任何人進入的，哪怕有貨品從層架上掉下來也不行，只有一個叫「安尼斯提」（Amnesty）的勞動單位才能派旗下成員進去處理。一般員工只能利用一種叫做「安尼斯提撿取工具」（Amnesty Retrieval Tool）的東西從籠子外面把貨品勾出來（雖然這工具名稱煞有其事，但其實就只是一根裝著油漆滾筒的五尺長桿而已，每個工作站都配備一根）。有一次我很感興趣地伸手想取用它，結果被告知我得再等等，因為要使用那根安尼斯提撿取工具，得先受過特殊訓練。

我聽說過很多關於基瓦的炒作話題，它們要嘛是效率專家的春夢一場：創新的發明，終於可以讓人類不用再做那些不必用腦的苦力工作；要嘛就是反烏托邦式的失業預告，而在這個反烏托邦裡，貧富之間的隔閡漸漸形成一堵牆，體力勞動的工作終將被淘汰。

但事實上那玩意兒並沒有那麼神，反而有點滑稽，很像是卓別林（Charlie Chaplin）默片電影《摩登時代》（*Modern Times*）的現代版。我們的訓練講師為了逗樂我們，說了很多機器人不受控的笑話。譬如基瓦曾經開小差，從籠子缺口逃出來，還曾試圖拖走工作站上一台還站著工人的活動梯。偶爾會看見兩台基瓦互撞，而且都各自載著七百五十磅的貨物，看上去就像是兩個喝醉酒的歐洲足球迷互相撞胸一樣。有時候會有貨品從基瓦身上掉下來，它們也可能就直接碾過去。四月時，有一罐防狼噴霧（基本上就是工業級的胡椒粉）從一台機器人的貨物架上掉下來，又被另一台碾過，結果整座倉庫都得淨空。救護人員在倉庫外面照顧七名工人，另有一名工人因呼吸問題被送往醫院。

除了到處橫行的機器人之外，我們也被告知要小心過度勞動的問題。有張海報直接警告：「準備全身痠痛吧！」還有個訓練講師甚至開玩笑說，如果「你前一晚沒有痛到得服用兩顆劑量的泰諾林止痛劑（Tylenol）」，那一天就應該算是很美好的一天。「里爾救護站」（Lil' Medic）的牆掛式自動售貨機有提供免費的一般止痛劑。但如果你想要買知名的商品，比方說一瓶五小時能量提神飲料，你可以到茶水間購買。

我們參觀了整座建物。牆上的壁畫有亞馬遜倉庫的吉祥物，一個叫做波西怪咖（Pecy: Peculiar Guy）像燈泡一樣的橘色卡通人物；還有極權式的口號，包括「問題就像寶藏」和「變化是敵人，掌握生產節奏（Takt Time）才是關鍵」（Takt是商業術語，它的定義是「製造出一個產出單位的所需時間」，是用來規範工作步調的）。還有一幅大型月曆顯示出十一月到現在，每天至少發生一起工安「事件」。我們的嚮導也把「恥辱之牆」指給我們看，上面都是名譽掃地的工人簡介，但是沒有具名，只用圖片剪貼來呈現：黑色的頭像翦影，再用粗紅的字體標示「被逮捕」或「終止合約」。曾有個工人偷了多支iPhone塞在他的鋼頭靴裡面，打算偷渡帶走。還有一名工人被當場抓到正在偷吃應放到架上的貨品（簡介上寫著該食品確實價值十七塊四毛六美元）。在這裡，紀律才是王道，我們被告知必須沿著地板上有標示綠色膠帶的路行走。若有人抄捷徑，就會被我們的嚮導申斥。我停下來去上洗手間，結果在馬桶間裡看到一張圖表，上面有從淺黃色到赤紅色的色調板，並指示我找出最接近我尿液的顏色，然後說我應該多喝水。

我在倉庫裡待了一個禮拜，心裡一直在掙扎。每次值班前，都有一個綁著馬尾的金髮女經理吱吱喳喳地對著我們這群以銀髮族為主的臨時工喊道：「哈囉～～露營客！」然後她的助理會指導我們做伸展運動。運動完後，我開始掃瞄每樣貨品，從假陽具（製造商：九號雲，款型歡樂大雕款）到Smith & Wesson槍身包材（材質有顆粒面和橡膠面兩種），還有價值二十五美元的AMC禮券（券面上共有一百四十六個品項，全都得逐一掃瞄）。

有一次，一台基瓦機器人扛著柱型貨架朝我的工作站滑過來。我先是聞到些許令人作嘔的香水味，然後隨著它的趨近，那味道益發濃烈起來。基於某些理由，這味道令我想起……大學時代嗎？結果當貨架停在我面前時，我發現眼前竟有十八盒廣藿香的線香在等我掃瞄。那香味沾在我手上，令我作嘔，我趕緊掃瞄完，按個按鈕，把它送走。這時另外有三台機器人等在它右邊，活像是三條很有耐心的拉布拉多犬。那台難聞的柱型層架離開後，換了另一台氣味比較清新的柱型層架滑過來。可是五分鐘過後，帶有廣藿香氣味的機器人又回來了。我很快地再重新掃瞄一次所有貨品，於是它又離開。但五分鐘過後，它又回來了。我真不知道這是在證明人類比機器人聰明？還是這台機器人在把我當傻瓜一樣來來回回地耍。搞不好它打算採三局兩勝制？等我第三次把它打發走之後，我終於下班了。我跟我的同事們一起離開。他們八成有聞到那個香味。「週末狂歡夜到了！」那位牧師基斯大聲宣布。

第二天的夜班是我的最後一天班。其中有幾個小時還是得跟基瓦一起工作。我試著讓自己進入冥想狀態。稍早前，曾有一位七、八十歲、滿頭白髮的「露營車勞動力」臨時工跟我說她

我正從機器人承載的貨架上取出內容物，要掃瞄它們的條碼

打算辭職，因為她覺得這些機器人很讓人抓狂。有些基瓦老是把同一根柱型貨架載過來給她掃瞄，這情況很類似我遇到的廣藿香問題。有台機器人去找了她三次之後，就開始朝她丈夫那裡滑過去，而她丈夫的工作站是在二十五英尺以外的地方，他總共被它煩了六次。她是在茶水間外面告訴我這件事，當時我們正從一個清潔班的女工旁邊經過，那名女工一臉開心地撢著置物櫃上的灰塵。老太太話愈說愈小聲，一直盯著那名女工看，最後索性問我：「她是怎麼當上清潔工的？我也想跟她一樣！我也可以去掃廁所！」

那天快深夜的時候，一名經理要我去「損壞區」（Damageland）掃瞄貨物品項，那裡是所有受損貨品被放逐的地方。可是我的手持掃瞄槍上面顯示我應該去開堆高機（我根本不知道怎麼駕駛堆高機）。經理不知道怎麼辦。我們只好一再重新啟動那具掃瞄槍，最後我好不容易才進到損壞區，開始盤點凹損的罐頭、破掉的箱子，還有一種很新穎的禮品，叫做屁屁／臉臉浴巾（BUTT/FACE）[26]。幾個小時後，我終於下班了。

我從另外三個「露營車勞動力」工人的身邊經過，他們對掃瞄槍反覆無常的指令模式不再抱任何希望，正無精打采地坐在貨架堆的外面，背對著牆。我該辭職了，只是還沒想到如何開口。我突然有股強烈的衝動。有人曾告訴我們，有一種行為一定會被立刻炒魷魚。所以要是我不顧一切、隨心所欲地往前衝進基瓦場呢？那週稍早前我其實做過同樣的白日夢。要是我突然拔腿狂奔進幽暗的通道裡，在裡面一路閃避來來往往的基瓦，就像無產階級玩的那種跑酷運動，會出什麼事呢？安尼斯提小組要花多久時間才能追上我？追上了我之後，又會怎麼樣呢？（以前也發生過更令人匪夷所思的事。我是後來才聽說有兩個耐不住乾柴烈火的工人因試圖在基瓦場裡幽會而被炒了魷魚）。

但我來這裡是為了蒐集故事，不是要演《英雄本色》的其中一場戲。而且我也不想弄丟自己的筆記，它們全被我小心地收在一本便箋簿，塞進我的後口袋裡。此外我也把自己的觀察心得用低聲口述的方式錄進一支錄音筆裡，還用一個像遙控鑰匙的相機偷偷拍攝影像。這兩項裝置都掛在我的工作識別證上。

我走到倉庫出口的保全崗哨，把脖子上的掛繩連同它所夾帶的東西，全放進一隻很像是美國運輸安全局（TSA）專門拿來裝鑰匙和零錢的籃子裡，再將它推下坡道，滑到警衛那裡，然後我跨步通過一扇金屬檢測門。我緊張地停下腳步，轉頭來回張望警衛和那只籃子。但那名警衛根本看都不看籃子裡的東西一眼，反而挑眉望著我，似乎在說：「你在等什麼，怎麼還不走？」於是我跟她道了聲晚安，就走了。

26 就是一條大浴巾分印兩種顏色，一頭印著英文字母BUTT，另一頭印著FACE。

第三部

第十章　那個H開頭的世界

琳達搬進塞塞屋後沒幾個禮拜，拉雯妮的車就被獨自停在聖地牙哥。她一直在那裡祕密紮營。那幾個月下來日子過得很不順的她，心情其實很低落。她那台跟她同名的二〇〇三年分紅褐色GMC Safari旅行車在上次參加完橡膠浪人會後就故障了，她沒錢修理，於是被困在埃倫伯格。更慘的是，這台不值錢的車以前也壞過幾次，所以仍有幾千美元的欠款沒有還清。於是她決定停在原地不動，等她的社安退休金支票下來再說。而跟兒子同住在一輛雪佛蘭Tahoe旅行車上的單親媽媽洛莉，都會好心地幫忙載拉雯妮外出購買雜貨。除此之外，拉雯妮也因為多了一個新的旅伴而多少得到慰藉，這個新的旅伴是一隻很好動的小狗，叫做史考特（Scout），牠是洛莉的寵物狗最近生下來的其中一隻小狗。

拉雯妮最後有將近一個半月都住在那台無法發動的旅行車裡，那時氣溫逐漸升高，住在她周遭的車居客愈來愈少。等到她終於有錢把車拖到修理廠時，廠裡估價引擎修理需要三千美元。她根本付不起。但就在她到附近遛史考特時，竟在一處二手車停放場看到一台幾近全新、十二人座的雪佛蘭Express。業務員從辦公室裡出來，說她的信用紀錄雖然不佳，但還是可以幫她借到車貸。這並不令人意外，因為最近幾年，次級車貸急劇增加。

拉雯妮不確定貸款條件是什麼，但她沒有別的選擇。「要是我不買下來，我就無家可歸了。」她後來告訴我。她把那輛車取名為拉雯妮二代。

這個經驗有點討厭地跟那個H開頭的英文字……無家可歸的遊民（Homeless）沾上了一點邊。大部分的游牧族都像防接觸性傳染病一樣很怕這個標籤。畢竟他們只是「無屋可歸」，「無家可歸」的是別人。

但就算離開了埃倫伯格，回到熟悉的聖地牙哥，拉雯妮還是糾結在這個字眼裡。她在她的部落格「就是怪咖」裡這樣寫道：

——當你在城裡的住所是一部車子時，大家就認定你是無家可歸的遊民。

——當大家認定你是無家可歸的遊民，你就開始有無家可歸的感覺。

——於是你開始玩隱身術……不管做任何事，都盡可能表現得「跟常人無異」……

——於是當那位你觀察已久、老是把裝家當的垃圾袋藏在你旅行車附近的灌木叢裡，看上去顯然就是個遊民的老先生跟你很熟似地每天早上都衝著你微笑、跟你說哈囉時，你卻手足無措到連跟他打聲招呼都不太敢。

——因為你心裡明白你已經加入這群住在街上、數量日益增多的族群，你們兩個之間根本沒有什麼差別。

幾天後，拉雯妮又寫了一篇充滿罪惡感的懺悔文。她在新的貼文裡解釋道，她一直是靠短期小額貸款撐過一整個月，每個月得還二百五十五塊美金，再過不到一個禮拜又要到期，利息是四十五美元。她覺得沮喪和慚愧。結果她在RTR的朋友薩米爾，就是那個帶著吉娃娃皮可先生一起旅行的游牧客，立馬留言：

我真希望我當時就陪在你旁邊，這樣我才能給我的好妹妹，你，一個擁抱。我想要你知道，有這種處境的人不只你而已。我還記得我和皮可先生坐在科羅拉多州多洛雷斯（Dolores）的森林裡，那時還有八天才能領到薪水，但油箱指針顯示幾乎沒油了，剩下的食物只夠再吃五天，水也只剩下兩天的量……

接受貧窮，接受別人眼中的你是貧窮的其實很難。表相上看到的這種生活方式好像很刺激新奇，但事實上，大多數的我們之所以選擇它，純粹是礙於經濟狀況……以下是你的兄弟薩米爾就自己的觀點所提供的幾點建議：離開加州，也離開聖地牙哥的市街，因為在那裡，你會被認定是無家可歸的遊民。別忘了你紮過營的沙漠或森林……去沙漠或森林吧，跟愛你和關心你的族人們住在一起。

你的兄弟薩米爾筆

薩米爾和拉雯妮並不天真，都知道在法律的眼裡，他們都算是無家可歸的遊民。但誰能承受得了這麼沉重的字眼？「無家可歸的遊民」這幾個字已經超過它字面意義往外擴散，變成了可怕的威脅。它正悄悄地說：這是一群被放逐、自甘墮落、非我族群、一無所有的人。「就像我們社會裡的賤民一樣。」拉雯妮在她的部落格裡這樣寫道。

「一開始，我擔心別人對我住在旅行車裡的看法，」薩米爾有一次在訪談中告訴我。「我不想被定義為『無家可歸的遊民』。」這個字眼曾給他帶來麻煩。有一次他開著旅行車去拜訪他姊姊參加齋戒月，結果被她轟出來，只因為她認定他是「無家可歸的無業遊民」，無法為他的外甥和外甥女立下榜樣。「我還以為我的家人會比較寬容。」他聲音愈說愈小聲，但後來又繼續說道：「我們怎麼定義自己，這一點非常重要。如果你在公路上開車，說自己是無家可歸的流浪漢或者自己貼上任何負面標籤，你就慘了。保羅．鮑爾斯（Paul Bowles）寫了一本書叫做《遮蔽的天空》（*The Sheltering Sky*），他在書中提到遊客和旅行家之間的差別。」然後他停頓了一下又說道：「我就是個旅行家。」鮑勃．威爾斯在他的書裡為車居族和無家可歸的遊

薩米爾跟他的皮可先生坐在自己的旅行車裡

民畫了一條明顯的界線。他認為車居族是一群具有良知的人，他們拒絕服從已經破碎又腐敗的社會秩序。不管是不是他們自己選擇了這條路，他們都欣然擁抱它。但從另一方面來說，「一個無家可歸的遊民可能會住在一輛車子裡，但他不是因為討厭社會規範才住在車裡。他有一個目標，重回社會規範裡的暴政底下，只有在那裡他才覺得自在和安全。」他在書中這樣解釋道。

原來有沒有對自己的命運做出自主的選擇，才是最重要的因素。不管一個人眼前能選的選項有多受限，重點是你有選擇權，這句話我已經聽過很多次。在雅虎經營車居族社群的鬼舞者曾在一場訪談裡這樣形容：「這個經濟體不會變好。但你有選擇權，你可以選擇放自己自由，也可以選擇做個無家可歸的遊民。」

被社會污名化只是這個問題裡的其中一部分而已。壞事總是降臨在過著流浪生活的游牧族身上，而且是比棍棒亂石還可怕的事。美國政府對那些不想住在傳統房舍裡的人，前所未見地做出了打壓。二〇一六年，《紐約時報》有以下報導：

透過一連串的法規來有效認定無家可歸屬於違法行為，這類打壓動作正橫掃全美各地，像佛州的奧蘭多（Orlando）、加州的聖塔克魯茲（Santa Cruz），和新罕布夏州的曼徹斯特（Manchester）等城市都欣然接受這類法規。全美法律中心（National Law Center）曾針對無家可歸和貧窮這個議題在全美一百八十七座大城市裡進行調查，結果顯示，截至二〇一四年年底為止，已經有一百座都市立法規定坐在人行道上屬違法行為。這個數量相較於二〇一一年，多出百分之四十三。立法禁止睡在車內的城市數量也在同期間從三十七座城市上升到八十一座。而這類的打壓是發生在紐約、舊金山、洛杉磯、華盛頓和檀香山等城市逐漸縉紳化之際，而城市縉紳化的原因是居住成本上揚以及無家可歸的遊民數量不斷攀升所致。

這類法規等於把財產置於人民之上，彷彿是在告訴游牧族，「你的車可以留在這裡，但你不能。」這是否會在全美各地對整個社會的文明價值造成不良影響，幾乎是不言可喻了。

而且打壓動作不只發生在大都市。就連在公有地上，「經濟狀況調查」的行動也從來沒有間斷。在亞利桑納州的科科尼諾國家森林公園裡（Coconino National Forest），森林巡守員都會盤問住在旅行車和露營車裡的露營客他們的住家地址。要是有誰看起來像是永久的游牧客——車上要是有貼闊茲塞特紮營許可證的貼紙，那就等於招供了一切——便會因你把森林當「住宅使用」而被開罰和逐出。在此同時，《政治家週報》（*The Statesman Journal*）最近也在報導林務局正在開發一種手機程式，若是市民懷疑某個地方被人長期紮營占用，就可以利用此程式來舉發。

至於社會上對橡膠浪人會的負評也從來不是什麼新鮮事。一九三〇年代中期到晚期那幾年，拖車式活動房屋曾經人氣激增，當時的媒體也是猛力抨擊拖車式活動房屋的居住者，認為他們對中產階級來說是一大威脅，是行動自如的危險人物，是疾病散播者，是無根的人，是流浪客，是成天無所事事的傢伙，是社會寄生蟲，是逃避者。

「在這個什麼都要繳稅的美利堅合眾國裡，這群靠汽油為生的吉普賽人繳納的社會福利稅金比其他美國公民少。」一九三七年的《紐約時報》編輯委員會這樣抱怨道。

「究竟誰該為到處流浪的車主擔起責任？他們一下住這裡一下住那裡，像氣生植物似地無根流竄，完全不繳稅，猶如全新品種的有車貧民。」同年，《財富》雜誌也這樣質疑道。

於是一家叫活動屋（Caravan Trailer）的製造商故意半帶玩笑地幫它旗下一款售價四百二十五美元、車長十一英尺的露營拖車取名「逃稅者」（Tax Dodger）來嘲諷社會上的看法。

但隨著一九三〇年代活動房屋風潮漸漸消褪，多數信徒又都回到那已重振雄風的經濟體裡。可是接受過我訪問的多數游牧客都說他們再也不回去那個體制，他們不打算再投入主流住宅的懷抱。這表示很多人得繼續躲躲藏藏地生活，直到死亡為止。

那年春天。拉雯妮在聖地牙哥祕密紮營的時候，又被人「敲門」了。本來下場會很慘，但還好來敲門的努涅斯警官（Officer Nunez）人很好，他告訴她，他只是想確定她還活著。他必須查明她有沒有製造毒品？拉雯妮知道自己算是幸運，因為她的旅行車看起來很新很乾淨，她的狗很可愛，再加上她本身是白人。努涅斯沒有給她傳票，但有抄下她的名字和牌照號碼，以及拉雯妮二代的型號和車款。這表示她的隱身術失效了，很快就得再出發上路。

第十一章 歸鄉

我離開德州的「露營車勞動力」之後，又過兩個禮拜就是感恩節。我打電話聯絡琳達，同時祝她感恩節快樂。

但聽到的不是好消息。她的家人就要被趕出米申維耶霍的租屋處，原因是她的女婿喪失了短期的殘障津貼，這個津貼是他一年前因眩暈和偏頭痛丟掉工作開始領取的。他們付不起房租，於是琳達把她那台舊的自走式露營車送給他們，反正一直都停在那裡，也沒移動過（她本來夏天要賣掉的，但價錢沒談攏）。她很高興那台二十八英尺長的El Dorado自走式露營車能夠派上用場，但又很擔心它能否容納得了兩個大人和三個十幾歲的孩子，再加上四條狗？她的盤算是，她女兒奧黛拉和她女婿柯林可以睡在臥室裡，外孫朱利安睡在駕駛艙上面的閣樓，外孫女佳比和喬丹（Jordan）睡在折疊式的小餐桌上，四條狗就隨便牠們了。

這一家人打算賣掉私人物品，將那間兩千平方英尺的房子和它的車庫完全清空。琳達說：「這就像電視實境秀裡的那些儲物症患者。」奧黛拉給了三個孩子一人一個樂柏美牌桶子，他們想留下來的東西，得塞進桶子裡才行。琳達則幫忙安排了一場盛大的後院拍賣會，現場堆了成箱的衣服、書籍，還有小型衝浪板和床架。各種衣物沿著草坪邊緣的圍牆整齊掛好。朱利安是未來的音樂家，但得忍痛放棄大部分的樂器，包括他心愛的手風琴。喬丹有志成為化妝造形師，但大衣櫃裡的大半衣物都得捨棄（「她到現在還是很不爽這點子。」琳達淡淡地說道）。為期兩周的後院大拍賣讓他們賺了一千美元。有幾個來買東西的人看見停在車庫裡的塞塞屋，竟還詢問價錢。他們的識貨令琳達受寵若驚，只能跟他們說，那是非賣品。

儘管琳達故作樂觀，但這場經濟危機其實已經令她筋疲力竭。「我快累死了，」她告訴我。「我雖然還是有幫忙，但已經慢慢放手。」在此同時，感恩節大餐還是會在那間已經清空的房子裡舉辦。不過她說好市多和雷夫超市（Ralph's）的火雞都賣完了，但這一家人有火腿肉就滿足了。

到了十二月月底，我和琳達又聊了一次。她告訴我，拉雯妮有來米申維耶霍幫忙她把家人安頓進露營車裡。等安頓完後，琳達就準備重回公路上了。大家都很難過她不能留下來過聖誕節。奧黛拉還哭了。

琳達和拉雯妮從米申維耶霍開車去板城，坐落在薩爾頓海附近的這座城市爬滿違章建築。她們對這處地方已經聽聞多年，所以想來探訪。但她們抵達時，天色已經暗了，無法四處看看，於是她們停在路邊，想先睡一晚。到了早上，她們看見街上滿地都是垃圾。她們決定先開著拉雯妮的車去找一個營位。拉雯尼有個臉書朋友住在板城，她們找到她的時候，她卻告訴她們，昨晚過夜的那個地方其實「常有吸毒者出沒」。琳達聽她這麼說，心一沉。她的塞塞屋和吉普車都還停在那裡，要是有人闖入車裡怎麼辦？她們趕緊回去查看。還好琳達的家當都還在，但不安的感覺始終揮之不去，於是決定馬上離開，重新聯絡上埃倫伯格的橡膠浪人聚落。

卸下了扛了幾周的壓力，再度追上老朋友與他們聚首，感覺好過多了。琳達和拉雯妮計畫待在這裡一起租個郵箱（琳達解釋，她們會用信用卡來分攤租金，但又補充說，你不能向拉雯妮借錢，因為她不會讓你還她錢，她向來樂於分享：「她每個月的支票下來時，如果有人需要五十美元，她一定掏出來給他們。」）。兩人交心談到低收入生活所承受的社會污名，於是在臉書上貼了馮內果（Kurt Vonnegut）的著作《第五號屠宰場》（*Slaughterhouse Five*）裡的一段短文：

> 美國是地球上最富裕的國家，但它的人民大多很貧窮。貧窮的美國人會被慫恿去討厭自己……但其他國家的傳統觀念認為有人雖然窮，卻很有智慧，而且品德高尚，比任何有錢有勢的人都來得更值得尊敬。可是貧窮的美國人沒有這類故事，他們只會嘲笑自己，讚美比他們有錢的人。

有天晚上，拉雯妮在旅行車裡亂放錢包，結果找不到。在一個小空間裡掉東西是很稀鬆平常的事，她有些朋友把這現象戲稱為「車居客的黑洞」。當時她不在乎地聳聳肩，就去塞塞屋找琳達，琳達還給了她一些巧克力（拉雯妮後來在部落格發文道：「我很愛琳達，她是那種我希望能交上一輩子的朋友。她對你沒有批判、沒有盤算，只是單純的友誼、愛和支持。而且她還會餵我吃東西。」）。但是拉雯妮心裡突然隱約不安，於是又回去自己的車子，結果一如她所料，她把自己鎖在外面了。車鑰匙在點火器那裡，她的小狗史考特也還在車裡。她和琳達試圖撬開車門，但撬不開。她們去找鮑勃，他也沒輒。她們打電話給美國汽車協會（AAA），但調度員不願派人前往沒鋪設馬路的偏遠地帶。幸好史考特還有食物和水，於是她們決定等到天亮再來解決問題。後來拉雯妮在塞塞屋的小彈簧床上睡著了，琳達也睡在旁邊，還錄下了她打呼的聲音。到了早上，她播給拉雯妮聽：「那聲音聽起來像貓叫聲！」最後消防隊把史考特從車裡救出來。這個可憐的小東西在車裡到處大便，害得拉雯妮那一大半天都在自助洗衣連鎖店裡忙。

平安夜當天，有二、三十個人現身參加百味餐會。琳達首度遇見汽車汪。曾在橡膠浪人會上幫人理髮的金多製作了一具裝置藝術，惹得朋友們哈哈大笑。那是石堆雪人，她還在那堆石頭上插了一根胡蘿蔔當鼻子。拉雯妮和幾個朋友正在討論如何結伴前往洛斯阿戈多內斯（琳達也想去，但得先有護照才行，這表示她必須先用新住址，也就是埃倫伯格那地方的郵箱住址來更新她那張已經在六月過期的駕照）。

到了聖誕節的早上，金多和她丈夫拿出禮物——用蝴蝶結和糖果裝飾的多包抽取式溼紙巾。琳達為拉雯妮做了聖誕早餐：南瓜薄餅佐蔓越莓，這是史汪奇建議的菜色。

琳達十二月和我通電話時，跟我說了很多事。她付了三十美元買了一具一氧化碳偵測器，結果不小心掉進她的尿桶裡。她最近剛讀完辛蒂・羅波[27]的同名自傳。在闊茲塞特長期訪客區那裡，有個露營車車主和他的兩隻貓僥倖逃過一場因電線走火釀成的火災，但他們的家和所有家當都付之一炬。

琳達想知道我會不會參加二〇一六年的橡膠浪人會，浪人會還剩兩三個禮拜就要開始。她告訴我她會去。自從她二〇一四年第一次參加浪人會之後，就沒再回去過，我們兩人的初識是在那場聚會上，這次將是她首度再回去參加。我告訴她，我不會錯過的。

* * *

夜色中開在密契爾礦井路（Mitchell Mine Road）上的我，遠遠瞄見有兩只紅色

拉雯妮在她的旅行車裡煎薄餅

的燈在閃。原來是琳達擺放的緊急閃示燈，好方便我在夜裡找到RTR的營位。我把海倫停在路邊時，已經十點。可是琳達還是出來招呼我，再把燈收好。我們進到塞塞屋裡，她倒了一杯水給我。其中一只刺眼的閃示燈一直關不起來。我開玩笑說：「放進冰箱裡吧！」她真的放進去。

我一月中抵達那裡時，RTR幾乎快過完了一半。礙於下雨的關係，浪人會拖了一陣子才開始，畢竟雨天多少會影響社交活動，游牧客只能待在自己的車子裡躲雨。不過後來天氣漸漸好轉。沒多久，這裡的人數就比琳達兩年前初次造訪的那次多了四倍左右。後來鮑勃估算大概有兩百五十人。有少數幾位老會員和性格比較內向的車友覺得人數太多了而刻意遠離。有個游牧客還試圖利用這次人數眾多的機會，趕在美國強力球彩票（Powerball）開獎前集資購買，已經累積到十五億美元的頭獎金額是有彩票以來最高額的獎金。

浪人會上有很多講座都跟以前一樣，但也加了一些新的，其中一個講座教你如何住在一台較小的車子裡，這是有別於旅行車之外的另一種更低廉、更隱密的車居選擇。其中一個主講人是六十六歲的大衛·史旺森（David Swanson），他以前是專業的製陶工，如今兩手都有嚴重的關節炎，現在靠領社安福利殘障津貼過活。他在十八個月前搬進一台二〇〇六年分豐田

---

27 Cyndi Lauper，活躍於一九八〇年代的美國歌手，歌曲作家，女演員與同志權利運動家，亦是葛萊美獎最佳新人獎得主。

Prius裡，這台車是在全毀的情況下被搶救回來，他後來以六千美元買下。

「做飯和睡覺對我來說是兩件最重要的事，這也是為什麼我覺得我這個退休的老傢伙正在進行一場冒險，」大衛這樣告訴他的聽眾。「我正在看這個世界！我玩得很開心！因為只要我有一張舒適的床、只要我還能做飯，我就不覺得自己無家可歸，要不然我就真的無家可歸了。」

大衛秀給大家看他是怎麼把副駕駛座轉換成堅固的流理台。一塊兩寸厚的柚木，是從他以前的工作台上拆下來的，他曾經在那張工作台上面製造出數以千計的陶器，如今則把電磁爐擺在上面烹煮食物，電磁爐的插頭就插在一具電流轉換器裡，後者可以接通汽車電瓶的電。到了晚上，那張流理台上面改放他的充氣式露營床墊和睡袋。為了不受干擾和擋住光線，他還做了暗色的窗簾，邊緣有扣眼，可以掛在車窗上面的勾子上。為了創造額外的空間，他有一頂特製的帳篷，可以在掀背式的後車門打開時，與車子的尾部接合。

此外他也提到豐田Prius做為居所的一個最大優勢，便是它基本就是一台有裝輪子的智能發電機，就算他睡著了，還是可以在內建電瓶關掉的時候使用車子的加熱和冷卻系統，因為引擎會自動每小時運轉一或兩次，進行充電。

大衛說他習慣車上這些裝置之後，住在Pirus裡就成了件很舒服的事。「假使我早上停在星巴克那裡，使用他們的WiFi，我不用進去裡面排隊買咖啡，我的咖啡就已經準備好了。」他咯咯笑，然後又說到他晚上的娛樂。「我會帶著我的平板電腦坐在駕駛座，再用魔術貼把它貼在遮陽板上，然後把椅背往後靠，就是電影之夜了。

小型交通工具的講座結束後，又過了幾天，RTR開始著手準備另一場首度推出的活動：社區才藝表演。琳達把碎石放進幾個紙袋裡，固定住紙袋的位置，然後在裡頭點燃蠟燭，臨時舞台於是有了一整排光影溫暖的腳燈。才藝表演在太陽下山時開始。有音樂表演是一個游牧客用她的非洲鼓敲打出旋律，另一個游牧客用西藏頌缽進行演奏，一位吉他手低聲吟唱著火箭樂團（Bottle Rockets）的歌，歌詞是這樣：一輛千元汽車，根本一文不值，還不如拿出幾千塊，放一把火燒掉。也有人在台上表演逗人發笑的劇碼，譬如單人脫口秀，說有一隻章魚試圖跟一個蘇格蘭手風琴做愛，或者連珠砲一樣說出好笑的俏皮話，包括「露營是一種可以讓你看起來很像無家可歸的昂貴方法。」還有一個沒穿上衣的軟骨功雜技演員雙手在背後合十，然後像肩膀脫臼似地將手臂從他頭顱上面繞到軀幹前面。另外有一個空手道高手將一塊木板徒手劈成兩半。現場有一個很吵的醉漢不停打斷表演，對著一隻老是想抱著舞者小腿做出不雅動作的狗大喊：「朱利歐！朱利歐！」觀眾頻頻回他白眼，但根本不管用，最後大家對他做出噓聲，硬把他的狗從舞台上拉下來。

現場很歡樂，但有一股暗潮洶湧的氛圍是我以前不曾嗅出的。在某場講座上，鮑勃提到「真實身分」（REAL ID）這個法案，它會讓駕照審查的安全標準變得更嚴苛。多年來，游牧客都是利用在地的郵件轉發服務住址來充當居住地址。但現在機動車管理局的辦事員會開始上網查詢每一個地址，只要那地址屬於辦公地址，他們就會要求申辦者一定要提供真正的住家地址。這套法案的用意原本是要根絕恐怖主義，但也連帶波及游牧族。他們只好開始瞎編，聲稱自己是住在家裡或者朋友那裡，再不然就是把他們剛巧看到正要出售的房子拿來充數，拿它們的住址來謊報。

「這個政府就是要你住在屋子裡，」鮑勃警告他們，「他們知道我們在做什麼，而且一直在加強他們對我們的控制。」

我大約是在這時候發現自己開始納悶：這些人以後將何去何從？我尤其納悶琳達還會那麼賣力地想蓋一棟地球方舟嗎？幾個月前，她才提到她所物色的地方已經轉移到科羅拉多河附近的加州維達爾（Vidal）了。不過在RTR，她一直沒談起這件事。當我問起時，她的語氣聽起來不冷不熱，只說她最近在米申維耶霍清理家當的時候，丟了一些跟地球方舟有關的書。

這幾年來，我有聽到游牧族私下討論想一起湊錢共同買塊地，但這計畫好像始終只聞樓梯響。據我所知，有幾個人離開了公路，回去找他們已經長大成人的子女，後者不是接他們回去住，就是另外幫他們租間公寓。但不是每個人都有子女。再說下一代也有自己經濟上的難處，有些成年子女連自個兒都快養不活，更遑論他們的父母。

我聽說在德州有一家生活輔助中心，很歡迎再也無法開車的露營車車主入住。這家機構的名稱是逃脫者照護中心（Escapees CARE），它是彩虹遊樂園（Rainbow's End）的附屬單位。彩虹遊樂園位在李文斯頓鎮裡（Livingston），是一家大型的露營車遊樂園（「照護中心的意思，真的就是你會在這終老死去嗎？」這是我在該機構的F．A．Q頁面上看到的一個令人心酸的問題）。入住此中心的人都是住在他們自己的自走式露營車裡，但是得租個營位，一個租金超過八百五十美元，也可另外增加成人日間照護服務，只是每個禮拜得多付兩百美元。我認識的那些人根本付不起這麼高的費用。

我聽過一些故事，有些很悲慘。艾莉絲也就是那位跟一隻會說話的鸚鵡同住車裡的游牧客，她提到一個叫羅恩（Ron）的舊識是如何酗酒而死，當時他是在離闊茲塞特三十六英里外的渥爾瑪商場停車場內原始野營。她說他的屍體有整整一個月沒被人發現。還有在以賽亞五八計畫教堂裡做志工的貝奇・希爾（Becky Hill）曾提到，有個八十歲的老翁在他們教堂的收容所裡住了三個月，最後死在自己的露營車裡，當時車子就停在埃倫伯格附近的沙漠裡。「他沒有人可以求助。」她悲嘆道。

曾在四年前接受過我訪問的一個「露營車勞動力」臨時工，二月才剛過世。我第一次見到佩提・迪皮諾（Patti DiPino）的時候，她只有五十七歲，在堪薩斯州科菲維爾的亞馬遜倉庫的大夜班負責收拾和整理貨品。她邀我去她那輛一九九三年分的Ford Montera自走式露營車裡聊天。

佩提告訴我她在丹佛市的某家建商當了十五年的簿記員，結果二〇〇九年關門大吉時被裁員。也大約在那時候，她因為離婚離得亂七八糟而失去了自己的房子。於是佩提搬進露營車裡，並試圖重回全職的工作職場。她心想自己好歹做了三十年的辦公室行政工作，經驗也算豐富，應該找得到工作。結果那幾年她網路上寄出幾千封求職函，但市場對她這樣一個五十幾歲的失業婦人來說並不友善，她處處面壁。

佩提倒了一杯黑咖啡給我。她談到她最疼愛的沙米（Sammy），一隻五磅重的吉娃娃，也談到她待在闊茲塞特的那段時光，還有她計畫到冒險樂園求職。她玩笑地說：「簿記員永遠不死，只是收支失衡而已。」她也提到她的嗜好，她說她喜歡編織膝上用的毛毯，再轉送給那些在阿富汗失去雙腿、終生得坐輪椅的退伍軍人（她有個女兒從海軍退伍，會幫她把毛毯發送給加州某基地的退伍軍人）。

佩提很高興能在亞馬遜有一份時薪十塊五毛美元的工作，但她不想把賺來的錢花在那裡。「我都告訴大家，『不要再去渥爾瑪商場，也不要在亞馬遜買東西。去街上的阿公阿嬤店裡買，才會讓那些大老闆的荷包賺不到錢。』」佩提這樣說道。「我意思是有錢人只會更有錢，而我們只能坐在這裡愈來愈窮。」

佩提不想要後半生都在公路上流浪。她夢想住進一座永久性的社區裡。「我想要找的是某種學校，我們可以在那裡教年長者一些東西，有自己的菜園，可以自己製造瓦斯，有自己的燃料，諸如此類等，」她解釋道。「而我有一間廚房，所以我們可以煮東西。其實別人都不知道我們有多好用。反正有菜園，當然可以自己煮啊，因為我們知道方法，這些都是在好幾年前就學會的。」

佩提六十歲就死了。就我所知，她因為罹癌的關係，一直在接受放射治療。在她的臉書專頁上，有一個朋友貼了悼文，內容令我感動到都快哭了：

你終於無債一身輕可以住在永恆的天家了！不必再待在沙漠或堪薩斯州受凍！空間也不再那麼擁擠！以前我每次掛電話時都會跟你說：佩提，我愛你，我會很想你。這一次也一樣。

有一次我問那位占星師希爾維安她有什麼長遠的計畫。「我心裡是打算一輩子當游牧族，」她這樣告訴我。「我不在乎最後的下場是不是像《末路狂花》那樣，我能做的只是不顧一切地往前衝，哪怕前面是萬丈深淵。」

我也問了艾莉絲同樣問題。她回答我：「若是在沙漠裡找到我的屍體，就用石頭把我埋起來，讓我一路好走。」

鮑勃為他的垂暮之年做了一個比較務實的計畫。「我要挖一個很大很長的壕溝，然後買一台很便宜的學校巴士，再把土回填，蓋住車體的其中一邊，還有車頂，留下南面的車窗。只要五百塊美金，你就可以買到一台壞掉停用的學校巴士。這種車堅不可摧，永遠不會爛掉。」但萬一這樣行不通，他打算深入荒野，用一顆子彈結束自己。「我的長期醫療保健計畫就是在沙漠裡成為一堆白骨。」

這麼悲涼的結局其實也是一種更深層的影射：鮑勃對文明社會的未來並不樂觀。他相信即將來臨的環境浩劫和經濟災難將擊垮人類社會。他預見了風暴的來臨，它將使「經濟大蕭條看起來就像是公園裡的午後一樣平常」。

雖然鮑勃對這顆過度擁擠的星球其未來的命運做出了他的判決，但他網站上的一些網友卻在擔心以車為家這個話題太紅了。他們希望鮑勃和其他游牧傳道者不要再高談闊論車居族的生活，因為如果被太多人關注，將使車居族很難保持低調，搞不好會引來警方的打壓。

* * *

有一天下午，我開車到闊茲塞特一家賣墨西哥捲餅的攤子那裡，攤主是一個自稱火爆外國佬的傢伙。這一年多以來，他一直試圖賣掉這個攤位，儘管一再降價，還是沒人要買。就在我點單要買煎餅時，他告訴我他想寫一個電影劇本，是關於老人家跑到闊茲塞特來等死的故事。當時我一臉詫色，他卻若無其事地告訴我，過去這一年來，這座城裡已經發生五、六起自殺案件。他陰鬱地做出結論：「這裡什麼也沒有。」我聽完，拿了食物之後便趕緊離開。

回到RTR時，我碰到了六十六歲的彼得．福克斯（Peter Fox），一年前我就認識他。那時他還是個正在受訓的車居客，用一台借來的Westafalia露營車待在RTR裡。他在舊金山的計程車產業裡待了二十八年，當過計程車司機、調度員、拿過一面很大的獎牌，也當過經理，但最後被Uber擠出這個市場。「共享經濟——就是踩在小人物背上的經濟——已經來臨。」他悶悶不樂地說道。「我當時處在一個再也無法同時負擔房租和食物的關卡上。」他曾經想要賣

彼得在他旅行車旁邊搭了戶外廚房，正在裡頭煮咖啡

掉他的獎牌，以為稅後應該還能淨賺十四萬美元，可以靠這筆錢養老。但獎章的拍賣得透過舊金山市府處理，而市場對獎牌的需求很低，彼得仍排在等候名單裡。過去半年來，他搬進了一輛十二人座的白色Ford E350旅行車裡，他將它取名為塘鵝號（the Pelican，「因為牠們飛得很低很慢。」他解釋道）。他在車裡放了一只象頭神甘尼許（Ganesh）的雕像，祂是清除障礙之神。

彼得希望能找到露營打工的工作，於是我們共乘一部車子到「大營帳」的活動現場。我看著他朝某營地管理工作的召募專員走去──「我是被逼著退休，我需要賺錢」──於是我留他獨自在那兒面試。等我們在城裡快速解決完晚餐之後，我們又共乘回營地。「這個時節的我每天晚上都在想，這不是度假或旅行，」他這樣告訴我，

「這根本是終點。」

過了兩、三天後，我們坐在他車子外面的防水油布上聊天。他說：「我還是感覺得到我一直在恐懼和快樂之間擺盪。」我們聊到未來。「等大家都老到再也無法露營或住在車子裡時，他們要去哪裡呢？」他沉思道。他告訴我他很感恩RTR裡一位有執照的護士，曾幫他用刀把一隻手指上的感染傷口切開，放膿出來。他覺得如果能有流動的醫療小組或醫療小站來服務游牧族，那就太好了，尤其是在州立公園或人們會聚集的那種免付費地區。此外他也在想要是能為年老的車居族創辦一種非營利組織，那一定很酷。也許有誰願意撥款給這樣的組織。他想幫這個組織取名為「哈囉，車裡的人」基金會，就是約翰．普萊恩[28]唱的那首歌的歌名。我沒聽過這首歌，於是他拿出吉他和幾張活頁樂譜，開始彈奏。當他唱到副歌裡的「懇求用人與人之間的熱情與交流來紓解老年的孤單」這一段時，他的歌聲變得很響亮。

我問他，未來有什麼計畫？

「不要死掉，不要變老，」他說道。「我也不知道。」然後他又補充道，如果真的走不下去，他有一個姪女和外甥說過會接他回去住。

＊＊＊

RTR接近尾聲時，這群游牧客用亞馬遜的硬紙板箱製作出一台小旅行車。每個人都在上頭簽名。然後那天晚上，他們把紙做的車子丟進營火裡。他們稱這新的儀式為「火燒旅行車」，然後唱出他們自己寫的歌詞做為紀念，曲調是美國民謠歌手馬爾維納・雷諾爾茲（Malvina Reynolds）在一九六二年為譏諷郊區景觀的一成不變所創作的〈小盒子〉（*Little Boxes*）。

在沙漠裡的小旅行車
拼拼湊湊出來的小旅行車
在沙漠裡的小旅行車
形形色色的小旅行車

有一輛白車，又一輛白車
再一輛白車，和一輛花花的車
它們全都被拼拼湊湊出來
沒有一輛一模一樣

28 John Prine，美國民謠歌手，內文提及曲目為*Hello in There*。

這些人是橡膠浪人
不管到哪都是最好的人
他們不被放進框架裡
他們不會都一樣

我們友善
我們是家人
我們熱愛聚會
在沙漠，在沙漠
這裡的地形完全一樣……

我們沒有華美建築
沒有澡堂，沒有中央舞台
但我們有一個火盆集結友誼
我們都是拼拼湊湊出來的
沒有人覺得我們都一樣

游牧族很喜歡這場儀式，誓言以後每年都要舉辦一次，讓它成為一種傳統。有人建議明年也許應該用三夾板來製作車子，這樣可以焚燒得久一點。

＊＊＊

琳達接到她家人的通報，說她的外孫們現在都待在露營車旁邊的帳篷裡。原因是狂風暴雨把雨篷吹得飛了起來，淋濕了他們，雨水一直從帳篷底部滲進來，其中一個外孫女為了想保持地面乾淨，試圖用吸塵器清理，根本不知道沙子會穿透織品被吸進來，結果破了許多小洞，他們只好用膠帶補起來。她說，他們還在努力地補洞。

這時候的琳達也遇到了新的難題。她告訴我夜裡開車時，視線中央會看見黑點，還有吉普車上的儀表板沒有作用。她是在我們去過城裡之後，沿著史卡登沖刷地開車時注意到的。「該死，如果沒有車速表，我就完蛋了，」她說道。「怎麼老是遇到一些有的沒的。」

她和拉雯妮一直試著找機會想在春季露營打工。琳達原本以為加州土地管理公司的另一份營地管理工作已經篤定要給她。可是當我準備離開RTR時，琳達接到一通電話，被告知那份工作沒了。

＊＊＊

我本來以為故事就此結束——琳達回到橡膠浪人會，以流動工人身分重新展開她那繞著季節轉的游牧生活，身邊圍繞著已經像家人一樣親的游牧客。後來那幾個禮拜，琳達和新朋友們的關係更穩固了，原來那時她跟著幾個游牧客一起拔營，前往埃倫伯格，結果在那裡因嚴重的支氣管炎而病倒。就在她躺在塞塞屋裡，虛弱到無法烹煮食物時，那群沒水沒電的鄰居竟帶著食物上門，包括水煮蛋、番茄和香腸。前一年我也見過類似的守望相助場面。當時有個叫貝絲（Beth）的游牧客在走出她的旅行車時不小心跌倒（她的旅行車叫做野獸號〔The Beast〕），左臂應聲折斷。「車居家族」裡的兩名成員立刻成立所謂的「營地康復小隊」，協助她處理許多靠單手不可能做到的事情，包括幫她綁鞋帶、扣好胸罩，直到她復元到可以正常生活為止。

琳達大病過後，又過了兩、三個月，我們再度通了電話，她告訴我一件令我驚訝的事情。她找到建地蓋地球方舟了。

她在分類廣告網站Craigslist上看到有人要出售一塊五英畝的地，那兒離亞利桑納州的道格拉斯鎮（Douglas）很近，就在奇瓦瓦沙漠（Chihuahuan desert）的西側邊緣，也就是墨西哥邊界以北九英里的地方。她以前曾去探勘過那地方，那是她第一次參加橡膠浪人會之後。可是當時她認為那地方太偏遠、太與世隔絕。但現在她有了不一樣的想法。「時間不多了，」她告訴我。「我還剩多少時間能有足夠的體力和健康的身體來完成夢想？要是我蓋好了房子，卻沒有機會住進去，那未免太可惜了。」我問她，不擔心住在那裡很孤單嗎？「我有很多朋友在公路上跑來跑去，他們會來看我。」琳達說道，她指的是她的游牧族。「我在那裡不會太孤單的。」

那塊地是在一個很偏僻的地方。在那裡的地主若擁有四英畝以上的地，就可以不受該郡的建築法規約束。換句話說，它就是地球方舟發明人邁克．雷諾茲稱之為「自由空間」的那種地方——沒有耗時費事的繁瑣手續，實驗性建築可以在這裡大展身手。再說它位於海拔四千兩百英尺的地方，意思是夏天的時候不會太炎熱。要是熱到讓人受不了，附近山區也有營地管理的工作機會。

「沒進行耕作的閒置空地，可依法取得，無電力、水井或污水管。」分類廣告網站上面這樣寫道，另外它還貼了幾張一望無際的沙漠照片，放眼望去，一個住家也沒有。此外它也自承了幾個缺點：地產四周接壤的公路長滿牧冬樹，其中一條貫穿乾涸的峽谷，暴雨來臨時會山洪爆發。

最後是它的價格令她徹底投降。賣家要以兩千五百美元的售價賣掉這塊地，但分期付款的金額少到你可以一口就吞得下去：兩百美元的頭期款，然後每個月分期付款兩百美元，沒有利息，直到付清總價為止。一年前，琳達還在聖貝納迪諾山脈做營地管理的工作時，就一直在鑽研一本自學性的書籍，作者是剛起步的一家小企業的創辦人，書名是《讓點子成真：在願景與現實之間克服阻礙》。我曾問她為什麼讀這本書。她告訴我，她本來要把這本書送給她的女婿，可是他好像沒什麼興趣，於是她就自己讀了。「我有一個停滯不前的計畫：我的地球方舟，」她據實以告。「我的阻礙是什麼？財務嗎？可是那真的是阻礙嗎？」她停頓一下，若有所思地長吸了一口香煙。然後她說她可能會在RTR裡宣布她的家園建造計畫。也許大家可以過來幫她一起蓋。「想待在我的土地上嗎？付費方式是每天幫我把一個廢輪胎填滿泥巴！」她說道，同時大笑起來。「當然等他們來的時候，我會要求他們幫填更多的廢輪胎。」

琳達第一次在分類廣告網站Craigslist上看到那塊地時，她還在紅杉國家森林公園擔任營地管理員，那裡離她有十二個小時以上的車程（加州土地管理公司答應她的工作稍早前雖然沒了，但因為別處又有缺額，於是公司又找她去了）。她沒辦法親自去看。結果她跑到專為科奇斯郡所設的稅務稽核員網站輸入地號，取得它的經緯度，再把座標輸進MapQuest查詢，結果在衛星圖裡出現一塊駱駝色的土地，再加上點狀灌木叢，另

這條消失在沙漠灌木叢的路可以通到琳達那塊地

有一條旱谷宛若拉長的手掌貫穿其中。

琳達付了頭期款之後，就在臉書貼文宣布她買下了那塊地。「太棒了！美夢成真！」艾許寫道，她是琳達在亞馬遜「露營車勞動力」工作時認識的朋友。「如果你需要建築工人，記得叫我們一聲。」

「棒！棒！棒！我超嫉妒的！我們很樂意順道過去幫你蓋屋子！」溫蒂（Wendy）說道。她也是游牧客，跟她的男友和狗狗們同住在一間「有輪子的迷你屋」裡。迷你屋是學校巴士改裝的，屋內有堆肥式廁所和一個柴火爐。

琳達打算做完營地管理工作後就去造訪那塊地，然後再去下一份工作那裡報到，是亞馬遜的工作。她的營地管理工作有一個工作伙伴，也是來自橡膠浪人會的車居客，叫做蓋瑞（Gary），兩人成了很親密的朋友。蓋瑞也想看看那塊地，另外他也計畫到亞馬遜工作。蓋瑞似乎對琳達很有意思，不過她對這段浪漫的關係仍在猶豫不決。

我問她，我可不可以也跟他們一起去看那塊地？琳達答應了。於是我訂了一張飛往鳳凰城的機票。但就在七月中要出發之前，我才得知他們的計畫生變。蓋瑞小中風，兩人只好跟著RTR部落在弗拉格斯坦夫落腳休息，等待康復，因此決定延期。除了考量蓋瑞的健康問題之外，琳達也擔心那裡的高溫。她本來以為氣溫是華氏八十幾度，但氣象報告說那裡的氣溫高達一百零三度，再加上她吉普車的空調也壞了。最重要的是，亞馬遜要求他們提早至八月一日開始工作，所以他們必須到肯塔基州康伯斯威爾的倉庫報到，加入「露營車勞動力」的分隊，預計這個工作團隊的人數會多達五百多人。所以她和蓋瑞正在計畫一場橫跨美國但行程放慢的旅行，不在白天的高溫下開車趕路。「我只是很難過不能去看看那塊地。」琳達說道，語氣聽起來筋疲力竭。

但我決定無論如何我都要去，反正機票已經訂好了。琳達那塊五英畝的地並沒有圍上籬笆，所以可以開放參觀。再說，我也相信這趟朝聖之旅或許能幫我解答一些很糾結的問題。琳達在她腦袋裡勾勒的那個未來，有可能在那片完全空白的沙漠裡成真嗎？又或者它只是一個不可能實現的夢？

七月中的傍晚，我的班機降落鳳凰城，那時候正值亞利桑納州季風盛行的季節。就在旅客們下機時，大家的手機，包括我的突然大合唱起來，原來是緊急通報的警示鈴聲。這是美國國家氣象局（National Weather Service）在警告有沙塵暴即將來襲。這種風暴就是眾所皆知的「哈布沙暴」（haboobs）。但最近這幾年，有些亞利桑納州人很是感冒這名稱，抗議怎麼會用阿拉伯語的字根做為氣象術語。「在地的電視新聞現在都把這種風暴稱為哈布沙暴，但我覺得這是一種侮辱，」一名住在亞利桑納州吉爾伯特鎮（Gilbert）的男子投書給《亞利桑納共和報》（*The Arizona Republic*），「當我們的軍人回到亞利桑納州，聽到一些（不知道是什麼東西）的中東術語竟然成了亞利桑納州一種有名的氣候現象，他們會做何感想？」

航廈外面的天氣熱到令人窒息，空氣其乾無比。天色暗沉，漫天風沙瀰漫在停機坪的白光裡，形成奶色光暈。

我租了一台豐田可樂娜，正在調整後照鏡（海倫此刻停在東岸，與我的家人為伴）。這時琳達開始傳簡訊給我。她才剛抵達艾雷諾（El Reno），在那裡住了一晚。艾雷諾是奧克拉荷馬州的城郊，就位在她上一站歇腳的新墨西哥州圖克姆卡里（Tucumcari）東邊約三百五十英里的地方。她想要安排我們第二天的時候上網連線。

琳達還是很想看她那塊地，可是她在一月以前，也就是結束亞馬遜的工作之前都不可能過來，於是我們有了另一套計畫。我在道格拉斯鎮待上一晚之後，就會開車深入那座沙漠，盡可能趨近那塊五英畝的地。然後再帶著筆電和手機徒步出發，利用ＧＰＳ來搜找各角落的標記。要是手機收訊夠好，我會當場直播我健行的實況到琳達的手機裡。她可以邊看邊指示方向，告訴我她想探索哪些地方，這就像對一個低階版、靠人力作業的火星探測器進行遠端遙控一樣。

在好不容易搞清楚兩邊的時差之後——原來亞利桑納州是沒有日光節約時間的——我們同意在第二天我這邊下午一點的時候開始，也就是她那邊的下午三點。琳達的語氣聽起來對這種間接體驗的旅行很是興奮。

「你到了道格拉斯鎮之後，可以去看看加得斯登飯店（Gadsden Hotel）。」她在簡訊裡力勸道，「它有大理石柱和蒂芬妮彩色玻璃，那是銅礦業還發達的時候留下來的。」然後她又寫道：「你現在在開車嗎？」

我回答她沒有。車子有停下來，我沒有邊傳簡訊邊開車。

「那就好。」她繼續寫道，「道格拉斯有一家渥爾瑪商場，你一定要準備很多水。」

我肯定會準備水、防晒油和一頂帽子。

「如果你被困在那裡……我可以聯絡我那個賣主，」她寫道，但隨即又改變想法：「不要被困住哦。」

我告訴她，如果泥土路太鬆軟，我會把車停在公路上，徒步走進去。她似乎很滿意我的回答。

「好吧，那你就出發吧，明天再聊。」她寫道。「你這瘋女人，我真不敢相信你竟然會去那裡！」最後加了一句：「晚安！」

九點的時候，空氣清澈平靜。我在十號州際公路上朝東南的方向駛出鳳凰城，午夜過後才抵達道格拉斯鎮。第二天早上，我上了專為科奇斯郡設的稅務稽核員網站，拉出琳達那塊長形土地的衛星圖，然後在Google Maps上找到同一塊區域，用標記繪出那塊地，再存進地圖裡，標記全轉化成了金色的小星星，沙漠上於是顯現出一個長方形的星座，就在我目前GPS定位點、東北方八英里半以外的地方，在螢幕上顯示為一個小藍點。

我把水瓶裝滿。上午十點的氣溫已經炎熱，我開始出發探險。我的第一站是道格拉斯鎮的大街：G大道（G Avenue），這條大街也是琳達口中那座富麗堂皇、歷史悠久的飯店位置所在。但是它附近都是空屋，油漆剝落、外牆褪色、窗戶用三夾板封了起來。人行道上空無一人，很難相信這裡曾經是亞利桑納州第一大鎮。道格拉斯鎮是以冶煉起家，創建於一九〇一年，專門處理來自鄰近銅礦的礦砂，曾經繁榮了幾十年。但好景不可能永遠常在。二十世紀下半葉，美國人漸漸明白空污對健康和環境所帶來的威脅。一九五五年，立法者投入大量研究經費專研這個問題，於是一九六三年有了淨化空氣法（Clean Air Act）以及各種附加條款。不過當地的冶煉廠也就是道格拉斯還原作業場的幕後老闆——菲爾普斯道奇公司（Phelps Dodge Corporation），竟想出了辦法規避全新的聯邦空污標準，直到一九八〇年代才作罷。那時候它已經成為美國製造業排放最多二氧化硫的禍首，每天吐出的污染物高達九百五十噸，形成酸雨。當時排放出來的煙霧濃到令某位醫生都決定不再鼓勵病人外出運動，以免出現反效果。「當空氣變得很糟時，你的肺就會黏稠，」一位在附近的畢斯比（Bisbee）開咖啡店的老闆告訴《美聯社》（*Associated Press*），他準備舉家搬離這裡。

環保署下令，菲爾普斯道奇公司必須耗資五億美元安裝排放控制設備。這家公司索性決定關閉冶煉廠。一九八七年一月中，四名工人倒出最後一批銅砂。雲霧狀的廢氣從此不再從櫛比鱗次的煙囪管裡吐放出來，懸浮在山谷上方的煙霾也終於消散。沒有人懷念那種黏稠的空氣，可是其他損失在所難免：工資總支出高達一千萬美元的三百四十七個工作機會就此消失，估算約占當地經濟的四分之一強。這惹惱了道格拉斯鎮的市民們，即便是那些還有工作的人。「我希望那些關閉冶煉廠的王八蛋全被送到俄國和加拿大。」酷爾斯啤酒分銷商（Coors）的一名員工這樣告訴《波士頓全球報》（*The Boston Globe*），「我覺得這根本是共產黨在挑撥。」

道格拉斯鎮的前景還在像自由落體不斷下墜。該鎮唯一一家醫院也在二〇一五年的夏天關門，這又少掉了七十個工作機會。包括道格拉斯鎮和另一座以前也是以冶煉起家的城鎮謝拉維斯塔（Sierra Vista）在內的這片都會區，最近被稱為是美國境內第四快速萎縮的城市。在二〇一〇年到二〇一五年間，道格拉斯鎮人口的直墜而下竟比兩個鏽鐵地帶的首都[29]——密西根州的弗林頓（Flint）和俄亥俄州的揚斯敦（Youngstown）——還要嚴重。

我走在G大道上，道格拉斯鎮曾經的繁華和如今的沒落就新舊雜陳在我四周。加得斯登飯店的對面矗立著有百年歷史的布羅菲樓（Brophy Building），它曾經是商業樞紐，外觀是漂亮的新古典主義，配上裝飾性盾牌、卵形與鏢形交替的線飾，再加上屋檐下方的齒飾，為已遭木板封死的臨街店面增添了異常肅穆的氛圍。再往北走一個街區就是空置已久的大戲院（Grand Theatre），它的入口遮檐仍有「放映中」的英文告示，只是這排英文因年久失修，掉了一個字母：NOW SHO ING。[30]大戲院在一九一九年開幕那時，熱情的支持者宣稱這家配備有一千六百個座位的電影皇宮堪稱是「聖安東尼奧（San Antonio）和洛杉磯這兩座城市之間最高級的戲院」，還吹捧戲院裡面有一流的設施，譬如看無聲電影時有管風琴陪奏，還有一間茶樓和一個糖果鋪。除了放映電影之外，大戲院也接待過電影明星，從琴吉・羅傑斯（Ginger Rogers）到約翰・菲利普・蘇沙（John Philip Sousa）都有。不過隨著二十世紀中期電視的崛起，曾經富麗堂皇的電影院終於畫下句點。大戲院在一九五八年關門大吉，屋頂後來甚至塌陷，廢墟裡長出了樹。到了一九八〇年代初期，文物保護者花一塊美金買下它，可是要重建卻需要九百五十萬美元，所以現在仍在原地蟄伏。二十一世紀初，這家荒廢的戲院總算為自己找到一個角色：萬聖節鬼屋。為了幫這棟建物籌募資金，志工們在裡頭打造恐怖場景，並把這樣的活動變成每年一次的傳統盛會，包括找一家真正的殯儀館來據實呈現屍體保存實驗室，還找高中生演出《禁入墳場》（*Pet Sematary*）的驚悚片段。

雖然琳達對道格拉斯鎮的過往歷史很是著迷，但它的沒落對她來說不無好處。因為對一個預算有限、經驗不足的新地主而言，在成本上會比較實惠。而這裡便宜的房價也已經稀稀落落地引來創業家和藝術工作者，包括從曼哈頓搬來的羅伯特．烏利貝（Robert Uribe），他在道格拉斯鎮開了一家咖啡館，四年後當選市長；還有加州柏克萊的電影工作者哈羅德．布雷克（Harrod Blank），他正在蓋一座創意造形汽車博物館，叫做藝術車世界（Art Car World）。其中有一輛Carthedral[31]是一台靈車，裝上了染色玻璃和哥德式的尖塔。另外還有一台車體飾有一千零四十五隻塑膠馬的Coltmobile[32]，這輛藝術車是一個酗酒的越南退伍老兵創作的，他在戒酒期間，只要想喝酒，就在車體上黏上一隻塑膠馬。

不過這座鎮也有它的難題得面對。琳達在研究自己的新家時，發現了一些不太妙的現象。

---

29 rust belt，指美國北部衰敗或蕭條的工業區。

30 原本應該是NOW SHOWING。

31 故意將car和cathedral（大教堂）兩者合起來。

32 將colt（小雄駒）和mobile（汽車）合體。

她告訴我：「這裡有一些毒品走私的問題，因為道格拉斯鎮就位在墨西哥邊境。」那時候她才剛付完頭期款沒多久。琳達還說這些資訊是她從一些跟道格拉斯鎮有關的書讀到的，但她不知道這些書是多久前寫的，所以也許情況後來有改善？

琳達在讀到關於毒品販運的問題時，也順道得知了城裡最有名的毒販人物。這要追溯到一九九〇年，當時緝毒探員在邊界下方發現了總長三百英尺的地下通道。這條用水泥來強固壁面的地下通道是西納羅販毒聯盟（Sinaloa cartel）用來走私古柯鹼的通道，地底下的深度約有三層樓高，起點是阿瓜普里塔市（Agua Prieta）的一棟屋子裡，入口被巧妙地隱藏起來。而你只要打開一個水龍頭，就會啟動液壓起重機將一張撞球桌抬起來——以及撞球桌下面的石板——接著就看到一道樓梯通到地底下。通道內部有五英尺高，裝了空調和電燈，還有一台抽水泵預防淹水。通道頭尾兩端是靠一輛行駛在鐵軌上的台車來回作業，終點就位在道格拉斯鎮一棟面積兩千平方英尺的倉庫底下，而倉庫被偽裝成了卡車洗車場。洗車場內有一整套的起重滑輪可以將成捆的古柯鹼拉上地面，再由工人將它裝進等候中的聯結車裡。緝毒探員看到那條別號「古柯鹼胡同」的地下通道時，都覺得咋舌，直覺得像是「007電影裡的場景」。西納羅販毒聯盟的首腦是綽號「矮子古茲曼」的華金．古茲曼（Joaquin "El Chapo" Guzman），他曾大言不慚地說他的工作人員「打造了一條酷斃的通道」。

琳達很好奇這段歷史，並沒有被它嚇到不敢在這裡置產。「有個前任的邊界巡警寫說曾有人因為向警方告密而被宰了。那就是所謂的線民。」她一本正經地說道。「沒錯，販毒聯盟會屠殺線民。不過我是覺得『反正我不會跟他們來往。』」我們掛了電話之後，我心裡不免納悶琳達是不是只是設法在幫自己打消疑慮？或者我的疑慮？還是我們兩個人的疑慮？不管怎麼樣，她說道格拉斯鎮剛好位在邊界上，這件事一點也不誇張。大戲院再往南走十二個街區，這座鎮——或者這個國家——就會在兩道平行的柵欄前面嘎然而止，而這兩道柵欄會把一條看上去就像乾涸的護城河的水泥渠道夾在中間（對聯邦政府的承建商來說，這條渠道的正式名稱是「道格拉斯鎮國際溝渠」〔Douglas International Ditch〕）。第一層柵欄是在護城河靠美國的這一邊，用鐵絲網製成，漆色是看上去不會太張揚的沙漠卡其色。第二層柵欄則在墨西哥那一頭，算是正式的邊界屏障，看起來就很像是監獄片裡才會出現的東西。它是一種柱樁式的結構體，鑄鋼材質，赫然聳立在地面之上，高度十八英尺，往兩邊綿亙，直到視線裡看不見為止。至於地底下的部分也深達六到八英尺，以防有人從下面挖洞。柱樁是黑色的，帶著斑駁的鐵鏽，柱樁之間的間距是四英寸，墨西哥姊妹市阿瓜普里塔市的掠影就被框在這四英寸的間距裡。阿瓜普里塔市是一座往外無序擴張的工業城，面積是道格拉斯鎮的五倍大。裡頭的市民很多都在加工出口工廠工作，全都是外資工廠，專門組裝產品來出口。什麼東西都製造，包括汽車零件、醫療用品、窗簾、電器和衣服。

琳達讀到的那幾本書對走私這事說得一點沒錯。毒販光一個晚上賺到的錢就比加工出口工廠的工人一個月賺得還多。這也難怪在道格拉斯鎮入境口的邊界巡防組毒探員，經常在入境汽車的後頂蓋側板和備胎裡找到被塞在裡面的多捆大麻（安非他命、海洛英或古柯鹼比較罕見）。在最近一次的突擊搜查裡，他們逮到一個十六歲的墨西哥男孩，利用座椅的安全帶將自己從柵欄頂端下滑到道格拉斯鎮，任務是：撿齊多只裝有九十磅大麻的麻布袋，它們已經從阿瓜普里塔市的柵欄那裡被拋飛過來。撿齊後，再把它們拖到附近一輛接應的車子裡。他們答應他完全任務後，可以拿到四百美元。而在他老家，他是在加工出口工廠製造汽車同步齒形帶，一週薪資只有四十二美元，還得養他母親和九個兄弟姊妹。

邊界上的緝毒探員曾提報過更荒唐的案件，包括走私販自行製作溜索，把成捆的毒品像迷你纜車一樣吊在上面運送過來。還有一個異想天開的走私販竟然試圖扛著五十五磅重的大麻，經由下水道涉水進入道格拉斯鎮。緝毒探員撬開人孔蓋，發現他身上配備著潛水氧氣瓶和潛水鏡，身上穿著黑紫相間的潛水衣。但這傢伙趕緊丟了潛水用具和大麻，轉身跑回阿瓜普里塔市。另外邊界其他地方也有許多奇談，包括利用超輕型的遙控飛機載大麻飛過柵欄（其中一輛無人機意外掉了一包二十三磅的大麻，砸到亞利桑納州諾加利斯〔Nogales〕的一座車棚）。

＊＊＊

我開車出發去看琳達那塊地，進到硫磺溫泉谷時（Sulphur Springs Valley），已經過了中午十二點。這片廣陌貧瘠的谷地是索諾蘭沙漠和奇瓦瓦沙漠之間的分界，直接貫穿亞利桑納州的東南部，進入墨西哥北部，總長約一百英里。它的後半段偎依在五、六座山脈之間，西邊是卓爾古山脈（Dragoons）和謬爾山脈（Mules），東邊是奇里卡華山脈（Chiricahuas）、史威斯漢姆山脈（Swisshelms）、佩德雷戈薩山脈（Pedregosas）和波里拉山脈（Porillas）。琳達的新家園就位在波里拉山脈的山腳下。她告訴過我，在奇里卡華山脈裡，也就是在她新家的北邊，有提供營地管理的工作，那地方屬於科羅拉多國家森林公園的一部分。

我橫越了大片長滿灌木的荒地，感覺像是沒有盡頭，杳無人煙。前方的柏油路看上去就像波光粼粼的水塘，但其實是高溫下的海市蜃樓，一趨近就消失。路邊有一面腐朽的看板，上頭寫著：「自由貿易政策：毒品進，白花花的美元出」。不時有低矮的農舍憑空出現在荊棘叢間。有些看起來棄置已久，曾經的門窗如今都成了豁開的缺口，屋頂木板扭曲變形到出現縫隙，椽架裸露在外。馬路的左邊出現一間很小的白色神龕，堆滿絲花。再往前一點，有一台孤零零的新款露營車，遠望過去，猶如電視影集《絕命毒師》（*Breaking Bad*）裡的一幕遠景。

在轉錯幾個彎之後，我終於發現一條東向的崎嶇道路，賣琳達那塊地的分類廣告網站有提到這條路。但這時已經下午一點。於是我傳簡訊給她，告訴她我會晚十分鐘。她立刻回我：「我準備好了。」

這條路很窄、凹凸不平，但地面上的紅土極為扎實。若是考慮到仲夏的雨勢，地上的土扎實一點對我來說也是好事。我很緊張興奮，車子可能開得有點快。要是我在這裡找到什麼不好的東西，怎麼辦？要是琳達看了之後不喜歡，又怎麼辦？車子一路抖動，把路旁兩邊灌木叢裡的鳥兒都嚇飛了出來。一隻黑色尾巴、耳朵像卡通一樣誇張的傑克兔衝過路面。沒多久，十字路口出現，豎著一對路牌。它們是我來這裡看到的唯二路牌，突兀地現身這片只有泥巴路的荒野上，感覺很怪。我轉向另一條泥巴路，又開了半英里，左邊隱約出現一條路，牧豆樹雜亂蔓生，一條被大太陽晒到褪色的粉色警示膠帶。

我看了一下我手機上的地圖。GPS的定位小藍點就緊鄰著琳達那塊地的星座標示旁。手機訊號很強，於是我把手機當WiFi熱點，直接用我的筆電上線，然後敲琳達跟我進行遠端視訊。我一開始敲她時，她沒回應，我又敲一次，她回應了。她面帶笑容，玫瑰色雙焦眼鏡後面的眼角皺起了笑紋。我等著聽到她那熟悉的三音節招呼法。

「哈～囉～哦～」琳達大聲說道。即時影像有點卡卡的，像是手翻書頁裡的連環圖畫一樣不是那麼順。她對我說：「你人不動了。」可是聲音還是很清楚，而且沒有斷線，於是我們決定再試試看。我把筆電往前轉，面對西邊那條路。「我看到雲了！」琳達大聲說道。我把鏡頭的角度調太高了，所以播送出去的畫面是頭頂的天空。我試著把它往下壓，結果琳達從仰角看到我的鼻孔，最後我好不容易才弄對角度。

「你看！就是這條路嗎？」她不敢相信地說道。然後又說她的五英畝地應該有塑膠管做的路樁標示，我有沒有看到這種東西？我跟她說還沒有，我看到的只有紅色的乾燥地表、山谷盡頭的謬爾山脈剪影。「風景很美，對吧？」琳達驚嘆道，然後對著螢幕裡一個看不到的人喊道：「蓋瑞，過來坐著看！」

「我不能坐下來。」出現了一個有點含糊不清的聲音。

「那就靠在樹上好了。」琳達回答。

這時一個有些年紀、戴著黑色塑膠邊眼鏡的男子現身螢幕。他的臉懸在琳達的肩膀上面，皺眉窺看螢幕，頭頂白髮稀疏，表情慈祥好奇。

「今天是陰天，」他說道，然後又說：「你看草這麼多！」琳達被他的話逗得哈哈大笑，蓋瑞跟著咧著嘴笑。「你可能需要一台除草機哦。」他很冷面笑匠地再補一句。

遠處出現一根白色柱子，像尖細的碎片從地底突兀地冒出來。「你看到塑料管了嗎？」我問道。

「沒有啊！」琳達瞇起眼睛，往螢幕靠近。我繼續往前走。她提醒我要小心。「小心你腳下。」她警告道。「千～～～萬不要踩到蛇哦。」琳達和蓋瑞在紅杉森林國家公園工作的那處營地，很常見到響尾蛇，她知道這裡也有。

最後我們終於趨近它。那根五英尺高的塑膠管就被插在一小堆石塊和一根鋼筋柱的旁邊。

「哦，我看到了！」琳達興奮地說道。「你的GPS顯示什麼？」藍色小點，也就是我在沙漠裡的坐落位置，剛好就在琳達那塊地東北角的星狀標示上。「就是它欸！」我說道。琳達發出驚嘆。「你想去哪裡？」我問道。「你想去哪裡，我們都可以去。」

琳達想看旱谷。那是一條乾涸的河床，貫穿她這塊地的西北角。賣主曾告訴她，本來有其他買主，但在看了那處缺口一眼，就不買了。可是琳達覺得這也可能是個資產，搞不好可以趁沙漠出現暴雨的時候蒐集雨水。「我是覺得『可以有更多水啊』。」她後來解釋道。

我往西邊探進，邊走邊跟她說笑，手裡捧著筆電正對著我前面的方向，就像捧著一根探測杖一樣。「如果你比我先看到蛇，要跟我說一聲哦。」我這樣拜託她。琳達先前就說過這直播斷斷續續的，這時聽見我這樣央求她，於是不屑地回了我一句：「是哦，這麼卡，最好是能比你先看到。」她聲音愈說愈小。我們聊到她那裡的天氣。她就在密蘇里州喬普林（Joplin）的西邊，還在前往肯塔基州的路上。那裡華氏九十三度，跟這裡一樣，可是有出太陽而且濕氣很重。「我全身濕答答的！」琳達說道。在我們視訊之前，她跑了好久才在四十四號州際公路上找到一處停車場有樹蔭的休息站，總算能在中西部黏濕的暑熱裡稍微舒服地休息一下（所謂的「跑了好久」意思是以時速六十二英里的速度開著塞塞屋）。

我繞過一座很忙碌的蟻丘，把筆電的鏡頭朝下，秀給琳達看。「哦～～好多螞蟻！」她驚呼道。這畫面令她和蓋瑞不由得問起這裡的地質如何。蓋瑞想知道有沒有很多岩石。「沒有那麼多岩石啦，但還是有一些。」我說道。琳達則是大聲問我這裡的土是沙土和顆粒狀的？或是細到跟粉一樣？她日後想加裝地冷管（earth cooling tubes）：那是一種天然的氣候控制設備，必須把管子埋進五到八英尺深的地底下，因為那裡的氣溫只有華氏五十五度，再利用它們來循環住家的空氣，還有她的溫室。要安裝這些管子，得花很大的工夫先進行挖掘。

「這土很鬆散，」我說道，同時徒手抓起一把乾土，秀給他們看，然後打開手掌，伸長手指，任沙土流洩地上。「有沒有看到它直接從我手裡流洩下去？」

「看來這土應該不難挖，」蓋瑞回答。「這是一大利多欸。」琳達附和道。「看起來往下挖出一個地冷管，應該不是難事。太好了，太棒了。」

我們繼續朝旱谷的方向走。琳達對這裡的草木很是驚豔。夏季的雨水將沙漠裡的植物滋潤得欣欣向榮，簡直達到青蔥茂盛的地步。木餾小灌木的蠟質葉叢間垂掛著許多纖細的黃色小花。長著許多白刺的金合歡張燈結綵似地開滿綴著花粉的小繡球。刺葉玉蘭才剛結束花期，枯萎的莖梗從一株株刀鋒狀的蓬亂葉叢裡冒出來，上面還有乾掉的花簇。我們經過一株謎樣的仙人掌，它有波浪狀的長手臂，看起來很像是多刺的觸角，身上還覆蓋著狀似門把的紅色果實，這令我想起仙人果。不過琳達知道那不是仙人果。「仙人果的葉子是平的，這是另一種仙人掌，」她說道，然後又補充：「不過應該可以吃吧。」（我後來才知道這種夜裡開花的仙人掌，也被稱之為午夜皇后，一年只開一次花。）

我拐錯一個彎，轉回來之後，那條乾涸的河床就在前面出現了。「它真的是旱谷嗎？還是只是一條水溝？」琳達問道，「它有多深？」我把筆電架在河床邊，讓鏡頭對著旱谷，再親自爬下去讓她看。河床邊緣有些地方與我的臀部齊高，也有些地方深到跟我肩膀等高。我猜大概介於三到四英尺之間吧。

「我的整塊地都在旱谷裡嗎？」她問道。我告訴她沒有。只有西北邊的一塊三角地帶，而且面積不大。這裡就像其他地方一樣有插上一根塑膠管做為標記。我一爬出旱谷，就去找那根塑膠管。這一次，琳達立刻看到它。「哦，你看！在那裡！」她大聲說道。「耶！」

然後我又走回第一個標記點，詢問琳達：「你覺得怎麼樣？」

「比我想像的好，」她說道，同時讚嘆在她的地產上竟然四面八方都有山景，而且很滿意它地上的泥沙品質。「我本來以為我以後可能有一堆石頭得處理，就像埃倫伯格那裡的情況一樣，但原來我那塊地沒那麼麻煩。」她補充道。她指的是她在橡膠浪人會之後去紮營的埃倫伯格，那裡的階地布滿礫石，看起來就像月球表面，植物很是罕見。此外琳達也很高興這塊地曾被妥當地探勘和標記。「這算是做得很完善了！」她說道，「尤其我又買得這麼便宜，我的老天啊！」

自從我認識琳達以來，這三年半她一直秀給我看她最喜歡的地球方舟照片，有一個屋型叫做鸚鵡螺號（the Nautilus），樓層平面圖是依照斐波那契數列[33]來設計的。我開始想像它矗立在這裡的模樣，斜傾的黏土牆與四周山脈的輪廓相呼應。我告訴她：「我正在腦海裡想像這裡的地球方舟。」

「是哦，它一定很漂亮，對吧？」琳達開心地說道。她打算等亞馬遜的工作告終，天氣變涼一點，就過來這裡紮營。她認為等她親眼看到這塊土地，就能決定屋子要蓋在哪裡。「我只要在那裡坐鎮一陣子，就會知道哪裡是理想的蓋屋地點。」她說道。

我已經有半個小時的時間是在陰暗的天空下邊走路邊說話，這裡氣溫雖然高達九十幾度，但至少沒有太陽，還算舒適。可是現在太陽出來了，沙漠開始變得像烤盤一樣，我筆電的溫度警示燈亮了起來，網路隨即斷了，旅行結束。

我花了很長時間思考這塊土地對琳達的意義何在。她想蓋一棟無人可以奪走的屋子，一棟她能清清白白乾乾淨淨擁有的屋子，一棟可以活得比她還久的屋子，這樣的一個夢想現在又往前踏了一大步。可是看到她和蓋瑞同框出現在螢幕上，就又多了一層新的想像空間。儘管琳達再怎麼有個人魅力，她給我的印象一向是獨來獨往。沒錯，她是有家人和朋友，只是關係雖然緊密，她仍維持著一貫的獨立性。但現在的我不免開始好奇，如果有新的人也進入這個夢土，她的未來會是什麼樣子？蓋瑞最後會跟琳達一起住在這塊夢土上嗎？拉雯妮和其他游牧客會帶著他們的輕便型住家前來拜訪嗎？琳達的鄰居到底有誰？這裡這麼蠻荒，有人可以跟她守望相助嗎？

我沒看到別的人影。於是我先灌了很多水，再回去開車，想找找看這附近有沒有人住？第一個線索是馬，就在琳達那塊地的西南邊約一英里的地方，有三匹馬站在一扇綠漆大門的後方，滿臉疑色地看著車子駛近，然後踱步離開。門上有一塊看板，上頭寫著：「禁止入內，違者嚴懲」。板子上有九個生鏽的子彈孔，另一個才剛被射穿，所以彈孔邊緣還沒生鏽，附近泥巴地上躺著一個被壓碎的黃色套管，顯然來自於二十口徑的彈殼。

一陣風襲來，灌木叢窸窸窣窣，隨之響起另一個聲響，介於摩擦聲和嘎吱作響聲之間。那聲音似乎是來自於一棟A字型結構的破敗棚屋，就在我西側約一百英碼的地方。屋頂上鬆脫的鐵皮浪板正上下擺動，不停呻吟。我第一時間想到的是可能有人不想暴露行蹤。但特地跑到這

---

33 每個數字都等於前面兩數之和。

裡來嚇人，實在不是明智之舉，於是我放緩腳步，慢慢走過去，像一個迷路的觀光客一樣嘴裡喊道「哈囉～～～」。但無人回答。

這棚屋是用三夾板、鐵絲網和白鐵拼湊起來的。牆上有個洞被一塊垂掛下來、已經破掉的藍色防水油布遮住。屋裡地上只有一張很小的板凳，除此之外，什麼也沒有。棚屋外面堆滿垃圾，代表曾有人住過。垃圾堆裡有兩隻泰迪熊、一只雙柄的鍋子、一隻高跟鞋、衣架、空罐頭、馬克杯、還有一捲芝加哥合唱團的錄音帶。我好奇這些東西的主人是誰，他們是不是在倉促下離開這裡？（後來我才讀到跟邊界沙漠這些雜物垃圾有關的故事，原來它們大多是筋疲力竭的移民沒帶走的東西。在某些情況下，徒步進入這個國家的移民在擠進像沙丁魚一樣的接應車輛之前，得先丟掉自己的個人物品。）

回到車上繼續開車的我，找到了更多有人在此出沒的證據。我在那棟棚屋的北邊約半英里外的一條泥巴路上看見一小塊空地，空地上有幾間平頂工棚，還有用廢棄棧板搭成的畜欄，以及兩座箍在地上的圓形溫室，或者說是菜園嗎？另外還有一輛老舊的轎車，車頂完全敞開。它們都在帶刺鐵絲網的後方。我往東邊轉了一圈回來，這才發現先前沒注意到的另一塊地產。它在琳達那塊地的西南方約三分之二英里的距離。一頭毛驢在我的車子駛近牠的所在圍場時，不停地高聲嘶叫。這裡還有一台旅行拖車，已經褪成白骨般的顏色，旁邊仍繫著一座流動廁所。

我再次放聲呼喊，還是沒人回應。

衛星地圖上顯示再往南一點還有一座農場。也許那裡有人在家？我按著地圖開，經過幾叢雜亂的牧豆樹，樹下有頭懶洋洋的黑牛。沒多久，我看到了籬笆，籬笆後面是棟房子。但路況變得很糟。我的車子在爬上短坡之後，地勢立刻凹陷下去，形成幾畦映著天光的水塘。我試圖繞過水塘邊緣，但由於那裡的土質太鬆軟，才一會兒工夫，我的可樂娜前半身的輪艙就陷了進去。我試著倒車，但輪胎只是空轉，出租車的白色車身被噴了一身泥漿。

我突然想起琳達的警告：不要被困住。

車裡的手機訊號很弱。我涉水出來，爬上護坡道。打了五通中途就斷線的電話之後，終於聯絡上美國汽車協會的一個代理商，但他跟我說這裡的泥巴路沒有他們的服務廠。我只好試著打電話給納利維修站，這是一家兩父子經營的拖吊公司。老闆隆尼（Lonnie）出外工作。廠裡的人問我等一下回電可以嗎？當然可以。東南方的天空有烏雲聚攏。徒步走到農場裡的那棟屋子似乎是一個好主意。但等我快走到時，刺耳的狗吠聲劃破寧靜，那是看門的狗。十幾隻狗兒正在那裡閒晃，有些可以自在行走，有些被關在圍欄裡踱步。最小的是一隻黑白相間的小狗，快步追在我後面，活像自封的公關大使。前面院子有一台焊接卡車、一台除草機和一座裝滿大石頭的馬桶。我走到門口，大聲說哈囉，但無人回應。

就在我往回走時，手機響了。隆尼說他就在附近。沒多久一輛平台式拖吊車出現在原本有牛群的地方。我爬上護坡道，大力揮動手臂，活像個荒島上的生還者。

隆尼和他兒子小隆尼（Lonnie Jr.）之前看到天空烏雲密布，就決定先趕過來。這座農場有部分處在洪泛區。有一次一輛UPS的卡車在雨季時被困在這裡。在隆尼的回憶裡，等司機打電話跟他求援時，大水已經淹過輪胎。結果他什麼忙也幫不上，只能等地上乾了再說。

小隆尼拿勾子勾住可樂娜後保險桿的下面。我把車打到空檔，再對著他比起一根大姆指。就在車子緩緩從泥漿裡倒車出來時，水溝的另一頭來了一輛酒紅色的四輪傳動皮卡貨車。一名戴著舊棒球帽、穿著藍哥牌牛仔褲的男子從車裡出來，手插在腰上。我在駕駛座裡一臉不好意思地朝他揮揮手。

「這地方有點危險，」那男的說道。他留著紅色的落腮鬍，粉紅色的皮膚像半熟的烤牛肉，臉上有雀斑。車子被拉出來後，我付了八十塊美金的拖車費給隆尼和小隆尼，外加二十美元的小費，並一再向他們致謝。那位開著皮卡貨車的男子自稱是這座農場的老闆。「你自己跑來這裡嗎？」他問道。我覺得尷尬，但想不出任何合理的理由，只好實話實說。我提到琳達，並請教他們住在這裡的心得？農場老闆告訴我，他養了五十頭布蘭格斯牛——牠們是勃萊姆牛和安格斯牛的混種，是為了適應此地的高溫和乾旱所培育出來的品種。他住在這裡二十六年了。他說大多時候這裡都很安靜，但偶爾會有毒販背著沉重的背包徒步穿過此處。這時最好避開他們。他曾遭到兩次槍擊，所以現在他都在皮卡貨車裡放一把**AR-15**步槍。

我開著那輛髒得有點滑稽的出租車，駛離此地。我的球鞋沾了深達一寸的爛泥，每次踩到踏板，鞋子就會發出吧嘰吧嘰的聲響。就在離去之際，地平線上出現一道彩虹，這感覺有點好笑，莫非這是大自然的嘲諷？不過我還是停下來拍了照片。

回到道格拉斯鎮後，我把車停在加得斯登飯店外面，便冒然走進大廳。這座宛若洞穴的琥珀色空間就跟琳達說得一樣富麗堂皇，它有義大利風格的圓形石柱、蜿蜒的大理石階梯，還有真皮沙發（「坐在這裡，感覺就像是一個受過古典教育的海盜邀你悠閒地躺在他的海盜窩裡一樣。」這是《洛杉磯時報》〔*Los Angeles Times*〕的一位記者所做的形容）。琳達跟我提過的蒂芬妮彩色玻璃窗，其實是夾在兩層樓之間一幅四十二呎的壁畫。打著背景光的玻璃窗以絢麗的色彩刻畫出沙漠的景致：棕黃的土、海藍的天、地平線上殷紫的山，還有鮮綠怒放的刺葉玉蘭，讓人誤以為這是用珍貴的珠寶渲染出琳達那塊夢土。我信步走進幾近空盪的餐廳塞戈維亞屋（Casa Segovia），花七塊美元點了一盤墨西哥辣肉餡玉米捲和一杯調酒。蒂芬妮的彩色玻璃風景畫仍在我腦海裡像強光後的殘影徘徊不去。我很想看見琳達走進那片如詩似畫的荒野裡，西南方的一處伊甸園。但是那天一整個下午，我其實一直隱隱約約地感到憂慮，但被我拚了命地擋下。可如今只剩我一個人與思緒為伍，於是它們又趁虛而入。

再開個兩天的車，琳達和蓋瑞就會抵達肯塔基州的康伯斯威爾。他們會在那裡待上五個月，在亞馬遜倉庫值十小時的晚班工作。對琳達來說，那份工作純粹是為了賺錢，好蓋出她心目中的家園。她心意已決。可是每當我想到那塊地如此偏遠，再加上令人頭暈目眩的暑熱、持槍的毒販、暴雨引發的山洪、還有響尾蛇……我不禁納悶：這計畫是不是太瘋狂了點？這三年來我一直琢磨著琳達的夢土。我也不是沒有過懷疑。但大多時候我就像《X檔案》（*The X-Files*）裡的穆德探員（Fox Mulder）所謹守的圭臬一樣：「我願意相信。」

後來我把我對那塊地的種種感想寄給琳達，評語有好有壞，因為我必須老實提出我的疑慮。此外，我也寄給她幾張那塊地以及附近環境的風景照。她沒有回我第一封信，但卻從亞馬遜那裡回信告訴我，收到那幾張照片令她很開心。「我常常打開它們，夢想自己住在那兒，」琳達寫道，「我討厭這裡的爛工作，但這些照片能幫助我撐下去。再十五個禮拜，我就自由了。」

但我的另一個顧慮仍在胃裡翻攪。琳達的體力負荷得了操人的建築工事嗎？我想到她第一次到內華達州芬利鎮的亞馬遜倉庫工作時，因長期手持掃瞄槍造成反覆性動作損傷而引發頭暈目眩的問題，害她經常得上急診室。再者她的腕傷花了三年時間才痊癒，要是她又受傷了怎麼辦？亞馬遜後來是有改用重量較輕的條碼掃瞄槍，所以也許有好一點？此外，我又擔心這工作可能害她太累。不過琳達一開始被指派去當理貨員，負責把貨品放上架。但後來她又告訴我，經理正在考慮把她和其他的「露營車勞動力」臨時工調去做比較繁重的工作，譬如處理訂單的揀貨員。她還告訴我，一年前，有個揀貨員戴了一個健身追蹤器Fitbit來上班，結果發現光是一天內，就記錄到十八英里的路程和四十四層樓梯。

就算琳達熬過亞馬遜的工作，她能存夠錢去蓋她的地球方舟嗎？上次她幫露營車勞動力打工時，時薪是十一塊五毛美元，不含夜班和加班。但現在只有十塊七毛五（琳達最開始的時候是在芬利的亞馬遜倉庫工作，時薪比其他地方的亞馬遜倉庫都來得高，但那家倉庫在二〇一五年關門了）。

此外，我也擔心她要怎麼戰勝她的道德良心？琳達在亞馬遜工作的第一周，就曾有感而發美國人買的東西其實都是垃圾，令人反感。她的心裡當時就已經種下了覺醒的種子。等她離開那家倉庫後，那顆種子繼續長大。後來她把大型露營車精簡為迷你拖車，除此之外，也一直在研究極簡主義和迷你屋運動。她對消費文化以及人們在稍縱即逝的人生裡塞進多少垃圾等這些問題，都做了很多的思考。我好奇這些思想會對她造成什麼影響？

琳達仍然在跟它們搏鬥。因為幾個禮拜後，也就是她在肯塔基州開始工作之後，就在臉書上貼了以下這段文字，而且還直接傳訊給我看：

> 有人問我為什麼要有一座農莊？因為我想獨立、不想你死我活的競爭、想全力支持在地企業、只買美國貨，不想再購買我不需要的東西送給我不喜歡的人，只為了讓他們對我有好印象。但現在我正在一家大倉庫裡工作，為一家大型的線上供應商賣命。這裡賣的東西全是垃圾，都是在世界其他地方製造，那裡沒有童工法，工人一天工時長達十四到十六小時，不提供餐點，也沒有上洗手間的時間。這座倉庫有一百萬平方英尺的空間是用來塞這些使用不到一個月就會被丟掉的東西，而且最後都會送進掩埋場。這家公司有幾百座倉庫。而我們的經濟就是靠我們在別國豢養的奴隸建立起來的，比方中國、印度、墨西哥和任何第三世界的國家，因為那裡有便宜的勞工，我們不用看見他們，就可以享受他們苦力下的成果。這家美國企業恐怕是全世界擁有最多奴隸的主子了。

之後，她又傳了一個訊息給我：

我知道我很偏激，可是每當我工作時，這些想法就在我腦袋裡不停打轉。在充滿物質的倉庫裡，其實什麼也沒有。它的功能就只是在奴役那些用信用卡購買垃圾的買家，而為了付清債務，他們只能繼續工作。這地方真的讓人很沮喪。

琳達另外又補充，她是在對付「道德議題。我為了完成自己的計畫而努力賺來的錢，究竟該如何向它致敬呢？我知道這筆錢並不曉得它的源頭來自何處？可是在這眼下，還有其他方法可以讓我在需要錢的時候及時賺到嗎？畢竟我能花在地球方舟的時間不多了。」

她用最後這句話總結了她的心情：「這就像是一個銀行搶匪為了退休，在做最後一次的行搶。」

只是以上這些訊息在我回到道格拉斯鎮時，還沒有從琳達那裡傳過來。我在翻揀著那只裝著墨西哥辣肉餡玉米捲的盤子，好奇接下來會發生什麼事。結果等我再度上路時，太陽已經西下。我循著一九一號公路往北開。那一整天下來要下不下的雨始終沒有下下來，只是烏雲已經西移，正籠罩在謬爾山脈的上方。就在烏雲和山峰之間的天空那裡出現了一個缺口，最後一道日光璀燦奪目地射穿它，彩繪出海螺殼般粉紅橙黃的色澤，最後慢慢消失，化為赭紅。我又開了二十英里，就左轉沿著謬爾山脈的上緣繼續前進。這時天色已暗，北邊卓爾古山脈上方不時閃現鋸齒狀的閃電。

我經過了那俗稱「悍到死不了的小鎮」墓碑鎮（Tombstone），最後停在班森（Benson）的德士古加油站（Texaco）。加油機的上方是一座有照明設備的雨篷，射出猶如白晝的光，引得飛蛾和甲蟲宛若喝醉了酒一樣盤旋飛舞，這簡直就是小蟲們的迪斯可舞台了。我的手機突然亮出琳達的訊息：「你回到城裡了嗎？」我回她我回來了。於是她告訴我，自從我們在沙漠裡斷了訊之後，她和蓋瑞就又在這場橫越美國的肯塔基州之旅裡挺進了七十英里，最後停在密蘇里州的春田市（Springfield）過夜。「我們一天開了三百英里，」她補充道。「蓋瑞累壞了，我的屁股也快被高溫烤焦了。」

「我很高興你們離目的地更近了！」我回訊給她。然後我就放棄不再傳簡訊，改打電話。於是我們之間的對話又回到那塊夢土上。

「它好漂亮，」琳達說道，「當你把手伸進土裡時，我的感覺就是『X的，那土真是棒啊！』」然後她跟我說到更多有關蓋瑞的事。「他真的很喜歡我，」她說道，「他做過的工作就跟我做過的一樣多。」她細數蓋瑞曾管過放射科、經營過雜貨店，也曾在工地待過。「而且他很聰明，記憶力很好，字寫得很漂亮。還有他對數字很在行，可以在腦袋裡做出各種計算。」

他會幫她蓋地球方舟嗎？「我不知道他想不想定居下來，」她自言自語。「可是他說我的計畫很棒，我沒有在異想天開，這不是白日夢，而是可以實現的目標。」琳達還說，不管他們之間發生什麼，她都會把沙漠上的那塊地產登記在自己名下。畢竟擁有一座農場始終是她的夢想。

現在最重要的是，快點趕到肯塔基州，然後熬過聖誕節。她已經可以看見亞馬遜工作合約結束後的情景：她抱著錢離開亞馬遜去實現理想，開車前往亞利桑納州，在自己的土地上紮營。手裡握的沙土從她指間滑落，她終於可以開始規畫未來。她在開車的這一路上，這些畫面不斷在她腦海裡浮現。要說有什麼事可以幫她熬過亞馬遜那無止盡的夜班，自然非它莫屬了。她在這個國家，終於有一塊專屬於她的地，那塊夢土不斷用引力吸引她過去。她花了那麼多年的時間做計畫，如今已經準備要釋放出所有曾被壓抑的能量，化作具體行動。

「我除了開心，還是開心，」她告訴我。「我等不及要去那裡，動手落實。」

我們掛電話之後，時間已經很晚，琳達明天還有很長的路要趕。

尾聲　椰子裡的章魚

現在是美國的初冬時分。暴風雪乘著噴射氣流，拿起白色大筆一揮，從西到東地將整塊大陸刷成雪白一片。

在加州高聳的聖貝納迪諾山脈裡，雪花飛舞在傑佛瑞松林間，飄落在漢娜窪地無人紮營的營位上，也落在內華達州帝國鎮那座寂靜的石膏牆板工廠和了無人煙的空屋上。在北達科他州，紛飛白雪如毛毯覆上酣睡中的甜菜田，也翻飛在肯塔基州康伯斯威爾的亞馬遜倉庫四周以及附近的露營車停放場，那裡也是露營車勞動力臨時工的居所。

但在索諾蘭沙漠的一座小鎮裡，卻是陽光燦爛，午後氣溫爬上華氏七十幾度。每年一度往闊茲塞特遷移的行動已經如火如荼地展開，成千上萬的游牧客從全美各地湧入。他們圍著傍晚的營火重新聚首，聊著快過完的這一年種種，也為來年勾勒計畫。

汽車汪熬過了她在科羅拉多洛磯山早秋的營地管理工作，也回到了闊茲塞特，她是在科羅拉多洛磯山度過她的七十二歲生日，但也因工作的關係，在那裡斷了三根肋骨。她的旅行車沒有暖氣，在費力熬過幾個寒冷的夜晚之後，索性在車子裡裝了一頂小型的彈出式營帳，睡覺時，就用它來包覆她的床。向來只往前看的汽車汪，正在為一個全新的挑戰進行自我訓練，這個挑戰是走完八百英里的亞利桑納健行步道。

希爾維安．戴爾瑪就紮營在汽車汪的附近。白天的時候，她在珠寶世界（Gem World）擔任收銀員，那是城裡的一家經銷專賣店，專售水晶和珠寶首飾的製作材料。有天晚上，在一場卡拉OK的百味餐會上，她鼓起勇氣唱她自創的團歌〈公路女王〉，結果贏得滿堂彩。此刻她正準備要去赴她七年來的第一次約會：和一個很帥的露營車車主共進晚餐，他們是在公園管理站認識的。

拉雯妮．艾利斯在斯坦丁羅克（Standing Rock）參加了一場為期兩周的示威活動，抗議北達科他州輸油管的埋設，活動過後，她回到了埃倫伯格。在寂靜的沙漠裡，她終於不再文思枯竭，提筆完成一本童年回憶錄《紅羽毛聖誕樹》（*The Red-Feather Christmas Tree*），發表在亞馬遜網站上（書裡的謝詞有一段文字是這樣：「琳達從來沒有懷疑過我……」）。接著她要去洛斯阿戈多內斯配一副便宜的眼鏡。至於未來，她正在醞釀一個夢想：到新墨西哥州的陶斯附近買下一塊地，她要在那裡停放一輛老舊的學校巴士，做為她永久的家，只要沒出外游牧打工，就可以住在那裡。

鮑勃．威爾斯也來到埃倫伯格，正在著手準備這場有史以來最盛大的橡膠浪人會。他預期會有成百上千的人前來參加，於是他為這場為期兩周的集會訂下新的規矩，禁止音樂聲量過大以及狗兒沒上牽繩。他移除了活動行事曆上傳統的團體餐會，因為他覺得要餵飽這麼多張嘴巴，勢必得大費周章動員，這有點太難了（他其實還不知道，今年將有超過五百台行動住所前來參加集會，很多人都是被他貼在YouTube上的視頻吸引而來）。

馬上就會有更多游牧客抵達此處。曾是專業製陶工、如今住在一輛破豐田車Prius裡的大衛・史旺森也是其中之一。大衛對於又能回來參加橡膠浪人會感到興奮，去年他還開放自己的車子供大家參觀。他曾經把車暫時停在德州的帕德里島上（Padre Island）。他在臉書發訊息給我，說那裡是「游牧的天堂」，不管是車子還是帳篷都可以在海邊合法紮營。然後他問我：

「你會去參加二〇一七年的橡膠浪人會嗎？」

我歉然地回答：「過去三年來的橡膠浪人會，我都有到場，一想到這次不能去，我就很難過。」然後我告訴大衛，我會試著盡快趕完手邊正在寫的書。

「祝你筆耕順利！」他開心地回我。「保持忙碌哦！」

只是大衛對我的提問彷彿在我胸口撞開了一個洞。在記錄了三年的游牧族生活之後，錯過這次的橡膠浪人會總讓我覺得不太對。我一再告誡自己在非小說類的文學寫作上所必須謹守的基本原則：故事會繼續發展下去，但在某個時間點上，你必須抽身離開。

但最後那一部分我說錯了，因為這故事跟著我回家了。在布魯克林，輪子上的迷你屋變得無處不在，我到哪兒都看得到它們。

我的公寓在波爾丘（Boerum Hill），我曾經在公寓附近一條停車不用計費的小路上，看見一輛銀色的高頂福特露營車，它的後照鏡上掛了一個納扎雷（nazar）——那是用來擋煞的一種徽章。車窗貼了深色隔熱紙，幾近全黑，後面的百葉窗則被拉上。

我姊姊的屋子坐落在貝德福得—斯泰森特（Bed-Stuy），我也曾經從她屋子裡走出來沒多久，就看見對街的商用卡車停車場上停放了一台老舊的自走式露營車。為保持車內隱私，車後座的窗簾已被拉上，臥鋪區的窗玻璃那裡也用絕緣隔熱板擋住。而在後置式備胎的旁邊有一個本來是裝車窗的凹槽，如今用垃圾袋和膠帶蓋住。

在展望公園（Prospect Park）裡也有愈來愈多露營客的旅行車出現，甚至偶爾會有一台貨真價實的露營車。它們齊聚在格瓦納斯（Gowanus）和皇冠高地（Crown Heights）的低矮倉庫附近，因為在那裡不會有鄰居投訴抱怨。這些行動住所無所不在，就像一座隱形的城市藏身在毫不起眼的地方。

這個冬季下了第一場雪的晚上，我去造訪了布魯克林最後一塊濱水的工業區：紅鉤區（Red Hook），那裡的後街燈影昏暗，承包商的旅行車、送貨車隊、快餐車、公用拖吊車，形形色色的作業車輛一字排開。對都會裡的露營車來說，它們是絕佳的掩護。於是沒多久，我就看見它們了：有形似一條罐裝火腿的古董級旅行拖車，還有很此地無銀三百兩地加裝了防人窺探的簾子、座艙玻璃也用塑料薄膜和美國國旗擋住的雪佛蘭Astro旅行車，以及一台改裝過的運輸接駁車，它有深色玻璃、時髦的紅色車輪蓋，和一個被焊接在後保險桿上方的丙烷爐，想必是引擎熄火時的暖氣來源。除此之外，也有許多最新款式的露營車，但全都拉上了百葉窗。

在它們當中，最引人注目的是一台車身很短的黃色校車，它的車窗全被金屬片擋住，完全看不到裡面，但車頂邊緣有亮光閃現，那是與四片太陽能板完美接合的鋁製框架，但從地面的角度幾乎完全看不到太陽能板。擋風玻璃後面掛了一塊布，玻璃內層有水珠凝結——這又讓人有別的聯想。這輛車停的位置剛好一覽無遺東河（East River）風光，自由女神像被它盡收眼底。

我心裡的記者魂叫我去敲對方的門，但這時曾經有過的祕密紮營經驗又在我腦海裡出現——當你躲在隱密的車窗後面，聽見陌生人的腳步聲漸趨靠近時，心跳就會愈來愈快。

於是我轉身離開。

在布魯克林附近撞見這麼多游牧客，真是令我大開眼界。不過這個寫書計畫也不是第一回誤闖我家大門。比方說，我的報導才做了一半，就發現史汪奇的小兒子——一位來自西雅圖的軟體工程師——竟是我幾年前在火人節（Burning Man）上遇到的人。然後我和拉雯妮又雙雙得知她的其中一位密友嫁給了一個記者，而那個記者又剛好是我在柏克萊的哥兒們。那兩次經驗都令我在心裡納悶，*怎麼會那麼巧？*

也許這種巧合的機率也不是那麼低，畢竟有數以百萬的美國人都正在和傳統中產階級的生存模式角力中。在全美各地的住家裡，廚房桌上經常散落著多張未付的帳單，他們挑燈夜戰這些帳單時，都會錙銖必較地一再反覆計算，身心俱疲之餘，也不免淚水潸然。薪水減掉雜貨的帳單，再減掉醫藥費帳單，再減掉信用卡債，再減掉水電瓦斯費，再減掉學貸和車貸，再減掉最大筆的支出：房租。

而在這借與貸之間逐漸擴大的差距中，始終掛著一個問號：為了繼續活下去，你願意放棄生活中的哪個部分？

面對這兩難的抉擇時，大部分的人不會選擇改住在車裡。而那些改住在車子裡的人其實就像是生物學家口中的「指標物種」，也就是有能力預告生態系統即將出現更大變遷的敏感有機體。

數以百萬的美國人也跟游牧族一樣被迫改變自己的生活，只是他們的轉變不是那麼外顯。其實還有很多方法可以拆解生存挑戰。這個月，你可以不吃飯嗎？生病不要去找家庭醫生，改上急診室好嗎？延後信用卡帳單的付款時間，也許他們不會來催繳？過些時候再付電費和瓦斯費吧，希望電燈還能用，暖氣也還在？讓學貸和車貸的利息繼續累積好了，等到有辦法時再來補繳利息？

這種種不光彩的事情彰顯出一個更大的問題：這些艱難的選擇什麼時候會開始撕裂人們？或者說撕裂這個社會？

但撕裂已經在發生。害大家挑燈夜戰的家用支出數學運算，之所以難以駕馭的背後，原因早已不是什麼祕密。以平均收入來說，如今位在金字塔最頂端的百分之一人口，他們所賺的錢是底部人口的八十一倍。而對於那些工資水平在後段班的美國成年人來說（人數大約有一億一千七百萬名），自從一九七〇年代以來，薪資所得便不曾改變過。

這不是薪資差距了，這是薪資鴻溝。每個人都得為這不斷擴大的差異付出代價。

「不知怎麼搞的，我其實並不在乎愛因斯坦的大腦有多重和它有幾個褶，我只知道那些有同樣資質的人在棉花田和血汗工廠裡打拚，最後也在那裡終老死亡。」這是已故作家史帝芬・古爾德（Stephen Jay Gould）的反思。正在加深中的階級差異使得社會階層的流動變得不再可能，最後的結果就是種姓等級制度的實際存在。這不僅在道德上錯了，也是極大的一種浪費。拒絕給大部分的人口在階級上有一個升等的機會，就等於是主動丟棄了大量的儲備人才和智囊，而這也反映在經濟成長的減緩上。

用來計算所得不均的公認辦法，其實是一個有百年歷史的公式，它叫做基尼系數（Gini coefficient）。這是全球的經濟學家，甚至包括世界銀行集團（World Bank）、美國中情局，以及總部位在巴黎的經濟合作與發展組織都奉行的黃金標準。而它所揭露的結果令人膽顫心驚。今天美國是所有已開發國家裡頭，社會貧富差距最嚴重的國家。美國的所得不均問題已經堪比俄國、中國、阿根廷，甚至飽受戰爭蹂躪的剛果民主共和國。

現在的情況雖然已經很糟，但未來可能再惡化。這使我不禁好奇：未來幾年，社會秩序又會出現什麼樣的扭曲，甚或突變？有多少人會被這套制度壓垮？又有多少人找得到逃脫的方法？

＊＊＊

我和琳達剛認識沒幾天，她就注意到我的右手戴了一只章魚形狀的戒指。「你有沒有看過實驗室裡的章魚，牠們很聰明哦。」她驚嘆道。「牠們是脫逃大師。」

琳達跟我形容她在網路上看到的影片。「水箱裡裝著食物，而那隻大章魚獨自待在第一個大水箱裡，結果牠把自己縮擠進一根管子，鑽到另一個水箱。」後面還有更多實驗。「他們不斷把牠放進更難逃脫的地方，而且一次比一次難，」她補充道，「比如牠得打開一個艙口，才能鑽進管子裡。」

反正不管怎麼樣，章魚都逃得出去。

「有時候，人也是一樣。」我表示道。

「沒錯，如果你試圖把我們放進一個框架裡，我們就會逃出去。」琳達大笑。

過了很久以後，琳達在她的臉書上貼了一個視頻的連結，於是我想起了那段對話。連結裡的影片有一隻章魚正橫越海床，牠用一種很怪異的拖行方式在前進，字幕則說明了端倪：這隻章魚攜帶了一對剖半的空椰子殼。突然間牠跳進了椰子殼，把兩個殼合起來蓋住身體，再繼續前進，像一個有觸手的保齡球在海床上滾。

這隻章魚創造了一種既是交通工具也是保護殼的東西，就像一棟椰子行動屋。這是一位深水潛水員在印尼海域捕捉到的瞬間。琳達留言誇牠是「有史以來最可愛又最聰明的章魚」。

＊＊＊

琳達又上路了。才從肯塔基州康伯斯威爾的亞馬遜倉庫被放出來的她，開始往西挺進。蓋瑞打算再工作久一點，因此沒有跟來，所以她是獨自旅行，開著她的吉普車一路拖著塞塞屋在晝短夜長的冬季裡趕路。

她的第一個目的地是新墨西哥州的陶斯。她計畫到那裡探訪她最喜愛的地球方舟建築——鸚鵡螺號，並順道請教一位建築師如何按自身需求來改造這個設計，然後再去參加橡膠浪人會。等到集會結束，她再開車前往亞利桑納州道格拉斯鎮附近的沙漠，看看那塊專屬於她未來的夢土。

可是還沒到陶斯，吉普車的儀表板上便亮起了引擎警示燈。她聽說暴風雪正要掃進這區域。琳達可不想在山區開車時，碰上暴風雪之餘，車子還故障。於是重新修改行程，直接開往道格拉斯鎮。

她一路平安地抵達目的地，第一個晚上就在一家廢棄的喜互惠超市的停車場紮營，哪怕黎明前的氣溫已降到零度以下。第二天，她在鎮北的露天市集找到一處低廉的露營車停放場。一對來自蒙大拿州的夫妻就住在她隔壁的營位。他們住在一台內裝被挖空、十七英尺長，曾經風光一時的Airstream拖車式活動房屋裡。琳達告訴了他們她的地球方舟計畫，還秀給他們看三孔活頁紙上滿滿的計畫書。

那天過後，我們通了電話。她告訴我除了放棄造訪陶斯之外，從肯塔基州回來的這趟旅程其實還算滿順的。「天氣超好！」她說道，「我這一路上就只滴到三滴雨而已。」這趟旅程只花了她三天時間，她現在還待在露營車停放場，租金一晚十五美元。今天她總算可以淋浴了。那三天旅程，她是靠嬰兒濕紙巾硬撐下來的。「我一直坐在我的活動房屋裡休息。」她說道，同時心滿意足地嘆了口氣。

她已經去造訪了她那塊五英畝的夢土。那一小塊沙漠地最初是在分類廣告網站上看到照片而已，而那已經是去年春天的事。沒想到到了夏天，竟就成了她手機裡的即時影像，如今終於在她眼前立體呈現。這塊土地既真實又具體，是她用雙腳親自踏走過的。她發誓她有在那裡聽到響尾蛇的聲音。「那裡好漂亮。」她說道。

如今那個未來已經近在咫尺。「我六十六歲了，」她據實以告。「我得加快腳步才行，我希望有一天，我可以真正放鬆下來，好好享受它。」

整個計畫細節出來得很快。琳達告訴我她剛花了二十六塊美金，買了一台四千瓦的可攜式發電機，比半價還便宜。「我的天啊，我有電了！」她得意洋洋地說道。它運轉時的聲音就像吸塵器一樣吵，但她不以為意。她原本都在使用四十五瓦的太陽能板，但輸出量很小，跟發電機比起來根本相形見絀。

琳達還說她在那附近找到很便宜的送水服務，可以把一整個大水箱都裝滿（雖然地球方舟有蓄水池可以蒐集雨水，不過可能不夠用，而且蓋屋過程中她也需要有水維生）。她也談到她得先探勘一下這塊地，她必須知道這裡的海拔是多高，才能切割階地，進行永續的有機農耕。明天她會去一趟該郡的建設局，瞭解一下建築退縮尺度這方面的法規，也就是說她的建物得距公路多遠，以及土地使用分區上的其他細節。

「我已經從他們的網站上知道，在沒有分級許可的情況下，屯墾面積最多是一英畝，」她說道。「反正我也打算開墾出這樣的面積。」

琳達計畫參加完橡膠浪人會之後，就開始開工整地。蓋瑞答應跟她一起來。拉雯妮也會來。他們會先蓋一棟溫室來進行有機農業，這樣一來在忙著蓋房子的同時，作物才不會被風吹日晒。

琳達現在看得到它了，彷彿三孔活頁紙上的那些圖片活了過來。她企盼多年的地球方舟終於就要矗立在一塊貧瘠的沙漠地上。在一群親如家人的好朋友幫忙下，她將態度堅定地徒手蓋出地球方舟。等到蓋好之後——一定會蓋好——就可以遮風避雨。具備食物、水電和冷暖供給等再生系統的地球方舟，不只是家，也是一個活物，能夠與沙漠和諧相處的有機生物。它的壽命將比任何人都長。

而這樣的未來始於這個新年。再過幾個禮拜就是新年了，琳達已經計畫好第一步：先破土。她找到了一個開怪手的司機，一小時三十五美元，不必另外再付油費或旅費。「他的時間算法是從他的屁股坐上怪手座椅的那一刻算起。」她開心地說道。她跟他談過了，也跟他約定好了一個日期，就在一月底。

她告訴我，破土工程應該八個小時就夠了。過程大概是這樣：

首先怪手司機會先將雜草叢生的進出便道清理乾淨，同時打開一條可以通往她建地的路，接下來再挖出一條車道，讓塞塞屋可以停放。

最後怪手會開始挖掘主建築工地。怪手伸長，鏟斗下沉，金屬尖牙往地下狠戳，一而再、再而三，不斷撕扯著沙地上強韌的灌木。舉凡怪手所到之處沒有不投降屈服的，包括多瘤的灌木、耐操的仙人掌、堅硬的石塊。這些東西對琳達的未來而言，都是擋路的障礙，將一個接一個地被鏟除。

沒多久，工作完成，怪手離開，琳達走進那塊被它鏟平後的地。建地已經為她準備好了，那是一塊完美的一英畝地，就等她動手去蓋。

謝辭

三年來，在共一萬五千英里的路上，你遇見很多很多人。因為他們的寬容與無私，這本書才得以存在。感謝路上遇到的每一個人，謝謝他們無私分享的智慧、冷笑話、營火和咖啡，也感謝大家在我回到家後對我的繼續支持，讓我可以重回征途。

我最最感恩的是Linda May。全然信任一個人，吐實自己的故事，不是件容易的事，尤其這個作者還斷斷續續地追蹤了三年；睡在你女兒屋子外面的旅行車上；在你的營地維修車後面一邊追著跑，一邊匆忙寫筆記。但願琳達的韌性以及她的風趣與慷慨，也能像感動我一樣感動其他人。

這本書裡有幾百位游牧客分享了經歷，也留下了足跡，人數多到不及備載，但我要特別感謝Lavonne Ellis、Silvianne Delmars、Bob Wells、Charlene Swankie、Iris Goldberg、Peter Fox、Barb and Chuck Stout、Lois Middleton、Phil and Robin DePeal、Cary Fallon、Lois Middleton、David Roderick、Al Christiansen、Lou Brochetti、Jen Derge、Ash Haag、Vincent Mosemann、David Swanson、Mike、Kat and Alex Valentino，還有神秘人物Don Wheeler。

謝謝哥倫比亞大學新聞學院（Columbia School of Journalism）對我的支持，尤其是我的同事Ruth Padawer和David Hajdu。謝謝洛克菲勒基金會（Rockefeller Foundation）讓我們有幸待在貝拉吉奧中心（Bellagio Center）一個月，那裡是點石成金的地方，是Pilar Palacia和Claudia Juech的心血結晶。我和那兒的伙伴們（號稱非酒肉朋友〔Il Convivio〕）感情深厚，我們分享見解，也會開趴聯歡。我特別要謝謝攝影師Todd Gray，總是在恰好的時間點提出好問題（也謝謝他幫我拍照）。

《哈潑》雜誌的James Marcus是第一位相信這個故事的編輯，他也是我在做人處事上的一個學習榜樣。其他支持《哈潑》報導的盟友還包括Giulia Melucci、Sharon J. Riley，才華橫溢的攝影師Max Whittaker更是以影像來陪襯。至於《國家雜誌》（*The Nation*）的Lizzy Ratner和Sarah Leonard、《基督教科學箴言報》（*The Christian Science Monitor*）的Clara Germani，以及經濟困境匯報專案計畫（Economic Hardship Reporting Project）的Allisa Quart所全力支持的內容，也都成了本書的一部分。

Joy Harris是一位全力栽培我的經紀人，從一開始就靠最深刻的同理心「接下」這個案子，再由Norton出版社的編輯Alane Mason將案子穩當地推上檯面，除此之外，Adam Reed、Ashley Patrick、Kyle Radler和Laura Goldin也幫了不少忙。

謝謝Michael Evans、Robert and Karen Kopfstein、Jerry Hirsch、Stella Ru、和Stu Levin曾收留我和海倫（是真的收留）。謝謝Ann Cusack寄了補給包給我，裡面的雜貨有

Neosporin和愛爾蘭春天香皂，再加上一面很小的美國國旗。也謝謝道格拉斯鎮納利維修站的Lonnie和Lonnie Jr.幫我把車子從泥漿裡拉出來。更謝謝Aaron、Bill，以及肯薩斯州哈金森（Hutchinson）康克林汽車保養場（Conklin Cars）的一流技師團隊，哪怕營業時間過了，還是堅守崗位地修好了我的交流發電機，

我要謝謝我的家人：在我把海倫開回東岸的路途上，我父親大半都坐在副駕駛座上陪我。我母親Susan（準布魯德博士）在我很小的時候就教會我寫作。我妹妹Megyn是個很犀利又很妙的人，也是我回家時最期待見到的一號人物。我家的狗狗Max（綽號狗狗搖屁股）總是在我熬夜寫稿時偎在我身邊嘆氣。

我很幸運背後有一個專屬智囊團，或者說是「邏輯家族」，成員有Douglas Wolk、Rebecca Fitting、Chris Taylor、Jess Taylor Wolfe、Caroline Miller、Josh and Lowen Hunter、Sarah Fan、Chris Hackett、Sarah McMillan、Dorothy Trojanowski、Eleanor Lovinsky、Marlene Kryza、Julia Solis、John Law、Christos Pathiakis、Robert Kutruff、Rob Schmitt、Stacey Cowley、David Dyte、B'Anna Federico、Nate Smith、Raya Dukhan、Michael Evenson、Ellen Taylor、Clark McCasland、Martha Prakelt、Baris Ulku、Shel Kimen、Iva Roze、James Mastrangelo、Niambi Person Jackson、Amelia Klein、Anthony Tranguch和David Carr。我好想念他們。此外，我也要謝謝我的幾個社團：馬達加斯加學會（Madagascar Institute）、火蓮女性藝術家協會（Flaming Lotus Girls）、光明藝術村（Illumination

Village）、二九小時音樂人（29 Hour Music People）和黑暗通道（Dark Passage）。

我的同謀伙伴Julia Moburg（別名茱利亞網蟲〔Surfer Julia〕）一直在幫忙我自我平衡，她比小猴子厲害多了，我真不值得她費那麼多心。

這本書要獻給我最好的朋友Dale Maharidge。過去十四年來，不管我什麼時候打電話給你，你始終都在。

現代大家庭就是像我們這樣。

國家圖書館出版品預行編目(CIP)資料

游牧人生：是四海為家，還是無家可歸？全球金融海嘯後的新生活形態，「以車為家」的銀髮打工客，美國地下經濟最年長的新免洗勞工 / 潔西卡．布魯德(Jessica Bruder)著；高子梅譯. -- 一版. -- 臺北市：臉譜，城邦文化出版：家庭傳媒城邦分公司發行，2019.11
面；　公分. -- (臉譜書房；FS0106)
譯自：Nomadland : surviving America in the twenty-first century
ISBN 978-986-235-784-2(平裝)
1.勞動問題 2.就業 3.高齡勞工
556　　108016177

城邦讀書花園
www.cite.com.tw

ISBN 978-986-235-784-2
Printed in Taiwan.

臉譜書房 FS0106

游牧人生

是四海為家，還是無家可歸？全球金融海嘯後的新生活形態，「以車為家」的銀髮打工客，美國地下經濟最年長的新免洗勞工

Nomadland：Surviving America in the Twenty-First Century

作　　者｜潔西卡・布魯德（Jessica Bruder）
譯　　者｜高子梅
編輯總監｜劉麗真
責任編輯｜陳雨柔
行銷企畫｜陳彩玉、陳紫晴、朱紹瑄、薛綸
封面設計｜許紘維
內頁排版｜極翔企業有限公司

發 行 人｜涂玉雲
總 經 理｜陳逸瑛
出　　版｜臉譜出版
城邦文化事業股份有限公司
10483台北市民生東路二段141號5樓
電話：886-2-25007696　傳真：886-2-25001952
發　　行｜英屬蓋曼群島商家庭傳媒股份有限公司城邦分公司
地址：10483台北市民生東路二段141號11樓
客服專線：(02) 2500-7718 ｜ 2500-7719
24小時傳真專線：(02) 2500-1990 ｜ 2500-1991
服務時間：週一至週五09:30-12:00 ｜ 13:30-17:00
劃撥帳號：19863813　　戶名：書虫股份有限公司
讀者服務信箱：service@readingclub.com.tw
城邦網址：http://www.cite.com.tw
香港發行所｜城邦（香港）出版集團有限公司
地址：香港灣仔駱克道193號東超商業中心1樓
電話：852-2508-6231　傳真：852-2578-9337
馬新發行所｜城邦（馬新）出版集團
【Cite (M) Sdn. Bhd. (458372U)】
地址：41, Jalan Radin Anum, Bandar Baru Sri Petaling, 57000 Kuala Lumpur, Malaysia.
電話：+6(03) 90578822
傳真：+6(03) 90576622
電郵：services@cite.my
初版一刷｜2019年11月　ISBN 978-986-235-784-2
定價｜420元

（本書如有缺頁、破損、倒裝，請寄回更換）